The Scroll

羊皮卷

·世界上最偉大的勵志書·

絕對
經典

最有激情的人生經驗，最富有價值的勵志哲理
突破自我極限的奇書｜邁向成功的啟示錄

一本羊皮卷，一部神奇的人生《聖經》，更是你開啟成功大門的鑰匙！

15部世界級成功鉅著，影響了千萬人命運的經典之作，以各自的主題閃耀著耀眼的光芒，
指引著我們前進的方向，帶領我們去獲取財富、快樂和力量。

過去的《羊皮卷》記載了太多猶太人的商業智慧，只要你學會了一部份，你就可以不再為金錢擔憂了。
——金融巨頭 J.P. 摩根——

許多人試圖從未來尋得一個發財的機會，而事實上古早的《羊皮卷》已經為大家記載了無數的致富哲學。
——金融大鱷 索羅斯——

我想我的財富來自於早先的《羊皮卷》，猶太祖先的睿智給了我最大的財富啟示。
——石油大王 洛克菲勒——

編著／雅瑟、朱顏

前言

一個關於「羊皮卷」的故事

很久很久以前，猶太人流傳著這樣的一個故事：

兩千多年前，有一個叫海菲的孤兒，為主人養駱駝過著一貧如洗的生活。後來，他愛上一個富商的女兒，強烈的愛情促使他急切地想要改變自己的生活，立志要成為「世界上最偉大的商人，最有錢的富豪」。他的真誠和激情，打動了他的主人——富甲一方的皮貨商伯薩羅，為了測試海菲的意志是否堅定，他交給海菲一件昂貴的袍子，要他到偏遠的小鎮上推銷。

但是海菲失敗了，出於同情，他把這件袍子送給一個在山洞裡即將凍死的嬰兒。海菲兩手空空、滿心羞愧地返回的時候，有一顆星星總是跟隨著他，在他的頭頂上閃爍。

伯薩羅意識到這是上帝的啟示，原來海菲就是自己一直在尋找的傳人。於是，伯薩羅交給海菲十張神秘的羊皮卷，並且告訴他：「每一張羊皮卷上，都記載一種原則、一種規律，或是一種真理……如果懂得其中的原則，就可以隨心所欲地擁有自己想要的財富。」

在羊皮卷的鼓舞下，海菲離開主人，正式開始獨立謀生的營銷生涯。在漫長的奮鬥過程中，他矢志不渝地身體力行羊皮卷中的原則。幾年以後，他終於實現自己的願望，成為世界上首屈一指的富豪，並且娶回心愛

已久的女孩。

但令人惋惜的是，自從海菲之後，再也沒有人看過這些神秘的羊皮卷。

雖然那些神祕的羊皮卷已經隨著時間的流逝而消失在歷史的車輪下，但是富有羊皮卷意義的書籍卻從未消失過。它們蘊含智慧、靈感，兼具無窮的力量，時刻給予人們啟迪和指引，也因此改變了無數人的生活和命運。

本書收錄了常見《羊皮卷》範本的經典，這15部世界級成功寶典以各自的主題讓本書處處閃耀著人類智慧的光芒，並照耀著生命的前程。

《向你挑戰》

廉·丹佛的作品被無數人譽為「心靈的《聖經》」，《向你挑戰》就是其中最具代表性的作品，是一部與人類命運息息相關的書。作者在書中想證實這樣一件事情：每個人都有自己特殊的天分，都可以經由自身的努力取得成功。他同時還發出挑戰：做自己的主人，收復靈魂、重塑意志；做世界的主人，在任何情況下都擁有財富與堅守情操。

《人性的弱點》

美國「成人教育之父」戴爾·卡內基最成功的勵志經典。

作者在書中運用社會學和心理學知識，對人性進行了深刻的探討和分析，並教會人們如何在日常生活、商務活動以及社會交往中與人打交道，進而擊敗人類的生存之敵——憂慮，以創造一種幸福美好的人生。該書出版後立即成為西方世界最持久的人文暢銷書。

《一生的資本》

在這個資源緊缺、財富被迅速瓜分的時代，「一無所有的年輕人，靠什麼獲得財富？」馬登用他豐富、深邃的財富教育理念回答了這個問題：每個人都擁有獲得財富的資本，認識到這些資本，並懂得如何運用這些資本將讓你夢想成真，從一貧如洗的無名之輩變為擁有財富人生的社會名流。該書被《紐約時報》評為世界百年十大財富教育經典，是美國最受歡迎的財富人生啟蒙圖書。

《獲得成功的精神因素》

克萊門特·史東和「成功學之父」拿破崙·希爾的合著，它指導人們在生活的各個領域中如何取得成功。書中把「積極的心態」作為成功的重要精神因素，這也是他們經多年研究後的發現。很多人因為這本書而改變人生。

《鼓舞人心的剪貼本》

美國著名成功學家阿爾伯特·哈伯德繼《致加西亞的信》後的又一力作，被譽為寫「給地球居民的最佳生活、工作指南」。

奧格·曼迪諾就曾說過：「在哈伯德的這本充滿智慧和力量的『剪貼本』中，你會發現許多明亮的星星，這些星星會讓你有勇氣應對前方的任何黑暗。」

作者在書中從信念的力量、真誠的種子、勇敢的心靈、創新的價值、正視自己、規劃未來、發揮人的專長等方面，對如何鼓舞人心展開闡述，在啟迪人們智慧的同時，也使人們的身心得到了巨大的振奮。

《自己拯救自己》

本書被譽為「美國夢的靈魂」和「個人奮鬥的精神標本」。

作者在書中以犀利的眼光、幽默的語調描述了眾多出身貧寒、身處無助困境的人士如何經過百折不撓、自強不息，去戰勝人生道路上的千難萬險，最後走向輝煌成功的事例。

作者睿智的思想火花在書中隨處可見，讀完令人感觸良多，催人奮進。

《如何追求第一》

美國著名暢銷書作家羅伯特‧林格的著作，曾高居《紐約時報》暢銷書排行榜首位長達一年之久！這本書以「把自己放在第一位」為鮮明的主旨，加上作者非正統的思想和令人驚異的方式，在幫助人們處理好日常生活中待人接物難題的同時，也讓人們的生活多些快樂，少些煩惱。

《不要聽別人的話》

這是一本為亞洲人量身訂做的勵志書。連續5個月位居日本暢銷書排行榜榜首，3個月狂銷韓國60萬冊。

作者堀場雅夫被譽為「日本勵志教父」。 他根據自己在商場上多年摸索的經歷，總結出一條極具震撼力的經驗——不要聽別人的話！並因此提出忠告：即使我們的工作或生活陷入窘境，但是只要找到適合個人的做法、適合個人的想法，我們就會迎來改變命運的機會。他希望這本書能為那些想提高自身能力的人帶來一股新鮮的空氣。

《思考致富》

成功大師拿破崙・希爾歷經20年，遍訪500位全世界最成功人士，集成功哲學之大成的著作，暢銷世界60年，銷量超過3000萬冊，羅斯福、愛迪生、洛克菲勒都從中獲益匪淺。

尋找書中獲取財富的祕訣並為你所用，你將獲得無窮的激勵、啟迪和力量。

《鑽石寶地》

這本書其實是康維爾舉辦的一次廣受歡迎的演講的文字記錄。它簡單明瞭地傳達了兩個道理：（1）不必把目光放到我們本人和我們周邊的環境之外去尋找財富的種子。（2）服務精神是成功的關鍵。不要單純銷售商品，要弄清人們真正想要什麼。這需要超乎尋常的思考和觀察。

《思考的人》

被譽為「人生哲學之父」詹姆斯・艾倫的實力著作，出版大約100年後，仍魅力不減，廣受讀者的褒評。這本書以「思想是編織大師」為主題，認為偉大的思想創造偉大的人物，消極的思想誕生痛苦的人物。作者還試圖說明，思想創造了我們的內在性格和外在環境，思想和物質之間並不存在溝壑。

《君主論》

馬基維利認為，作為一個君主，想要獲得成功，就必須懂得如何積蓄自己的實力，並依靠自己的實力和手段取得地位。他認為，君主需要效法狐狸與獅子，有狐狸的狡猾、獅子的勇猛。

因為書中一再提到不擇手段，《君主論》曾一度被稱為「邪惡的《聖經》」。但我們不可否認，書中也為人們提供了一些生活的本領和智慧。它或許有極端或厚黑之處，這是我們要加以批判的。但其中一些觀點表達了生活至理。

《沉思錄》

作為古羅馬哲學家皇帝馬可・奧里略留對身羈宮廷的自身和自己所處混亂世界的感受，作者透過自己的思考，在書中闡述了靈魂與死亡的關係，解析了個人的德行、解脫以及對社會的責任，要求人們常常自省以達到內心的平靜，要摒棄一切無用和瑣屑的思想，正直地思考。

《智慧書》

巴爾塔沙・葛拉西安思想的結晶——《智慧書》。

書中極言人有臻於完美的可能，只要佐以技巧、審慎睿智。他提醒人們當警覺、自制、勤奮，書中盡是知人觀事、判斷、行動的箴言及策略。拋開書中的神學觀不談，在這些箴言警句中，我們能得到立身處世、周旋塵境的切實可行之法，如果能依其言學其成，則必定會安身立命、有所成就。

《愛的能力》

這是成功學大師奧格・曼迪諾向廣大讀者極力推薦的一本書，它曾使奧格・曼迪諾受益匪淺，從失敗走向了成功。作者艾倫・佛洛姆運用多維視角探討和研究了日常生活中我們所體驗到的或失去的愛，它的主旨是教我們如何才能增進相互間的瞭解與建立和諧的人際關係。

最有激情的人生經驗，最富有價值的勵志哲理，使得這本羊皮卷容納了15部經典勵志書。它們在全方位挖掘我們內心潛力的同時，也引領著我們走向正確的人生。

開啟命運大門的鑰匙正是手中的這本羊皮卷。它將帶領我們打開命運之門，看到門後五彩斑斕的世界；它將激發我們的靈感、觸動我們的生活、牽引著我們的心靈，猶如黑暗裡的一座燈塔，照亮我們的人生奮鬥之路。

一本羊皮卷，一部神奇的人生《聖經》，一部極具啟發的經典之作，它猶如明亮的燈塔，閃耀著耀眼的光芒，指引著我們前進的方向，帶領我們去獲取財富、快樂和力量。

目錄

《人性的弱點》

《一生的資本》

《獲取成功的精神因素》

《鼓舞人心的剪貼本》

《自己拯救自己》

《如何追求第一》

《不要聽別人的話》

《愛的能力》

羊皮卷

《向你挑戰》

　　生活中處處充滿著挑戰：挑戰你的能力，挑戰你的思維，挑戰你的社交……如何讓自己在這些挑戰中遊刃有餘，《向你挑戰》這本書為我們提供了極大的幫助。

　　本書的作者是廉·丹佛，他是偉大的演講家、作家和成功學導師，他的作品被無數人譽為「心靈的聖經」。《向你挑戰》就是他最具代表性的作品，這是一部與人類命運息息相關的書，在這本書中作者對所有處於不同環境、不同階層的人都傾注了極大的責任心與熱情。他其實是想證實，在這個世界上的每一個人都有自己特殊的天分，都可以經由自身的努力取得成功。他向我們提出了這樣的挑戰：做自己的主人，收復靈魂、重塑意志；做世界的主人，在任何情況下都要擁有財富與堅守情操。

推銷：成功推銷自己，助事業起步

不管是參加幹部競選還是進行社會實踐，要想脫穎而出，每個人都必須有自我推銷的能力。

也許當你看到「推銷」這個詞時會覺得詫異，因為在很多人看來，推銷似乎針對的只是商品，只屬於是成人的「工作」，其實，事實並非如此簡單。

你想當班長，你就要列出你認為可以當班長的優勢，你想參加社團活動，你就要表現你的誠意，你的責任心、學習能力等。如果你現在是學生，有一天總會走入社會，你如何在這個競爭激烈的社會立足，讓它接納承認你，首先就需要一種自我推銷的能力。

生活中，我們往往可以看到很多人的能力並不強，可是他卻獲得了一份很好的工作，有的人雖然滿腹才學，卻呆板木訥，碌碌無為。這並不難理解，前者之所以能獲得不錯的工作，往往是因為他善於推銷自己。生活本身就是一個不斷推銷自己的過程，這也就要求我們必須學會推銷，掌握推銷技巧。

1960年，美國大選到了劍拔弩張的時候，在兩位主要候選人約翰·甘迺迪和查理·尼克森之間展開了一場非常關鍵而激烈的電視辯論。

辯論前，很多政治分析家都一致認為甘迺迪處於劣勢，因為他年紀輕，名氣比較小，而且是一位天主教徒，雖然非常富有，但是說話的時候操著濃重的波士頓口音。但實際上，美國觀眾在螢幕上看到的卻是一個心

平氣和、說話很輕鬆又富有幽默感的甘迺迪先生，面孔十分討人喜歡。坐在旁邊的尼克森卻顯得飽經風霜，緊張而不自在。據說，就是經過這次電視辯論的對比，甘迺迪因為藉機大力地推銷了自己，從而贏得了美國大眾的喜歡，最終打敗了強勁對手尼克森。

那麼，為了有效地推銷自己，我們應該做些什麼準備工作呢？

（1）要瞭解自己的實際情況。比如透過問自己一些「我是什麼樣的人」、「我有什麼優點和缺點」、「我能滿足他人什麼需要」、「我最擅長的事情是什麼」等等問題來瞭解自己。

（2）要充滿自信心。在推銷自己的時候，只有充滿自信，才具有感染力，才能讓對方相信自己的優秀，讓對方明白接受你的推銷才是當前最好的選擇。

（3）要有溝通表達能力。出眾的口才和溝通能力更容易讓別人相信你所說的每一句話，從而達到你的目的。平常你可以多和他人溝通，並透過辯論來提高自己的口才。

（4）注意外在形象。你不一定要擁有美麗的外表，但是務必要給人以清爽的感覺。

（5）認識對方。一個人要想成功地推銷自己，還要弄清楚對方是誰，判斷對方的看法和觀點。再根據實際情況見機行事，不能盲目亂來。

此外，還需要掌握推銷的要領：

（1）要善於面對面推銷自己，並注意遵守下面的規則：依據面談的對象、內容做好準備工作；語言表達自如，要大膽說話，克服心理障礙；掌握適當的時機，包括摸清情況、觀察表情、分析心理、隨機應變等。

（2）要有靈活的想法。蘿蔔青菜各有所愛，對人才的需求也是這樣。有時你雖然針對對方的需要和感受去推銷自己，仍然說服不了對方，沒有

被對方接受，那麼你就應該重新考慮自己的選擇。倘若期望值過高，就應適時將期望值降低一點；還可以到與自己專業技術相關或相通的行業去推銷自己。美國諮詢家奧尼爾這樣說：「如果你有修理飛機引擎的技術，你可以把他變成修理小汽車或大卡車的技術。」

（3）要有自己的特色，這樣才能引起別人的注意。

（4）應以對方為導向。要注重對方的需要和感受，並根據他們的需要和感受說服對方，並被對方接受。

（5）要注意控制情緒。人的情緒有振奮、平靜和低潮等三種表現形式。在推銷自己的過程中，善於控制自己的情緒，是一個人良好自我形象的重要表現。情緒無常，很容易給人留下不好的印象。為了控制自己開始亢奮的情緒，美國心理學家尤利斯提出三條忠告：低聲、慢語、挺胸。

沒有人天生就是自我推銷的高手，也許你膽小害羞，也許你不善言談，而自我推銷無疑是對你自己的一個巨大挑戰，勇敢地向自己挑戰吧！

活用：活學活用，儲備升值

蜜蜂採花粉是要釀蜜，燕子銜泥是要築巢，人學習知識是為了運用知識。如果一個人讀書萬卷，卻不懂得如何運用，那麼這些知識也就等於是死知識。死知識不能解決實際問題，那學了又有何用？所以，每一個人不僅要懂得學習，還要懂得學以致用，唯有如此，才能使知識更富有意義。

我們應結合所學的知識，參與學以致用的活動，提高自己運用知識的能力，使我們的學習過程轉變為提高能力、增長見識、創造價值的過程。

我們還應加強知識的學習和能力的培養，使知識與能力能夠相得益彰、相互促進，發揮出巨大的潛力和作用。

曾有這樣一個事例，講的是近代化學家、兵工學家、翻譯家徐壽與華蘅芳研製「黃鵠」號的事情，歷來被作為學以致用的範例。徐壽在做這項工作時採取了十分慎重的循序漸進的科學態度。他首先試製了一個船用汽機模型，成功後又試製了一艘小型木質輪船。在此基礎上，他精益求精，繼續進行研究改進，最後成功製造了中國造船史上的第一艘實用性蒸汽輪船。取得了成熟的經驗後，徐壽又主持研製了「惠吉」、「操江」、「測海」、「澄慶」、「馭遠」等多艘輪船，為中國近代早期的造船業作出了巨大貢獻。

然而，現實生活中很多人只是死讀書、讀死書，這樣很容易產生一個結果，那就是生搬硬套地將書本中的知識應用到理論與實際當中去，從而受到一些條條框框的束縛，因而很難有所創新。

如《三國演義》裡的馬謖，他自稱「自幼熟讀兵書，頗知兵法」，但在街亭之戰中，只背得「憑高視下，勢如破竹」、「置之死地而後生」幾句教條，而不聽王平的再三相勸以及諸葛亮的叮嚀告誡，將軍營安紮在一個前無遮罩、後無退路的山頭之上，最後落得兵敗失利、狼狽而逃、斬首示眾的下場。

所以，想獲得成功就一定要學以致用，否則生搬硬套書本上的知識，必然會給你所從事的事業帶來損失。

19世紀末，製造飛機的熱潮在全世界範圍內一浪高過一浪。但在此之前一些知識豐富的大科學家卻紛紛表態，發表自己的看法和見解，抵制飛機的製造。比如，法國著名天文學家勒朗認為，要製造一種比空氣重的機械裝置到天上去飛行是根本不可能的；德國大發明家西門子也發表了相似的見解；能量守恆定律的發現者、著名的物理學家赫爾姆·霍茲又從物理學的角度，論證了機械裝置是不可能飛上天的；美國天文學家做了大量計算，證明飛機根本不可能離開地面。但是，令人想不到的是，1903年，連大學校門都沒進過的美國人萊特兄弟憑著勇於創新的精神，將飛機送上了天，為人類作出巨大貢獻。

「盡信書，不如無書」；會學，更要會用。學習到的知識只有有效地運用到生活和實踐中去，才會發揮其效用，否則就是一些死的、沒有用的東西。

德國教育家第斯泰維克說：「*學問不在於知識的多少，而在於充分地理解和熟練地運用你所知道的一切。*」所以，在日常生活和工作中，我們應該把在學校裡、在社會上所學到的全部知識都淋漓盡致地發揮出來。

角度：不同視角裡的不同世界

　　多少人一頭鑽進了思維的死胡同，最後被舊思維牢牢地束縛。在為難事一籌莫展的時候，不妨換一種思維，這時你會發現眼前的困難會變得不值一提，心靈的天空也會瞬間變得明亮。曾經有兩個同樣生產皮鞋的公司，我們暫時稱為A公司和B公司，為了尋找更多的市場，兩個公司都往世界各地派了很多銷售人員。這些銷售人員不辭辛苦，千方百計地搜集人們對鞋的各種需求資訊，並不斷把這些資訊回饋給公司。

　　有一天，A公司聽說在赤道附近有一個島，島上住著許多居民。A公司想在那裡開拓市場，於是派銷售人員到島上瞭解情況。很快，B公司也聽說了這件事情，他們唯恐A公司獨占市場，趕緊也把銷售人員派到了島上。

　　兩位銷售人員幾乎同時登上海島，他們發現海島相當封閉，島上的人與大陸沒有來往，他們祖祖輩輩靠打漁為生。他們還發現島上的人衣著簡樸，幾乎全是赤腳，只有那些在礁石上採拾海蠣子的人為了避免礁石硌腳，才在腳上綁上海草。

　　兩位銷售人員一到海島，立即引起了當地人的注意。他們注視著陌生的客人，議論紛紛。最讓島上人感到驚奇的就是客人腳上穿的鞋子。島上人不知道鞋為何物，便把它叫做腳套。他們從心裡感到納悶：把一個「腳套」套在腳上，不難受嗎？

　　A看到這種狀況，心裡大失所望，他想，這裡的人沒有穿鞋的習慣，怎

麼可能建立鞋的市場？向不穿鞋的人銷售鞋，不就等於向盲人銷售畫冊、向聾子銷售收音機嗎？他二話沒說，立即乘船離開了海島，返回了公司。他在寫給公司的報告上說：「那裡沒有人穿鞋，根本不可能建立起鞋的市場。」

與A的態度相反，B看到這種狀況時卻心花怒放，他覺得這裡是極好的市場，因為沒有人穿鞋，所以鞋的銷售潛力一定很大。他留在島上，與島上人交上了朋友。

B在島上住了很多天，他挨家挨戶做宣傳，告訴島上人穿鞋的好處，並親自示範，努力改變島上人赤腳的習慣。同時，他還把帶去的樣品送給了部分居民。這些居民穿上鞋後感到鬆軟舒適，走在路上他們再也不用擔心扎腳了。這些首次穿上了鞋的人也向同伴們宣傳穿鞋的好處。

這位有心的銷售人員還瞭解到，島上居民由於長年不穿鞋的緣故，與普通人的腳型有一些區別，他還瞭解了他們生產和生活的特點，然後向公司寫了一份詳細的報告。公司根據這些報告，製作了一大批適合島上人穿的皮鞋，這些皮鞋很快便銷售一空。不久，公司又製作了第二批、第三批……B公司終於在島上建立了皮鞋市場，狠狠賺了一筆。

同樣面對赤腳的島民，A公司的銷售員認為沒有市場，而B公司的銷售員認為大有市場，兩種不同的觀點說明了兩人在思維方式上的差異。簡單地看問題，的確會得出第一種結論，而後一位銷售人員卻能夠及時換一種思維角度，從而從「不穿鞋」的現實中看到潛在市場，並透過努力獲得了成功。面對同一個市場，只要換一種角度就會看到不同的前景，只要換一種思維，不利的因素也會轉換成有利的條件。僅僅因為換一種思維方式，把問題倒過來看，就能出現截然不同的結果，這絕不是偶然的現象，只要留心，你會發現生活中處處充滿了類似的例子。

魄力：做事當斷則斷

兵家常說：「用兵之害，猶豫最大也。」實際上，日常做事也是如此。猶豫不決，當斷不斷的禍害，不僅僅表現在戰場上，現代社會的商業戰略又何嘗不是如此呢？商戰之中，機不可失，時不再來，如果猶豫不決，當斷不斷，那你在商場上只會一敗塗地，無立身之處。因此，斬釘截鐵、堅決果斷，已成為當代企業家的成功祕訣之一。當然，這裡說的當機立斷，首先指的是看準行情、深思熟慮後的果敢行動，而不是心血來潮或憑意氣用事的有勇無謀。當機立斷的另一方面，並非僅僅指進攻和發展。有時，按兵不動或必要的撤退也是一種果敢的行為，該等待觀望時就應按兵不動，該撤退時就要撤退，這也是一種當機立斷的行為。

最讓人感慨的當是「夜長夢多」這一俗語了。夜長夢多指的是做某些事，如果歷時太長，或拖得太久，就容易出問題。

「夜長」了，「噩夢」就多，睡覺的人會受到意外的驚嚇，反而降低了睡眠的效果。同理，做事猶猶豫豫，久不決斷，也會錯失良機。

《史記》中有「兵為兇器」的說法。意思是說，不在萬不得已時，不得出兵；但是，一旦出兵就得速戰速決。「勞師遠征」或「長期用兵」，每每帶來的都是失敗。

拿破崙窮兵黷武，征戰歐洲，不可一世，但後來卻有了「滑鐵盧」之悲劇；希特勒瘋狂侵略他國，得到的卻是國破身亡，主權不保。這都是由於：他們沒有認清戰爭的害處；他們不懂得「夜長夢多」的真正外延。

東方人向來講究不溫不火，從容自若，慢條斯理的做事態度。即便是大難臨頭，「刀架脖子上」也能泰然處之。能夠做到如此者，才算得上氣宇大度的君子。然而，這並不是說東方人就喜歡做事拖拉，或不善於抓住戰機。事頭上，東方人在追求和諧、寧靜、優雅的同時，無時不在潛心於捕捉機遇。

　　有一種「無為而治」的政治哲學。從表面上看，它似乎也是優哉游哉的處世信條，但就其內涵，遠非字面那麼淺顯。所謂「無為」並不是單純的「不為」，而是「陰謀詭計」之極為，它無時不在寧靜的外表下進行頻繁的權謀術數的操作。

　　打個比方，一個車輪，以飛快的速度旋轉，似乎就看不到它在旋轉了，抑或看到的是倒轉，「無為」就是這種狀態，「無為」才能「無不為」。因此，做事不能太猶豫不決，而應快速決斷；不要再徘徊、躊躇，做事快而敏捷者才能夠成就大事業。

健康：你的身體夠強健嗎

擁有健康並不能擁有一切，但失去健康卻會失去一切。健康不是別人的施捨，健康是你自己對你的身體的珍愛。

很少有人能夠澈底明白健康與事業的關係是怎樣的重要，怎樣的密切。人們的每一種能力，每一種精神機能的充分發揮，與人們的整個生命效率的增加，都有賴於身體的健康程度。

健康的體魄可以使一個人勇氣與自信心兼具；而勇氣與自信是成就大事的必備條件。體力衰弱的人，多是膽小怕事、優柔寡斷者。

要想在人生的戰鬥中得到勝利，一個最重要的條件，就是每天都能以精力飽滿的身體去應付一切。對於那整個生命所繫的大事業，你必須付出你的全部力量才能成功。只發揮出你的一小部分能力從事工作，那一定是做不好的。你應該用你旺盛的鬥志以及健康的身體去從事工作，工作對於你，是趣味而非痛苦；你對工作，是主動而非被動。假如你因生活不知謹慎而造成精疲力竭，那麼再去從事工作，你的工作效率自然要大減。在這種情形之下，成功是難以得到的。

許多人就失敗在這點上——想從事工作，進行事業，無奈體力卻不支。一個活力低微、精神衰弱、心理動搖、情緒波動的人，自然永遠不能成就什麼了不起的事業。

聰明的將軍一定不會在軍士疲乏、士氣不振時，統率他們應付大敵。他一定要秣馬厲兵，充足給養，然後才肯去參加大戰。

在人生的戰鬥中，能否取得勝利，就在於你能否保重身體，能否保持你的身體於「良好」的狀態。一匹有「千里之能」的駿馬，假如食不飽、力不足，在競賽時恐怕要敗給平常的馬。

一個具有一分本領的體力旺盛的人，可以勝過一個體力衰弱卻個有十分本領的人。

一個人如果有大志，有澈底的自信，而同時又具有足以應付任何境遇、抵擋任何事變的健康體魄，那麼他一定能夠從那些阻礙體弱者較勁的煩悶、憂慮、疑懼等種種精神束縛中解脫出來。

健康的體魄可以增強人們各部分機能的力量，而使其效率、成就較之體力衰弱的時候大大增加。強健的體魄，可以使人們在事業上處處取得成效、得到幫助。

凡是有志成功、有志上進的人，都應該愛惜、保護體力與精力，而不使其有稍許浪費於不必要的地方，因為體力、精力的浪費，都將可能減少我們成功的可能性。

世間有不少有志於成大事的人，卻因沒有強健的體魄為後盾，而導致壯志未酬身先死。然而世間又另有大批的人，有著強壯的身體卻不知珍惜，任意浪費在無意義、無益處的地方，而摧毀了珍貴的「成功資本」。

假如美國的羅斯福總統，當初對於身體不曾加以注意與補救，他的一生，恐怕是要成為一個可憐的失敗者的。他曾經說：「我從小就是一個體弱多病的孩子。但我後來要決意恢復我的健康，我立志要變得強健無病，並竭盡全力來做到這點。」

健康的維護，有賴於身體中各部分的均衡運轉，而「成功」的取得，又有賴於身體與精神兩方面的均衡發展。所以我們必須盡一切努力，以求得到身體上的平衡，而身體上的平衡達到以後，則精神上的平衡也就容易

達到了。人們得疾病的部分原因，是由於身體各部分的發展不均衡。例如，對於某一部分的細胞不需要過度的刺激與活動；而有一部分的細胞，則嫌刺激、活動太少。均衡的發展才是正道。

身心不斷地活動，是祛病健身的最好方法。要維持健康，必要的活動絕對是前提。人體中的各部分機體如不經常活動，絕不可能保持健康。有一位著名的英國醫師曾說，人要想長壽，就必須在除了睡眠時間以外的所有時間內使腦部不斷活動。每個人必須於職業、工作之外找一種正當嗜好。職業給他以生活資本，嗜好則給他以生活樂趣，可以使他在愉快、高興的心情清下，活動其精神。「行動」的意義等於「生命」，而「靜止」則等於「死亡」。

突破：冒險是成功的開始

　　對於一個對什麼都沒有興趣，且缺乏熱情而安於現狀的人來說，冒險是成功的開始，是唯一可以解救他的東西；對於一個小有成就的人來說，冒險會使他的投資獲益匪淺。誠然我們不能認為冒險就會成功，但敢肯定的是那些不敢跨出那一步的人是沒有前途的。

　　一旦你明白冒險意味著充實地生活，並且將帶給你幸福和快樂，你就會願意開始這次旅行。在這個世界上有很多人得過且過、自我感覺良好，在他們看來，隨波逐流地過一輩子是愉快的事，自我約束是世俗的觀點，自我放縱即是自我表現。阻力最小的路線造就了扭曲的人生。鯉魚躍龍門是逆流而上，所以才能激起千層浪。

　　確實，許多人都願意選擇比較簡單的方式，過著平靜的生活。每當問他們何不過一種更富有更開闊的生活時，他們往往會因自己的這種「修養」而引以為傲。其實是種錯誤的想法，常人所說的「修養」僅僅是苟且偷安、無所作為，真正的修養是充滿生命活力的鬥爭。

　　膽小的人不會去想怎樣充實並提高自己，也沒有機會品嘗到勝利所帶來的震撼與幸福。

　　第一次世界大戰期間，在一座無人的荒島上，一位上尉在偷襲對手撤回時受傷了。敵方狙擊手和機槍手組成一個交叉火力網，對著任何敢於前來營救那受傷不輕的上尉之人。部隊司令挑選兩名志願者來擔任這項營救傷患的危險使命。司令之所以選中這兩個人，是由於其光榮的履歷及其在

部隊長期服役中表現出來的「魔鬼般的鬥志」。夜裡他們潛行至荒島上，匍匐前進，在槍林彈雨中救回了他們的上尉。這兩個人都能夠勇於面對險境，並出色完成任務，獲得了特殊的榮譽，這些都來源於他們敢於冒險的精神。待在戰壕中不會有特別危險，但永遠不會得到榮譽。

日常生活中，要想過得有品質，是需要有冒險精神的。如果在原地不動，裹足不前，時常會使遭遇困難的人顯得精神緊張，感到束手無策，而且也會帶來很多身體上的症狀。

針對上述情況，廉‧丹佛建議：「澈底研究狀況，在心裡想像你可能採取的各種行動方向，與每一種可能產生的後果。選擇一種最可行的方向，然後放手去做。如果我們一直要等到完全確定之後才開始行動，一定成不了大事。每種行動都可能會中途受阻，每個決定也都可能夭折，但是我們千萬不可因此而放棄了所要追尋的目標。必須有每天冒險遭遇錯誤、失敗，甚至屈辱的勇氣。走錯一步永遠勝於『原地不動』。你向前走就可以矯正你的方向；若你拋了錨、站著不動，你的導引系統是不會牽著你向前走的。」

如果我們滿懷信心地去行動，我們就有獲得成功的機會。那些拒絕創造生活、拒絕勇敢行動的人，只有在酒杯裡尋求勇氣，要想成功永遠是不可能的。

要有艱苦地得到你所需要之物的意願，不要將自己廉價出售。你已經擁有這些資本，但是必須勇敢付諸行動，使它們有機會發揮功能，你才能體會出你確實擁有它們。

積極培養你敢於冒險的習慣。對任何事情都要懷著勇氣，採取大膽的行動，不要等到危機來臨時才想成為大英雄。

潛能：發掘你的冒險潛能

任何領域的領袖人物，他們之所以能夠成為頂尖人物，正是由於他們勇於面對風險。美國傳奇式人物、拳擊教練達馬托曾經一語破的：「英雄和懦夫都會有恐懼，但英雄和懦夫對恐懼的反應卻大相徑庭。」

如果你發現自己總也不敢冒風險，而是常常躲避它，下面幾點建議也許能幫助你發掘和增強一些人人皆有的這種冒險精神。

（1）努力實踐理想

一家公司的一位會計曾找公司總經理談話，說她的理想是要成為公司的審計長，或者創辦她自己的公司。雖然她連中學都沒畢業，而且又是個新移民，但她卻毫不畏懼。但公司經理卻提醒她：「你的會計能力是不錯，這一點我承認，但你應該根據自己的教育程度，把目標定得更加切合實際些。」經理的話使她大為惱火，於是，她毅然辭職追尋自己的理想去了。

後來怎樣呢？她成立了一個會計服務社，專為一些小公司和新移民提供服務。現在，她設在北加州的會計服務社已發展到了五個辦事處。

其實，我們誰也不知道別人的能力到底有多少，尤其是在他們懷有激情和理想、並且能夠在困難和障礙面前不屈不撓時，他們的能力限度就更難預料。

（2）一步一步地走下去

一位頗有經驗的滑雪教練，帶領一群新手到陡坡上教他們滑雪。站在滑道頂端的邊緣，他們從頂端一眼望到底端，這樣難免使他們感到坡陡路險，從而產生畏難情緒。為了幫助這些學員克服畏難情緒，教練反覆告訴他們，不要把整個滑雪過程看成是從山頂到山下，而應將其分解開來，先想著怎樣滑到第一個拐彎處，再想著滑到第二個拐彎處。這樣做轉移了他們的注意力，他們紛紛把注意力放在目前自己能夠做到的事情上，而不是目前做不到的事情上。他們轉了幾道彎之後，信心便增強了。無需更多的激勵，他們便能順利滑下去了。

這個方法對你同樣有幫助，剛開始做一件事時，不要把注意力放在你所面臨的全盤事務上。先瞭解一下第一步該怎樣走，而且要確保這第一步你能順利完成。這樣一步一步地走下去，你就能走到你所期望到達的光輝頂峰。

（3）不要說「不要」

有時，當面臨某一新情況時，人們往往會回憶過去的失敗，從而花太多的時間往壞處想。有一位年輕的女律師，不久就要出席法庭審判，這是她當律師後第一次出庭為人辯護。因此，她感到特別緊張不安，甚至夜不能寐，她只好求助於心理醫生。心理醫生問她希望給陪審團留下一個什麼樣的印象，她回答說：「我不要被人看作無經驗，太年輕，或是太幼稚，我不要他們懷疑我這是第一次出庭為人辯護，我不要……」

這位女律師掉進了「不要」的陷阱裡。「不要」是一種消極的目標，「不要」會使你不想怎樣卻偏會怎樣，因為你的大腦裡會產生一些不好的圖像，並對其作出反應。

心理醫生告訴這位女律師：史丹佛大學曾做過一項研究證明，大腦裡的某一圖像會像實際情況那樣刺激人的神經系統。舉例來說，當一個高爾夫球手在告誡自己「不要把球打進水裡」時，他的大腦裡往往會浮現出「球掉進水裡」的情景，這樣球便會真的落入水中。所以，在遇到令你緊張的情況時，要把注意力集中在你所希望發生的事情上。

　　心理醫生再次詢問那位女律師，問她希望出現些什麼情況。這次她回答說：「我希望被人認為業務精通，充滿自信。」

　　心理醫生建議她試想一下「充滿自信」的感覺，她認為，那意味著滿懷信心地在法庭上走動，口中使用著充滿說服力的語言，用眼睛與證人和陪審員保持著緊密的聯繫，說話時聲音清晰洪亮，使整個法庭上的人都能聽清。她還想像了精彩結案辯詞和己方勝訴的情景。經過這種積極的圖像設想演練幾星期之後，這位年輕的女律師最終贏了她第一次出庭辯護的勝利。

　　如果你謹記以上三條原則，你會發現自己慢慢地變得勇敢起來了。

思維：拒絕線性思維

有這樣一個笑話：

一群遊客到一個類人猿遺址參觀，他們向遺址博物館年輕漂亮的女解說員詢問該類人猿的年齡。

她回答：「迄今已高達60萬零1歲。」

遊客很詫異：「你怎麼知道得如此準確？」

她得意地說：「因為我去年剛到這裡工作時，博物館館長對我說，類人猿的年齡是60萬歲。」

這個笑話嘲諷了一種簡單的線性思維模式，也就是思考問題時直來直去，不懂得動腦子。事實上，世界上的事情都是複雜的，簡單的線性思維會讓人忽視假像背後的真實。

線性思維經常出現在新聞報導上。媒體往往根據線性思維的慣性，依據當時事實表象進行簡單化新聞的片面報導、或強調誇大某個數字、或突出多種變化中的一個，從而誤導讀者。

而某些新聞評論家在對未來變化和發展趨勢進行預測時也往往，總是喜歡把媒體上有關這項發展變化的點點滴滴新聞資訊相加在一塊，然後分析評估，從中找出事物變化的趨勢，並做出自己的預測。這種根據新聞事件的累加做出的線性預測，疏忽了不同發展趨勢、變化的相互作用，忽視了某些意想不到的因素。因此，這種預測常常會「見木不見林」。比如，沒有一家美國媒體會預見到「911事件」；再如，在財經報導中，經濟的運

行常常是非線性的發展，對網際網路經濟的發展與預測，就讓很多媒體以及專家學者大跌眼鏡。

　　但是，經濟學家和記者們卻常常在報紙和電視上試圖精確預測經濟的未來發展，比如，談話節目、股市分析節目、財經報導專欄等等。媒體做這種精確的預測，是想滿足觀眾的期望，可是事件最終的變化往往否定了評論家們的展望和預測。因此，當我們評論剛剛在報紙或電視上看到的新聞報導時，不妨用混沌理論或複雜性的思維模式。我們要對全球媒體關於政治、軍事和經濟等重大問題的報導持一種懷疑的態度，從而鍛煉自己獨立思考的能力。

　　如果把非線性思維，即多方考慮、運用複雜性理的思維運用到新聞評論中，將有助於我們理解新聞事件發展的複雜性，同時有助於我們瞭解事實的真相。

技能：有效運用自己的知識能力

技能一般是指由於訓練而鞏固的行為方式，訓練有素則成技。通常，一個人某方面的能力與該方面的技能密切相關。技能是能力的載體，是能力的一種基本外現形式。掌握了一定的技能，便可以提高你自己的做事能力。

技能主要透過實踐訓練而來，因此，這就涉及到操作能力或稱動手能力。動手能力可視為實行能力，完成能力。會動腦，善於提出想法，形成構想與方案，要靠思維與想像，但要兌現，就得看動手能力如何。技能主要指一定的操作能力。一個人某方面的技能良好，實際上是指他在這方面的動手能力強。

技能是人們認識、利用和改造世界必不可少的手段之一。這是因為：

（1）技能可以大大提高活動效率，因為與有意識的動作比較起來，擁有技能的動作更容易完成，消耗的精力更少，任務也完成得更好。

（2）技能使人的精力從對細節的關注中解放出來，從而可以把意識集中到活動中最重要的任務與內容上，使人們在活動過程中有更多的創造性。例如：初學駕駛汽車的人，必須按照預定的順序注意每一個駕駛動作，但即使如此，還時常發生錯誤。當他的駕駛動作熟練以後，某些動作就從意識中解放出來，變成自動化的動作。因此，他無須再考慮向哪個方向轉動方向盤，如何剎車等等，就能輕鬆敏捷地、一個接一個地完成全部駕駛動作。在這種情況下，他才有條件考慮如何選擇更有效的途徑和方

法，創造性地完成動作，以進一步提高動作的品質，出色地完成既定任務。「熟能生巧」就是這個意思。技能動作中「自動化」的成分愈大，動作就愈完善，動作效率就愈高。

技能是人們進行正常的工作和生活所必備的條件之一，它對人們學習和工作的影響是積極的，顯而易見的，同時也是巨大的。

技能是能力的隱形資本，是能力的主要依託。掌握一定技能在學習與工作中均可能會達到事半功倍的效果。從目前情況看，電腦與外語的應用技能可說是最重要的技能。隨著資訊時代的到來，網路社會日益形成，網路成為獲得知識的主管道，虛擬圖書館將成為每個人的「私人書庫」。同時，電腦還是我們工作與研究的輔助工具，可以很大幅度地提高研究與工作的能力與效率。隨著世界一體化進程的加快，地球村的到來，世界各國的經濟、文化、科技將融為一體，掌握一定的外語應用技能，才能更好地吸收全人類優秀的文明成果，豐富知識儲備並完善知識結構；才能在未來社會裡左右逢源，如魚得水，應付自如。

許多學科與專業對操作技能的依賴性很強，從業者能力的形成與提高很大程度上取決於其相應操作技能的狀況。在這些領域中有所建樹者必須具備較高的操作技能。科技論文的寫作技能也是學者的重要技能，一方面，透過論文進行對外的學術交流，可提高自己的專業能力；另一方面，透過論文的輸出，使自己的學術水準與研究能力得到同行與社會的認可，能力價值得以實現。缺乏技能有時會使能力的輸出與發揮大打折扣。教學效果是衡量教師水準的重要標誌，而教學效果往往與教師的教學方法（技能）密切相關，良好的教學技能往往能收到良好的教學效果。有許多教師，知識淵博，研究水準也不錯，但卻缺乏授課技能，因此，也不能成為受歡迎的老師。

社交：克服社交恐懼

對於很多人而言，社交是「恐懼」的代名詞，但倘若你克服了社交恐懼，即意味著你成功地挑戰了自己。

在人際交往中，社交恐懼是最大的障礙。也許你是擔心自己有缺點，不夠有才華，也許你是擔心與你交往的人不友善……所有的這些都讓你產生焦慮，於是，你認為自己很難迅速地適應環境，很難與人和諧相處，你甚至擔心你是否會因此而遭到排斥……

其實，這些都是杞人憂天。

要知道，即使是災難降臨，事情也絕不會因為你害怕和恐懼就可以改變。而恐懼只會無限地消耗你的心力，讓你身心俱疲，無力再面對。這時世界在你的眼裡也會因此忽然變得黯淡。懷著恐懼心理，又如何與人正常的交往？恐懼只會妨礙你，將你與別人之間的心理距離越拉越遠。

「那怎麼克服恐懼心理呢？」

首先要克服的就是自卑感。哲人說：「自卑就像受了潮的火柴，再怎麼使勁，也很難點燃。」如果一個人總是表現得猶猶豫豫，縮手縮腳，別人自然也認為他真的很無能，不願和他交往。

自卑不僅會使一個人陷於孤獨、膽怯之中，而且會造成心理壓抑。受這種心理的支配，人們就會越來越不敢主動去和陌生人交往，在社會上越來越封閉。

那麼，該如何克服自卑感呢？

其實方法有很多，最有效的就是「心理暗示」法。比如，在和陌生人交往感到恐懼時，你可以這樣想：我的社交能力雖然還不夠好，但別人開始時也是這樣的；不管做什麼事，開始時都不見得能做好，多做幾次就會更好了，其實大家都是這樣的。

你要清楚問題的關鍵在於，你必須敢於走出與陌生人交往的第一步。

實踐出真知，練習多了，你就會不再感到害怕、膽怯、靦腆、羞澀了。這樣就會使自己的社交能力大大提高。

其實與陌生人交往的最大障礙，就是自己的「心理障礙」，除此之外別無障礙。只要你回憶一下別人主動與你交談時內心的激動，就會明白認識別人與被人認識都是令人愉快的事情。

也許你會有這樣的經歷：在一個彼此都不熟悉的聚會上，90％以上的人都在等待別人與自己打招呼，他們也許認為這樣做是最容易也是最穩妥的。但其他不到10％的人則不然，他們通常會走到陌生人面前，一邊主動伸出手來，一邊作自我介紹。

有人說，大人物與小人物最主要的區別之一，就是大人物認識的人比小人物多得多。而大人物之所以能夠認識更多的人，就是因為他們總是樂於和陌生人交往。從這一點上看，做一個大人物並不難，只要你能主動地把手伸給陌生人就可以了。當你嘗試著向陌生人伸過手去，並主動介紹自己時，你就會發現這比被動站在那裡要輕鬆、自在多了。一旦這種做法成為習慣，你就會變得更加灑脫自然，你的朋友會越來越多，學習和生活也會越來越順暢。而你的「社交恐懼症」也會在潛移默化間「痊癒」。

訊息：巧借他人之口獲取情報

你的做事能力不僅表現在你自身所具有的果斷精神及豐富技能，而且表現在你能否利用他人獲得資訊方面。

1944年，德國突然對倫敦發動大規模的空襲，2000多發炸彈從空而降，整個倫敦即將遭受不可預計的災難。

然而不知什麼原因，德軍總是錯失目標。想要攻擊橋樑和繁華街道的炮彈總是提前掉下來，在人口較少的郊區爆炸，為什麼會出現這種情況？

原來德軍在瞄準目標時，依賴的是在英國安插下的諜報人員的情報，然而這些間諜提供的情報是英國的諜報員巧妙編造過的錯誤資訊，他們故意把這些情報洩露給德國人，而德國人並不知曉。

利用別人獲取資訊等於為自己增加了一隻眼睛；給別人提供假資訊等於讓別人成了獨眼龍。獲取和得到的中間，差距就明顯地拉大了。

利用別人獲取資訊是一個危險但卻簡單便捷的方法，在這個過程中，如果你能夠掌握為你工作的人，那麼這個過程就會有一個完美的結局。因此，重要的是選擇一個對你真正忠誠的人成為你的耳目。

在與對手的對抗過程中資訊和情報至關重要，你探測對方的同時，對方也在探測你。給予對手假情報，能讓你獲得更大的先機。英國首相邱吉爾說：「真相可貴，但真相要認真防衛。」在防止對手看穿你真相的同時，如果你還能瞭解對手的真相，那麼你就一定能取得勝利。

有的時候，激怒別人也不失為一種絕好的辦法。人們在盛怒之下容易

失去控制，他們會控制不了自己的內心而把真實想法說出來。而這些真相正是他們的致命傷。

德國哲學家叔本華十分認同這一方法，他認為惱怒可以使對手無法控制自己的言行。強烈的情緒反應會讓他們暴露真相，而這些正是對付他們的最好工具。

獲得資訊的另外一種途徑就是測驗對方。古波斯國王寇司羅斯二世以機巧而聞名，他經常探測他的朝臣。有一次，他發現兩位朝臣變得十分親密，就暗中告訴其中一位朝臣：「你那個親密的朋友可能是叛國者，我很快就要處決他。你千萬要保守祕密，因為我最信任的人就是你。」然後察言觀色，看第二位大臣和以前相比有沒有變化，他就可以因此而斷定第一位大臣是否保守了祕密。如果第二位大臣還和原來一樣，他就會獎賞第一位大臣。如果第二位大臣有所變化的話，那麼肯定是第一位大臣洩漏了祕密。他就會將兩位大臣統統逐出宮去。

這種做法可以不動聲色地考驗一個人的品格。雖然有一些陰險，但是可以把隱患消滅在萌芽狀態。

當然，這裡所說的「利用他人獲得資訊」的做事能力，並不是指如何去算計別人，而且透過他人更快地學習更多知識的一種能力。

管理：發展你的領導個性

個性是指一個人天生就具有的那種東西，當然它也能透過後天來培養。在社交和生活方面，有些人的確要強一些，但是這並不代表你就不能發展你自己的個性了。有許多成功人士，他們未成名前都是很靦腆，不擅言談的，但後來由於他們自身的努力，他們拓展了自己的個性，變得能站在面前是向千人的講臺上侃侃而談了。而作為一個管理者，最重要的便是能夠當眾演講。

從現在開始，就注意發展你的管理個性吧！因為，這是你取得成功的基礎。

將發展管理個性當成是一次特殊的挑戰吧！你平時花了很多的時間來跳舞、打牌，現在這些技能就能派上用場了，你可以用它們來發展你獨特的個人魅力。

你可以在書上、報紙上讀到各種各樣的偉人事蹟，你有沒有產生過一種想法：取代他。你可以想想你從小到大超越的一切，你的心中一直都有的催人向上的力量。當然，你未必能一次成功，但這不代表你將來也不能取得成功。開始行動吧，狂妄一些又有什麼不可以呢？

從理論上說，個性是一種難以琢磨的東西，但是也有人對它做了精妙的注解。著名作家海倫就用來自於不同源頭的水解釋了幾種不同的個性。

第一種個性像山澗中一股清澈的溪流，它一路奔向大海，無論我們從哪個地方舀起來，都是清澈的。有些個性就是這樣，它的存在能讓人感到

舒心，它能鼓勵人們和它一起快樂向前。擁有這種個性的人在前面引路，人們就跟在後面。他們微笑著帶動其他人微笑，他們和別人一起分享他們的歡樂。

第二種個性則像一汪泉水，與歡快的小溪相比，它就要顯得安靜多了，但是從它的深處會湧出清涼甘甜的泉水。在這種沉穩的性格中，蘊涵著至深的力量，當他與別人分享時，人們也會得到快樂。

最後一種個性就像是城市裡隨處可見的人造噴泉，它由精美的鵝卵石建成，周圍還鋪滿了大理石，華麗精美。它和一個水量充足的蓄水池相連，經過蓄水池，它能給人們帶來清涼的泉水。但不幸的若是在連接處出了一點問題，雖然噴泉看上去依然很美麗，下面的水也依然清潔，但是噴泉再也沒法噴水而失去了原來的作用。

管理個性是透過內心來發展的，身邊的一些小事也能影響你的管理個性。比方說經常走在街上有太陽的那一邊，太陽所釋放的熱量和能量也能進入你的身體，它的光輝反映在你的臉上，並透過你傳給你身邊的人。

發展管理個性的方法極為簡單，但簡單的東西往往容易被人忽視。仔細觀察那些偉大人物，你就不難發現他們都有某些共同的特徵，比如說，他們都有一顆同情心，都能幫助並理解胸懷大志、希望有一番作為的年輕人。他們都自覺地發展一種領袖的能力和氣質，這不僅反映在大事上，即便是從他們對待小事的態度上，也能看出來。

成功學導師廉‧丹佛給我們講述了他的經歷：「我與一位偉大的人物一起散步時，他總是及時地提出對某些事情的看法，提出一些問題激發我，讓我思考。透過這些問題，他帶我進入一個新的世界。」

羊皮卷

《人性的弱點》

　　《人性的弱點》彙集了「20世紀最偉大的人生導師」、「美國現代成人教育之父」——戴爾·卡內基一生中最重要、最豐富的經驗。

　　暢銷書《心靈雞湯》的作者馬克·維克多·漢森曾指出：「成功其實如此簡單，只要你遵循卡內基先生在《人性的弱點》中教給你的簡單適用的方法，你就一定能獲得成功。」

　　此書之所以成為永恆讀物，就在於卡內基對人性的深刻認識，以及他為根除人性弱點所提出的方法正切中人們的心靈。正如卡內基所言：「一個人的成功，只有15％歸結於他的專業知識，還有85％歸結於他表達思想，領導他人及喚起他人熱情的能力。」只要你不斷反覆研讀這本書，它必將助你獲取成功所必備的那85％的能力。

憂慮：成功擺脫憂慮

認清憂慮的真實面貌

對於跋涉在成功道路上的人來說，成功的每一步都要付出艱辛，相伴而來的焦躁和憂慮，這些負面情緒是不可避免的。但是，如果長期生活在憂慮和緊張之中，這樣的人的心理狀況是極為混亂的，漸漸會形成一種思維定式，這種思維定式會直接影響我們精神和行為，並且會造成極其不良的後果。

在談到憂慮對人的影響時，一位醫生說，有70％的人只要能夠消除他們的恐懼和憂慮，病就會自然好起來。這些病都是真病，比如胃潰瘍，恐懼使你憂慮，憂慮使你緊張，並影響到你胃部的神經，使胃裡的胃液由正常變為不正常，因此就容易產生胃潰瘍。

憂慮也容易導致神經和精神問題。經臨床研究發現，一半以上的患有神經疾病的人，在強力的顯微鏡下，以最現代的方法來檢查他們的神經時，卻發現大部分人都非常健康。他們「神經上的毛病」都不是因為神經本身有什麼異常的地方，而是因為悲觀、煩躁、焦急、憂慮、恐懼、挫敗、頹喪等情緒造成的。

隨著現代醫學的進步，已經大量消除了那些可怕的、由細菌所引起的疾病。可是，醫學界一直還不能治療精神和身體上那些不是由細菌所引起，而是由於情緒上的憂慮、恐懼、憎恨、煩躁，以及絕望所引起的病

症。這種情緒性疾病所引起的災難正日漸增加，日漸廣泛，而且速度快得驚人。精神失常的原因何在？沒有人知道全部的答案。可是在大多數情況下，極可能是由恐懼和憂慮造成的。焦慮和煩躁不安的人，多半不能適應現實生活，而跟周圍的環境斷絕了所有的關係，縮到自己的夢想世界，以此解決他所憂慮的問題。

憂慮還容易導致關節炎和其他疾病。康乃爾大學醫學院的羅素·塞西爾博士是世界知名的治療關節炎的權威，他列舉了四種最容易得關節炎的情況：婚姻破裂、財務上的不幸和難關、寂寞和憂慮、長期的憤怒。

可現實中還有成千上萬的人因為憂慮而毀掉自己的生活。因為他們拒絕接受最壞的情況，不肯由此做出改進，不願在災難中盡可能搶救出一點東西，他們不但不願意重新構築自己的財富，還沉浸於過去失敗的記憶中無法自拔。終於，使自己成為憂慮情緒的犧牲者，他們摧毀了自己奠定成功的最後一塊基石——健康。

憂慮不僅能夠使人得病，而且還是長壽的剋星。

曾獲得過諾貝醫學獎的亞歷克西·卡雷爾博士說：「不知道怎樣抗拒憂慮的商人，都會短命而死。」其實不止商人，家庭主婦、獸醫和泥水匠亦是如此。

精神失常的原因何在？沒有人知道全部的答案，可是在大多數情況下，極可能是由恐懼和憂慮造成的。焦慮和煩躁不安的人，多半不能造應現實的世界，而跟周圍的環境斷了所有的關係，縮到他自己的夢想世界，借此解決他所有的憂慮問題。

憂慮會使我們的表情難看，會使我們咬緊牙關，會使我們的臉上產生皺紋，會使我們老是愁眉苦臉，會使我們頭髮灰白，有時甚至會使頭髮脫落。憂慮會使你臉上的皮膚發生斑點、潰爛和粉刺。

憂慮就像不停地往下滴的水，而那不停地往下滴的憂慮，通常會使人心神喪失而自殺。

憂慮是我們健康的大敵，而且更是長壽的大敵。

不要中了憂慮的「毒」

憂慮是人在面臨不利環境和條件時所產生的一種情緒抑制，它是一種沉重的精神壓力，使人精神沮喪，身心疲憊。那些憂心忡忡的人，總是整日愁眉苦臉，唉聲嘆氣，一副暮氣沉沉的樣子。他們對什麼都提不起興趣，生活成了一種苦刑。恰如高爾基說的，憂慮像磨盤似的，把生活中所有美好的、光明的一切和生活的幻想所賦予的一切，都碾成枯燥、單調而又刺鼻的煙。

憂慮的人是無法專注於工作的。憂慮也使人神思恍惚，反應減慢，智力下降。整天為不如意的事憂慮傷神，大腦長期處於低潮狀態，工作、勞動自然不會取得成果。憂慮也會使人生病，中醫早就指出「憂者傷神」。長期心緒不佳，胃口必然不好，體質必然虛弱。嚴重的憂鬱症，還可能引發輕生的念頭。

憂慮的人常常會有這樣一些心態：

（1）逃避問題。由於問題難以解決而乾脆採取迴避態度，但事實上問題依然存在，自己只是在表面上逃避，內心深處還是放不下，難題成為心頭的沉重包袱。

（2）對問題過分執著，將其看得過於嚴重。這實際上是給自己增加不必要的精神壓力。

（3）不敢正視自己的內心，自我封閉。

無論是逃避問題還是對問題過分執著，實際上只可能有兩種情況。一

種是，問題並不像我們所想的那麼糟，至少沒有到無可挽回的地步。只要採取積極正確的態度，問題就會得到解決。這樣，我們也就沒有什麼可憂慮的了。另一種情況是，問題的確是超出了我們的能力所能解決的範圍。對這種情況，我們就需要樂觀一些，就像楊柳承受風雨一樣，我們也要承受無可避免的事實。哲學家威廉·詹姆士說：「要樂於承認事情就是這樣的情況。能夠接受發生的事實，就是能克服隨之而來的任何不幸的第一步。」美國克萊斯勒公司的總經理凱勒說：「要是我碰到很棘手的情況，只要想得出辦法能解決的，我就去做。要是無法解決的，我就乾脆把它忘了。我從來不為未來擔心，因為，沒有人能夠知道未來會發生什麼事情，影響未來的因素太多了，也沒有人能說清這些影響都從何而來，所以，何必為它們擔心呢？」

憂慮就像無處不在的病菌，它時刻準備著侵入你的體內。因此，我們必須對它提高警惕。

以己之力擺脫憂慮

19世紀的美國著名作家梭羅曾說過：「*一件事物的代價，也就是我稱之為生活的總值，需要當場或長時期內進行交換。*」

換個方式來說，如果我們以生活的一部分來付出代價，而付出太多的話，我們就是傻子。這也正是美國作詞家吉伯特和作曲家蘇利文的悲哀：

他們原先是一對很好的搭檔，他們知道如何創作出快樂的歌詞和歌譜，卻完全不知道如何在生活中尋找快樂。他們寫過很多令世人非常喜歡的輕歌劇，可是他們卻沒有辦法控制他們的脾氣。他們只不過為了一張地毯的價錢而爭吵多年。事情的經過是這樣的：蘇利文為他們的劇院買了一張新的地毯，當吉伯特看到帳單有差錯時，大為憤怒。這件事甚至鬧至公

堂，從此兩個人至死都沒有再交談過。蘇利文替新歌劇寫完曲子之後，就把它寄給吉伯特，而吉伯特填上歌詞之後，再把它們寄回給蘇利文。有一次，他們一定要一起到臺上謝幕，於是他們站在舞臺的兩邊，分別向不同的方向鞠躬，這樣才可以不必看見對方。

他們就不懂得應該在彼此的不快裡，定下一個「到此為止」的最低限度，而林肯卻做到了這一點。

有一次，在美國南北戰爭中，林肯的幾位朋友攻擊他的一些敵人，林肯說：「你們對私人恩怨的感覺比我要多，也許我這種感覺太少了吧；可是我向來以為這樣很不值得。一個人實在沒有時間把他的半輩子都花在爭吵上，要是那個人不再攻擊我，我就再也不會記他的仇。」

卡內基告誡人們，要在憂慮毀掉你之前，改掉憂慮的習慣。他為人們列出了以下幾條規則：

（1）讓自己不停地忙著，憂慮的人一定要讓自己沉浸在工作裡，否則只會在絕望中掙扎。

（2）不要讓自己因為一些應該丟開和忘記的小事煩心，要記住：「生命太短促了，不要再為小事煩惱。」

（3）讓我們看看以前的記錄，問問自己，我現在擔心會發生的事情，可能發生的機會如何？

（4）適應不可避免的情況。

情緒：微笑是最好的鑰匙

卡內基對微笑有著這樣的描述：它在家中產生，它不能買，不能求，不能借，不能偷，因為在人們得到他之前，它是對誰都無用的東西。它在給予人之後，會使你得到別人的好感。它是疲倦者的休息，失望者的陽光，悲哀者的力量，又是大自然免費賦予人們的一種解除苦難的良藥。

紐約一家極具規模的百貨公司裡的一位人事部主任，在談到他雇人的標準時說，他寧可僱用一個有著可愛笑容，但只有小學學歷的女孩子，也不願意僱用一個冷若冰霜的哲學博士。如果你希望別人用一副高興、歡愉的神情來對待你，那麼你自己必須先要用這樣的神情去對別人。

行為勝於言論，對人微笑就是向他人表明：「我喜歡你，你使我快樂，我喜歡見到你。」

人是很容易被感動的，而感動一個人靠的未必都是慷慨的施捨，巨大的投入。往往一個熱情的問候、溫馨的微笑，也足以在人的心靈中灑下一片陽光。

斯坦哈德在紐約證券交易所上班，他給我的感覺是那種很嚴肅的人，在他臉上難得見到一絲笑容。他結婚已有18年了，這麼多年來，從他起床到離開家這段時間，他難得對自己的太太露出一絲微笑，也很少說上幾句話。家裡的生活也很沉悶。有一天，他得到一位成功學大師的指點，這使他下定決心要改變這種狀況。早晨他梳頭的時候，從鏡子裡，看到自己那

張繃得緊緊的臉孔，他就對自己說：斯坦哈德，你今天必須要把你那張凝結得像石膏像的臉鬆開來，你要展出一副笑容來，就從現在開始。坐下吃早餐的時候，他臉上有了一副輕鬆的笑意，他向太太打招呼：親愛的，早！太太的反應是驚人的，她完全愣住了。可以想像到，那是出於她意想不到的高興，斯坦哈德告訴她以後都會這樣。從那以後，他的家庭生活完全變樣了。

現在斯坦哈德去辦公室時，會對電梯員微笑地說：你早！去櫃檯換錢時，他臉上也帶著笑容；甚至在他去股票交易所時，對那些素昧平生的人，他的臉上也帶著一縷笑容。

不久，他就發覺人人都反過來對自己開始微笑了。斯坦哈德覺得微笑每天都帶給自己許多財富。

斯坦哈德也改掉了原來直接批評人的習慣，他把斥責人家的話換成讚賞和鼓勵。他再也不講我需要什麼，而是儘量去接受別人的觀點。這些做法真實地改變了他原有的生活，現在斯坦哈德是一個跟過去完全不同的人了，一個更快樂、更充實的人，因擁有友誼及快樂而更加充實。

看到這裡，你也許覺得自己確實該笑了，那怎麼去做呢？至少你有兩件事可行。要強迫自己微笑。如果你獨在一處，可勉強自己哼哼調子，唱唱歌。做出快樂的樣子，那就能使你快樂。哈佛大學教授威廉·詹姆斯曾說過：「*行動好像是跟著感覺走的，可是事實上，行動和感覺是並行的。所以你需要快樂時，就要強迫自己快樂起來。*」

每個人都希望和別人友好的相處，但只有一個確實有效的方法，那就是控制你的情緒，使自己努力對別人微笑。那麼，別人也會反過來對你微笑的，並且會變得願意和你交往。

因此，你應該謹記：將微笑作為你的通行證。

交際：如何成為受歡迎的人

牢記他人的名字，贏得好感

也許你曾經抱怨：「我的記性太差了，剛見過一個人，眨眼就忘了他的名字。」其實，並不是你忘了他人的名字，而是第一次見面時，你根本沒有認真聽清對方叫什麼。

記憶名字與辨認面孔是認識人必不可少的兩個方面，如果只知其一不知其二，就會出現人名與本人對不上號的現象。

卡內基告訴我們：「姓名是最甜蜜的語言，如果你能在第一次見面時就記住他人的名字，這會使你更容易走向成功。」

吉姆沒有受過高等教育，卻在46歲時得到4所大學贈予的榮譽學位，並成為民主黨全國委員會的負責人，最後爬上了美國郵政部長的寶座。因為他有個專長——見一次面，就能牢記對方的姓名。

吉姆在身居要職之前，是一家石膏公司的推銷員，就是在這個職位上時，他發現了贏得他人喜歡的方法。這個方法很簡單，他與別人初見面時，就將對方的姓名、家庭情況、政治見解等牢記在心，下次再見面時，不論相隔半年或一載，都能問問對方家裡人的情況及庭院裡的樹長得怎麼樣之類的問題。難怪認識他的人都非常喜歡他。

吉姆早就發現，一般人都對自己的姓名十分關心，如果有人記得對方的名字，就會使對方產生莫大的好感，這比無聊的奉承話更具說服的魔

力。相反地，忘記或寫錯別人的名字，很可能招致意想不到的麻煩。

對方若是顯要人士，就更應用心記住。自己空閒時，就在筆記本上寫下別人的名字，集中精神記憶。說出對方的姓名，這會成為他所聽到的最甜蜜、最重要的聲音。無疑也會為你的人際關係增加一個重要的砝碼。

不要吝惜自己真誠的讚美

每個人都渴望得到別人及社會的肯定和認可，我們在付出了必要勞動和熱情之後，都期待著別人的讚美。那麼，把自己需要的東西，首先慷慨地奉獻給別人，這無疑是在給你的人際交往添加潤滑劑。

世界上的人大都愛聽好話，沒有人打心眼裡喜歡別人來指責他，就是相濡以沫的朋友，你批評幾句，對方往往臉上也有掛不住的時候。

美國哈佛大學的專家斯金諾透過一項實驗研究證明，連動物的大腦，在收到鼓勵的刺激後，大腦皮層的興奮中心也會開始積極調動子系統，從而影響改變行為。同樣的道理，人作為萬物的靈長，期望和享受欣賞是人類的基本需求之一。

林肯有一次在寫信時，開門見山地說：「任何人都喜歡受人奉承。」美國著名心理學家威廉·詹姆斯也說：「人性深處最大的欲望，莫過於受到外界的認可與讚美。」

人類正是因為有這種渴望與價值的衝動，才會有人在一文不名、目不識丁、幫人打雜的情況下，仍不惜花掉僅有的微薄薪資，去買法律書來看，充實自己、提高自己。這個可憐的雜工並非虛構，他就是美國前總統林肯。

人類大部分的成功和失敗都源於對這種需求的滿足。許多在事業上卓有成效的偉人正是因為他們懂得這種取人之術——真誠地讚美他人。羅斯

福的才能，就表現在對正直人給予恰當的稱讚上。

我們往往不惜一切，去供給我們的家人、朋友生理所需的養分，但卻從未注意到他們的自尊一樣需要細心的灌溉、滋養，適度的讚美和鼓勵將會像一首優美的樂章一樣，在他們心中縈繞不去。

當然，如果讚美並非發自內心，而是流於一種膚淺、做作的巴結或諂媚，將是毫無意義的。那種虛假的並非發自內心的讚美，若胡亂使用，早晚會惹來一身麻煩。

人一生中，除非碰上了什麼重大問題，否則，至少有95％的時間都花在想自己的事情上。如果我們肯稍歇片刻，試著去想想別人的優點，唯有如此，我們才有可能真誠地讚美別人，而不至於口是心非，純為恭維了。

只要給予他人由衷的認可和毫不吝惜的讚美，人們自會感懷在心，牢記著你的每一句話，甚至在你早就忘掉自己的讚美之後，他們仍將視同珍寶般反覆地在記憶中取出，慢慢地品味、咀嚼。

傾聽他人的聲音

人們都喜歡聽自己的聲音，當他們希望別人能分享自己的思想、感情以及經驗時，就需要聽眾。這是一種十分微妙的自我陶醉心理：有人願意聽就感到高興，有人樂意聽就覺得感激。

因此，在人際交往中，做一名好聽眾也不失為一個絕妙的方法。

成為一名好的聽眾在企業界也有很大的功效。譬如說，一名推銷員向某位顧客推銷時，對顧客提出的種種問題表示關切，顧客就會感到很開心。此時，顧客不僅樂意講，也願意聽你講，這是一種互惠的關係，而這種關係就是商談成功的第一步。無論是哪一種顧客，對於肯聽自己講話的人都特別有好感。

一言以蔽之，能成為一名好的聽眾，有助於建立融洽的人際關係，善於傾聽等於向成功邁進了一大步。

　　在生意上，因漏聽而導致失敗的例子相當之多，換言之，漏聽所造成的失敗機率相當大。因為，如果上級有指示下來時，若沒有聽清楚或有所誤解，事情就無法處理得盡善盡美。沒有做到盡善盡美，當然就不能算是成功。因此，你應當訓練自己「聽」的能力，努力使自己不致因發生聽覺上的錯誤而導致失敗。如果你目前還不具備這種能力，現在開始培養，還不算太遲。

　　也許有人認為這是在杞人憂天，但學會傾聽的確是人們必須具備的素質之一，否則就無法聽懂別人所說的話，也無法從別人身上學到東西。缺乏聽話能力會使你在攀登成功階梯時倍感吃力。

　　「精神圖書館」書架上的書愈多，就愈表示一個人達到成功的能力愈大。而獲得新知最快的方法，就是聆聽別人說話。因而我們要用心傾聽對方的話。

　　我們沒有必要把技巧想像得那麼難。那麼，怎樣才能掌握建立良好人際關係所必需的交流技巧呢？在和不熟悉的人交談時，最重要的是要有與人交流的渴望，願意與對方交談，並且在交談時態度真誠自然，不能表現得過分親熱。而不懂裝懂地跟著瞎接話，則談話就很難進行下去了。

　　與人交談時，作為聽者能感興趣地聽是非常重要的。只要能做到感興趣地聽，交談就會取得90％的成功。在自己作為談話者時，對方很感興趣地聽你講話，你當然會願意繼續說下去。所以，使交流取得成功的第一步就是對對方所談的話題感興趣並且用心聽對方的談話。

　　當然，也不能只是聽對方的談話，自己偶爾也要跟著說幾句，這一點非常重要。比如對方說：「我對釣魚很感興趣。」這時如果能這樣說：

「我沒釣過魚，但釣魚一定很有意思吧！」或「您有親手把釣到的魚做成料理嗎？」這樣，對話就可以順著自己的問話展開，談話也就得以順利地進行下去。可是，僅僅如此，還是不夠的。

人們的交談是按照一定順序進行的，不是想說什麼就說什麼，想什麼時候說就什麼時候說。交談時說者和聽者雙方互相配合才能使談話進行下去。按照說者和聽者互換位置的規則，交談才能夠平穩地進行下去。這種規則如交通規則一般，即使沒有員警指揮，大家也都會遵守紅燈停、綠燈行的規則，否則便會造成交通堵塞。交談的規則雖然沒有交通規則那樣明顯，但也是被嚴格遵守著的。

交流是相互的、雙向的。在聽完對方的談話後，自己也要說一些自己的話題。比如可以這樣說：「我有一個親戚，他是個釣魚迷……」這樣就得以讓自己說一些話題，使自己變成說者，對方變成聽者。這樣不斷互換位置的談話就好像投接球的練習一樣，是交流取得成功的關鍵所在。

待人：如何贏得朋友

以誠待人，贏得朋友

朋友，是我們精神上的鼓舞，心靈上的安慰，是我們生活中的助手與參謀。但是，朋友並不會無緣無故的為你提供幫助，只有當你成為一個他們所欣賞的人，他們才能熱情的、無私的對你提供幫助，使你擺脫困境。

有的人號稱其朋友無數，可是，一到大難臨頭，朋友便各自飛散。究竟是什麼原因會導致這種局面呢？

因為他沒有用真誠去打動人，而是過於注重形式主義，給人輕浮的感覺。而那些能夠抓住朋友的心，贏得別人尊重的人，都是一些以人格的力量，誠摯的態度對待朋友的人。

「一個人只要對別人的真誠，在兩個月內就能比一個要別人對他真誠的人在兩年內所交的朋友還要多。」這是戴爾・卡內基講的一種交友祕訣。是的，如果我們只對自己真誠，而對別人不真誠，是不會交到朋友的，這個道理很簡單。

奧地利著名心理學家阿德勒說：「**對別人不真誠的人，他一生中會有許多困難，對別人的傷害也最大。所有人類的失敗，都出自這種人。**」因為這種人沒有朋友，他不能給人關心和幫助，別人也不會關心和幫助他。

美國著名作家海明威朋友眾多。他交友，並不以名氣為準，不少名氣不大或者是小人物，也和他成為莫逆之交。在他的朋友中，有政治家、作

家、畫家、醫生、教師，也有老闆、經理、工人、員警、拳師、花匠、店員、司機、廚師和家庭婦女等等。

為什麼他有這麼多的朋友呢？原因就是他對任何人都真誠。「朋友」二字，對他來說至高無上。

在家中，他不愛說話，相當嚴肅，可在朋友面前時，他的話相當多。只要朋友一來，他便停止自己的寫作，一切都圍繞朋友轉。他家的客廳，他的時間，甚至連他的心永遠是向他的朋友們敞開著的。遠方的朋友來拜訪，海明威都要約至餐館相聚，這也是他的規律。

海明威愛畫，也就愛和畫家來往。雖然他參加過兩次世界大戰，負過傷，行動不便，但每次大小美展必到，還要當場掏錢買畫，尤其專買還未訂出的畫或者少有人訂的畫。他願意讓每個人都不受到冷落，他願意讓每個畫家都受到社會尊重。很多畫家生活比較窘迫，他們常常拿些自己的作品來讓海明威挑選。海明威絕不讓他們掃興而歸，總是高高興興地留下一兩幅，而且立即付稿酬。於是，一時間他家裡畫家們絡繹不絕。正是這樣，海明威贏得了眾多人的尊敬和信賴。

一個人若老是對別人冷淡、只顧自己的感受，那麼他一輩子都很難交到朋友，也沒有人願意主動接近他；但假使他能夠常常設身處地地為他人的利益著想，那麼他就能獲得別人的信賴。

你以真誠待人，必能得到他人真誠的回報。

用理性的頭腦去尋找諍友

每個人都有自己的品性，對待朋友的態度和原則也各不相同。有的人每天向你耳邊盡說好聽之言，有的人經常給你提個醒，或者提出批評，看到你不對就規勸你；有的人熱情得如火如荼，也有的人冷漠如冰；有的人

與你交友是因為你對之有利，有的人交友則完全是出於一片衷心……

經常給你提出批評意見的朋友似乎有點令人討厭，因為他說的都不大中聽，你向他道出一些自認得意的事，他卻偏偏給你潑來一盆冷水；你熱情地向他描繪自己滿腹的理想與計畫，他卻毫不留情地指出其中的問題，有時甚至不分青紅皂白地把你做人做事的缺點數落一頓。反正，你聽到的都是一些不順耳的話，這種人看來還真有點讓人討厭。但如果你對現實社會冷靜思索一番就會發現，其實這種人大有可交的一面。如果你錯過了這樣的人，那未免有點可惜。

按照現代人的處事原則，一般人都會儘量不去得罪別人，大都寧可說好聽的話讓人高興，也不說一些讓人討厭的真話。當然，那些說好聽之言的人不一定都是壞人，而且這也是一種交際的手段。但如果從交友的角度來看，只說好聽的話，就失去了做朋友的義務。

明知你有缺點而不說，還偏偏說些動聽的話，這算什麼朋友？如果他還進而「讚揚」你的缺點，則更是別有居心了。這種朋友就算不害你，對你也沒有任何好處。

碰到光說好話的人便樂不可支，不知是非；如果他人之言稍有不順，就覺得別人不懷好意，心術不正，或者有意給自己難堪。這兩種交友的態度都是不對的。如果細加思索，你就不難明白，這兩種朋友孰好孰劣了。現實生活中之所以有很多這種只說好話的人，也是因為有很多人喜歡他們如此。

因此，碰到那些經常提醒你、在你衝昏頭腦時給你澆點冷水之人，你要好好想想：這種人是否誠心對你？你是否應該好好與之交往？也許你會因此交到一個難得的諍友。

執行：行動是成功的捷徑

很多人以為只要擁有一部成功的寶典，就可以一夜之間功成名就，這顯然是極其錯誤的。對此，卡內基一再告誡我們：一張地圖，不論它有多麼詳細，比例尺有多麼精密，絕不能夠帶它的主人在地面上移動一寸。一本羊皮紙的法律，不論它有多麼公正，也絕不能夠預防罪行。一個卷軸，絕不會賺一分錢或製造一個賺錢的字。只有行動，才是導火線，才能夠點燃地圖、羊皮紙，卷軸的價值。行動，才是滋潤成功的食物和水。因此我們必須銘記「行動」這個成功準則，絕不拖延和猶豫不決。

我們不逃避今天的責任而等到明天去做，因為，明天之後永遠還有明天。讓我們現在就採取行動吧，即使我們的行動不會馬上為我們換回財富，但是，動而失敗總比坐而待斃好。即使財富可能不是行動所摘下來的那個果子，但是，沒有行動，任何果子都會在藤上爛掉。

我們現在要採取行動！我們現在要採取行動！我們現在要採取行動！從今以後，我們要一遍又一遍地，每一小時、每一天地重複這句話，一直等到這句話重複得像我們呼吸的次數一樣多，而跟在它後面的行動，要像我們眨眼睛那種本能一樣迅速。有了這句話，我們就能夠振作的精神，實現使我們成功的每一個行動，迎接失敗者躲避的每一次挑戰。

我們要一次又一次地重複這句話。

當我們醒來，而失敗者還要多睡一小時的時候，我們要說這句話，接著從床上跳下來。

當我們走進市場，而失敗者還在考慮是否遭到拒絕的時候，我們要說這句話，並立刻面對我們第一個可能的顧客。

　　當我們遇到人家閉著門，而失敗者帶著懼怕和惶恐的心情在門外等待的時候，我們要說這句話，並隨即敲門。

　　當我們面臨誘惑的時候，我們要說這句話，走大路行動，離開邪惡。

　　當我們想停下來明天再做的時候，我們要說這句話，並立刻行動，完成另一次推銷。

　　只有行動才能決定我們在市場上的價值，要想擴大我們的價值，就要加強我們的行動。我們要走到失敗者怕走的地方去。

　　當失敗者想休息的時候，我們卻要工作。

　　當失敗者仍在沉默的時候，我們要說話。

　　當失敗者在制訂龐大的計畫去訪問一家客戶的時候，我們卻要訪問10家能夠買貨品的客戶。

　　當失敗者說太遲的時候，我們要說已經做好了。

　　我們只想著現在，明日是為懶人保留的工作日，而我們並不懶惰。明日是使邪惡變好的日子，而我們並不邪惡。明日是衰弱變強壯的日子，而我們並不衰弱。明日是失敗者要成功的日子，而我們並不是一個失敗者。

　　我們要飽食成功與富裕，我們渴望幸福和心靈的寧靜。如果我們不採取行動，我們就會在失敗、貧困和徹夜失眠的生活中滅亡。

　　成功不會等待，財富也不會從地下冒出來，如果我們猶豫不決，她就會許配給別人，永遠棄我們而去。

　　所以，我們現在要從現在起去行動，為成功、為致富而義無反顧地行動。要知道，只有行動才是成功的捷徑。

精進：成功源於奮鬥

在美國歷史上，最感人肺腑、令人動容的故事便是個人透過奮鬥而獲得成功的奇蹟。許多成功人士均是先確立了偉大的目標，儘管在前進途中曾遇到過種種非常艱難的阻礙，但他們依然忍耐著，以堅韌來面對艱難，最後終於克服了一切困難，獲得了成功。更有一些成功人士本來處於十分平庸的地位，依靠他們堅韌不拔的意志、努力奮鬥的精神，結果竟躋身於社會名人的領袖之列。例如，林肯只受過一年的學校教育，處於艱苦卓絕的環境中，竟能努力奮鬥，一躍而成為美國最偉大的總統。

卡內基認為，一個人不應該受制於他的命運。世界上有許多貧窮的孩子，他們雖然出身卑微，卻能做出偉大的事業來。比如富爾頓發明了一個小小的螺旋槳，結果成了美國著名的大工程師；法拉第僅僅憑藉藥房裡幾瓶藥品，成了英國有名的化學家；惠特尼靠著小店裡的幾件工具，竟然成了軋棉機的發明者。此外，貝爾竟然用最簡單的器械發明了對人類文明有巨大貢獻的電話。

失敗者的藉口總是：「我沒有機會！」失敗者常常說，他們所以失敗是因為缺少機會，是因為沒有有力者垂青，好位置就只好讓他人捷足先登，等不到他們去競爭。可是有意志的人決不會找這樣的藉口，他們不等待機會，也不向親友們哀求，而是靠自己的奮鬥去創造機會。他們深知，唯有自己才能給自己創造機會。

有人認為，機會是打開成功大門的鑰匙，一旦有了機會，便能穩操勝

券，走向成功，但事實並非如此。無論做什麼事情，就是有了機會，也需要不懈的努力，這樣才有成功的希望。

人們往往把希望要做的事業，看得過於高遠。其實無論多麼偉大的事業，只要從最簡單的工作入手，一步一個腳印地前進，便能達到事業的頂峰。

如果你看了林肯的傳記，瞭解了他幼年時代的境遇和他後來的成就，會有何感想呢？他住在一所極其粗陋的茅舍裡，既沒有窗戶，也沒有地板；以我們今天的觀點來看，他彷彿生活在荒郊野外，距離學校非常遙遠，既沒有報紙書籍可以閱讀，更缺乏生活上一切必需品。就是在這種情況下，他一天要跑二、三十里路，到簡陋不堪的學校裡去上課；為了自己的進修，要奔跑一、二百里路，去借幾冊書籍，而晚上又靠著燃燒木柴發出的微弱火光閱讀。林肯只受過一年的學校教育，處於艱苦卓絕的環境中，竟能努力奮鬥，一躍而成為美國歷史上最偉大的總統。林肯的事蹟告訴我們：機會都是透過自身的奮鬥創造出來的。

偉大的成功和業績，永遠屬於那些富有奮鬥精神的人們，而不是那些一味等待機會的人們。應該牢記，良好的機會完全在於自己的創造。如果以為個人發展的機會在別的地方，在別人身上，那麼一定會遭到失敗。機會其實包含在每個人的奮鬥之中。

關係：友善化敵為友

假如你在與人爭論的過程中發起脾氣來，對對方發作一通，你固然非常痛快地發洩了你的情緒。但對方會怎樣？接下來，他可能同意你的意見嗎？貪圖一時的痛快，將會使你說服對方的計畫變得異常地艱難。

美國前農業部部長詹姆斯‧威爾遜說：「如果人握緊兩個拳頭來找我，我想我能應付你，我的拳頭會握得像你的拳頭一樣緊；但如果你到我這裡來說，『讓我們坐下一起商議，如果我們的意見不同，我們要瞭解為什麼意見彼此不同，是什麼讓我們發生了爭執』，如果你這樣做了，不久就可看出，我們之間相距並不遠，我們不同的地方很少，相同的地方很多，只要我們有接近的忍耐、誠意及欲望，我們就可接近。」

沒能什麼人能比洛克菲勒更欣賞威爾遜這句話中所蘊含的真理了。

1915年，洛克菲勒在科羅拉多州是個極受輕視的人。因為從那年開始，美國實業史中流血最多的工人示威運動持續了兩年之久。憤怒的礦工湧向科羅拉多煤礦公司要求加薪；而這家公司為洛克菲勒所管理。公司的所有建築幾乎全都被毀壞，軍隊也被調動出來，罷工者被槍擊，他們身上布滿了槍彈的洞眼。

在那個時候，空氣中充滿了仇恨。洛克菲勒需要罷工者同意他的意見，而且他真的做到了。怎樣做的呢？情形是這樣的。費了數星期時間交涉以後，洛克菲勒將事實用極友善的態度平息下去，他對工人代表進行了演說。這篇演說整個就是一篇傑作，產生了驚人的效果，使恐嚇說要把洛

克菲勒吞下肚去的仇恨風浪平靜了下去，使他得到了許多人的讚賞，也使罷工工人開始回去工作。

不要忘記洛克菲勒演講的對象，正是幾天前發誓要將他吊在樹上的人；但他的演講，比一個傳道牧師演講的話更仁慈、更友善。下面是那篇著名演講的開端，請注意他是如何充滿了友善的精神。

「這是我一生中值得紀念的一天，這是我第一次有機會這樣幸運地與這個公司的勞方代表、職員及監督們聚在一起。我可以確實地告訴你們，我以到這裡來為榮幸。我活著一天，就一天也不會忘了這次集會。如果兩星期前舉行這場集會，我站在這裡對你們中的大多數人來說就會是一個陌生人，只認識少數的面孔。上星期我得到機會能訪問所有在南煤區的住所，並與差不多所有的代表、除去外出的，個別談話；我訪問過你們的家庭，見過你們中間許多人的妻子和兒子，我們在這裡相見，不是陌生人，而是朋友。也就是在這種互相友善的精神中，我覺得幸運的是有這種機會與你們討論我們共同的利益。

這次是公司職員及工人代表的集會，只是因為你們的厚愛，我才能到這裡來，因為我既不是公司職員，也不是工人代表；但我覺得我與你們的關係密切，因為，從另一個方面，我代表股東及董事雙方。」

這個實例證明，友善是最能征服人的一件「利器」。如果你能將「友善」運用得爐火純青，那麼你就已經掌握了最有力的說服他人的技巧。

職場：如何高效工作

端正自己的工作態度

社會中有許多這種人，他們對待自己的工作不是認真、負責的，而是抱著一種「混」的態度。他們認為，只要每個月將工作「混」過去，將薪水「混」到腰包裡，就將公司的老闆騙了：瞧瞧，我並沒有好好上班，可薪資一分錢也沒少拿。

為了不認真地工作，他們費盡了心血，找各式各樣的藉口，所花費的精力和「聰明才智」，很可能比真正的工作還要多。

這些人，可能都自以為是聰明人，因為他將別人騙了還將薪資騙到了手。如果這些人真以為自己是聰明人，那我們真該為這些人惋惜：因為他們實在算不上是聰明人。他們以為自己占了多大的便宜，其實他們騙的不光是別人的薪水，還騙了自己的青春和生命。到最後他們就會發現，原來吃虧最大的是自己，而不是上司或老闆，更不會是那些認真工作的人。因為，一個人的工作態度在很大程度上能顯示出他是否有擔負更大責任的可能，這同時也決定了他在事業上的成就。

因此，我們應該樹立一種積極的工作觀，以積極、認真的態度去對待自己的工作。只要你這麼做了，你就會發現，你從這種觀念中受益匪淺。

與其絞盡腦汁地想著自己怎樣能夠「混」下去，還不如簡單一點，將這些精力放在工作上，說不定你因此在工作中取得非凡的成績！

一個對工作熱忱、積極的人，無論他目前是個小工人，或者是在經營著一家大公司，都會認為自己的工作是神聖的，並對此懷著深切的興趣。對自己的工作熱忱的人，不論他在工作中遇到多少困難，或者需要多少努力，他都會用不急不躁的態度去進行。只要你抱著這種態度，你就一定會成功，就一定會達到你人生的目標。

從一定意義上來說，熱愛我們的工作，對工作態度熱心，認真，其實就是對我們的生命熱心、認真，是一種熱愛生命、熱愛人生的體現。

所以，對於我們現代人來說，與其頻繁地改變自己的工作，還不如改變一下自己的工作態度。因為改變工作需要一定的外界條件，而改變工作態度，用一種熱心、認真的態度去對待工作，完全取決於我們自己。

遠離惡習，養成良好的工作習慣

卡內基認為，人並非生來就具有某些惡習和不良習慣，都是後天慢慢養成的，對於我們的生活和事業來講，有些習慣雖然不好，但它們可能無礙大事，不會產生直接的衝突和嚴重危害；而有些不良習慣則是我們獲得幸福與成功的大敵。對於後者，我們應該努力改正，並堅決摒棄，否則，這些惡習會影響我們終生。下面是卡內基建議我們在工作中應克服的幾種不良習慣：

（1）忌辦公桌上亂七八糟

如果你到華盛頓的國會圖書館參觀，就會看到天花板上有幾個醒目的大字：「秩序是天國的第一要律。」

秩序也應是商界和生活的第一要律。但事實果真如此嗎？只要我們稍加留心就會發現，很多人的桌上老是堆滿了檔案和資料，可是有些東西一連幾個星期也不曾看一眼。一位紐奧良的報刊發行人說，他的祕書有一天

為他清理辦公桌的時候，終於找到了失蹤兩年的打字機。

卡內基認為，當你的辦公桌上亂七八糟、堆滿了待覆信件、報告和備忘錄時，就會導致你慌亂、緊張、憂慮和煩惱。更為嚴重的是，一個時常擔憂萬事待辦卻無暇辦理的人，不僅會感到緊張勞累，而且會引發高血壓、心臟病和胃潰瘍。

（2）忌做事不分輕重緩急

白手起家的查理‧魯克曼經過12年的努力後，被提升為派索公司總裁一職。他把自己的成功歸於兩種能力。魯克曼說：「我每天早晨5點起床，因為這一時刻我的思考力最好；我計畫當天要做的事，並按事情的輕重緩急做好安排。」

全美最成功的保險推銷員之一佛蘭克‧貝特格，每天早晨還不到5點鐘，便把當天要做的事安排好——是在前一個晚上預備的——他定下每天要做的保險數額，如果沒有完成，便加到第二天的數額，以後依此推算。

長期的經驗告訴我們，沒有人能永遠按照事情的輕重程度去做事。但如果你事先制訂好計畫，然後按部就班地做事，總比想到什麼就做什麼要好得多。

（3）忌將問題擱置一旁，而不是馬上解決或做出決定

赫威爾是卡內基的學生，後來成為美國鋼鐵公司董事會的董事之一。他告訴卡內基鋼鐵公司董事會開會時常拖拖拉拉，許多問題被提出來討論，卻很少作什麼決定，以致大家得把一大堆報告帶回家研究。

後來，赫威爾說服董事長作出一個規定：一次只提一個問題，直到解決為止，絕不拖延。表決之前或許需要研究其他資料，但為了讓問題真正得以解決，除非前一個問題得到處置，否則不討論第二個問題。這種辦法果然奏效：備忘錄上有待處理的事項解決了，行事表上再也不是排滿預定

處理的進度。大家不必再抱一大堆資料回家，也不用被尚未解決的問題弄得惴惴不安。

這不僅是美國鋼鐵公司董事會的好方法，也是我們每個人在工作中都適用的有效原則。

（4）不會組織、授權與督導的缺憾

在日常工作中，許多人常因不懂得授權他人，因而提早進入失敗的墳墓。這些人事必躬親，結果被那些煩瑣細節所淹沒，難怪他們常常感到匆忙、憂煩、急躁和緊張。

所以，要使你不至於過度勞累與憂煩，那你就應該從現在開始就應該學會組織、授權與督導，讓你的同事或部下幫你完成工作。

卡內基告誡我們，如果你想獲得平安快樂，就一定要克服不良的工作習慣，進而養成良好的工作習慣。

家庭：平衡工作和生活之道

家需要愛，而不是工作

在面對各種工作與生活方式對家庭形成的挑戰時，你必須要給家庭生活一些空間、一些氛圍，盡量讓工作與家庭取得平衡。當你把家庭也當做工作場所後，你便沒有更多的時間來表達與家人的親情與愛，更沒有回顧過去，展望未來的空間。這時，你一定要問問自己，家庭對自己意味著什麼？好好想想工作與家庭的關係。

如果說家庭是一個避風港，一個生活的空間，一片可以獨處而不受任何外界干擾的淨土，那麼你最好不要把工作帶回家。雖然家不是與世隔絕的世外桃源，但是任何一個溫馨的家庭都會由於繁重工作的「踐踏」而變得不再和諧。請看下面這則例子：

艾森伯格是一個非常優秀的商人，雖然他很敬業，雖然他認為「家與辦公室將走向融合」，但是他從不會在妻子面前為一天的工作而表現出任何沮喪，也從不會丟開女兒去忙自己的公事。他經常會抱著女兒，為她講許多童話故事，女兒也都聽得非常入神。

一次，他卻意外地將工作帶回了家。那也是他印象最深的一次：「那次，女兒還是要我為她講一些童話故事，起先我只想哄她入睡，這樣我可以完成自己的一份工作計畫。可是，她並不放過我，我只能對著她大聲喊：『你這個討厭的小東西，到底有完沒完？快去睡覺，我還有工作要

做！』女兒委屈地哭了，她告訴她的母親，我對她是多麼的不友好，所以，那次我與妻子吵了一架，妻子最後問我：『你認為家庭到底應該是什麼樣子？』我回答她說：『給我一點點時間，讓我把工作做完。』妻子雖然原諒了我，但是我突然間意識到，工作開始侵占家的空間與時間，對和諧的家庭生活正在形成威脅。從那以後我再也沒有將工作帶回家過，我的家庭又恢復了原來的和諧與幸福。」

家庭需要的是愛，並不需要工作。當你忙碌了一天後，希望自己回到家裡是一種怎樣的感覺呢？如果整天都讓緊張的氣氛充斥著自己的家庭，第二天你還會有高漲的工作情緒嗎？還會有充沛的精力加班加點嗎？不論你的事業是成功，還是失敗，你都需要為家庭付出一份真愛，因為除了家庭，永遠沒有誰會支持著你走得更遠，走得更穩健。

品味生活的藝術

在日常生活中，我們常常可以看到兩種生活狀況迥然不同的人。一種人是每天忙家務，又忙孩子，又應付工作，又應酬於親朋好友之間的交際，又惦記著股市行情，又盤算尋找兼職或者是算計著如何贏得主管信任，如此等等。總之，他們是行蹤不定，難得清靜，一副大忙人的樣子。但是，他們實則是忙亂不堪，製造噪音，不自覺地干擾他人平靜的生活。他們的辦事效率是否高效、生活是否充實姑且不論，但客觀地講，活得好累，想必是他們想否認也否認不了的人生感受。

而另一種人，則與之截然相反。他們非但把家務和孩子料理得十分周到，井井有條，而且工作做得有條不紊，人際關係正常和諧。他們也不是不關心職稱、住房什麼的，甚至也可能與股票、兼職都有關係，但是，他們卻以高效的工作成績、平和的人際關係和優質的生活藝術等，贏得了主

管和同事的稱讚。他們給人一種特別有條理、特別自信、特別輕鬆愉悅的感覺，其自身的內心感受，想必也大概如此吧。

那麼，縱觀如上兩種人的生活，一定會有人感到不解。其實，道理很簡單，那是兩種不同類型的人所走出的不同生活軌跡——由於他們處世哲學不同、個人素質不同、生活藝術不同，所以才走出了截然不同的生活之路。正因如此，他們在工作、生活、為人處世等方面的成效也各不相同。

有的人，他們或者不甚清楚自己為誰活著、應該怎樣活著，於是無聊、迷惘、今天不想明天，明天不回首昨天，生活失去了目標；他們或者生活總不得要領，找不到屬於自己的位置，有時角色定位錯誤，四處流浪；有時自行設計角色，結果迷失了自我。這都是由於他們不懂得科學生活的藝術所致。

過一種簡單生活，這是一種全新的生活藝術和哲學。它首先是要外部生活環境的簡單化，因為當你不需要為外在的生活花費更多的時間和精力的時候，也就能為你的內在生活提供更大的空間與平靜。之後是內在生活的調整和簡單化，這時候的你就可以更加深層地認識自我的本質，現代醫學已經證明，人的身體和精神是緊密結合在一起的，當人的身體被調整到最佳狀態時，人的精神才有可能進入輕鬆時刻；而當人的身體和精神進入佳境時，人的靈魂，也就是人的生命力才能進行簡單化，然後才能達到更上一層樓的境界。

你是否體驗剛剛從身邊溜走的生活？你是否真正明白自己現在的感受？你的時間為什麼總是很緊張？有沒有更簡單一些生活方式？也許你早已經習慣了都市快節奏的生活，你不必離開它，更不必讓生活後退，你只需換一個視角，換一種態度，改變那些需要改變的、繁雜的、無真實意義的生活，然後全身心地投入到自己的生活中。

生活：營造最舒心的生活

對生活瑣事說「不」

有許多人把他們的大好時光浪費在生活瑣事上，常常花費寶貴的時間和精力去做一些沒有價值的事。這樣並不能使他的生活過得有意義，相反地，只能使他為生活所累。當一艘輪船的載重已經威脅到航行的安全時，就應該毫不猶豫地把那些無價值的貨物扔向大海。我們應該學會無視那些瑣事，讓它們順其自然。否則，只會讓自己感到煩躁而沒有任何好處。

許多看似不起眼的小事總是給我們的生活帶來煩惱，就像別在衣服裡的別針，你拿不掉它，它卻不時地刺痛你。

生命短暫，精力有限，我們沒有資本供自己揮霍。如果想充分利用生命中的每一天，為社會做些有益的事情，實現自己的價值，就必須去做值得自己投入時間和精力的事。許多人在小事上空耗精力，真正的大事卻沒有足夠精力去做。就像有漏洞的鍋爐，蒸汽在沒有驅動活塞，產生能量之前，已洩漏得一乾二淨。這種人往往是白費力氣，於己於人毫無用處，甚至總是幫倒忙。

眾所周知，現在有些追求時髦的青年常常花大半天的時間，在精品店、網路商城裡挑一些平時根本不穿的衣服，有時逛了大半天卻不買一件，把自己弄得筋疲力盡。如果時間和精力浪費在諸如此類的小事上，真是太可惜了。如果能把這樣的時間用在自我完善、自我提高上，或者用幫

助他人，為社會做一些力所能及的善事，則是非常有意義的。

我們的社會上，把寶貴的時間和有限的精力浪費在無聊之事上的人實在太多了。他會不惜代價去挑選一些很精緻、但自己平時卻不太用的東西。要知道，在選擇物品時有著較高的品味很重要，也很必要，本無可厚非，但如果過分地把時間浪費在這些瑣事上，則是可鄙的，如果形成習慣就更不幸了。

拋棄生活中一些瑣事，會使你的生活變得更充實、更快樂。

微笑是生活的陽光雨露

微笑在人際交往中具有神奇的力量，沒有什麼東西能比一個陽光燦爛的微笑更能打動人的了。同樣，微笑也是你身心健康和家庭幸福的標誌。

無論在什麼地方，無論你在做什麼，在人與人之間，簡單的一個微笑是一種最為有效語言，它能夠消除人與人之間隔閡。人與人之間的最短距離是一個可以分享的微笑，即使是你一個人微笑，也可以使你和自己的心靈進行交流和撫慰。

一旦你學會了陽光燦爛的微笑，你就會發現，你的生活從此就會變得更加輕鬆，而人們也喜歡享受你那陽光燦爛的微笑。

面對親人，你的一個微笑，能夠使他們體會到，在這個世界上，還有另外一個人和他們心心相連；面對朋友，你的微笑，能夠使他們體會出世界上除了親情，還有同樣溫暖的友情，讓他們感受到自己的重要性。

走遍世界，微笑是通用的護照；走遍全球，陽光雨露般的微笑是你暢行無阻的通行證。

不僅如此，笑，還是一種神奇的藥方，它能醫治許多疾病，並具有強身健體的醫療功能。醫學家告訴我們，精神病患者很少笑，一個人有疾病

或者有其他煩惱的人，也不會從心底發出笑聲。

美國加州大學的諾曼·卡森斯曾患膠原病，這是一種疑難雜症，康復的可能性僅為五百分之一，而他就成為這個「一」。後來，他把當時的情況記錄下來：

「如果，消極情緒引起肉體消極的化學反應的話，那麼，可以推測，積極向上的情緒可以引起積極的化學反應。可以推測，愛、希望、信仰、笑、信賴、對生的渴望等等，也具有醫療價值。」

卡森斯認為，笑具有驚人的醫療效果：「我的體會是，如果能夠從心底裡發出笑聲，並持續10分鐘，會產生諸如鎮痛劑一樣的作用，至少可以解除疼痛兩個小時，安安穩穩地睡覺。」

所以，不論你現在從事什麼工作，身處什麼地方；也不論你目前遇到了多麼嚴重的困境，甚至你的人生遭遇了前所未有的打擊，你都應該用你的微笑去面對它們，那麼這一切都會在你的微笑前低頭。

微笑——永遠是我們生活中的陽光雨露。

羊皮卷

《一生的資本》

　　美國第25任總統麥金萊說：「《一生的資本》對所有具有高尚和遠大抱負的年輕讀者都是一個巨大的鼓舞，我認為，沒有任何東西比馬登的書更值得推薦給每一個美國的年輕人。」

　　一無所有的年輕人靠什麼致富？馬登在《一生的資本》中告訴你答案，每個人都擁有獲得財富的資本，認識這些資本，並懂得如何運用這些資本，將讓你夢想成真——一貧如洗的無名之輩變為擁有財富人生的社會名流。

人脈：最大的無形資產

人際關係對於個人，無論在事業上、生活上抑或學業上皆有著決定性的影響。而人際關係最直接的體現就是你周圍的朋友。忠實的朋友是人生的「良藥」，實際上，朋友比良藥還要好些。良藥只用在已經生病的人身上；而友誼可使健康的人享受人生之樂——一種終生受用的樂趣。

真正的友誼是一種心照不宣、互相信賴的關係，它的價值無法估計。假如你擁有眾多的朋友，與朋友之間有著良好的人際關係，那麼，你可以透過這些朋友的力量來解決難題。人，不可能拒絕朋友而獨自過著閉門自守的生活。畢竟，這是一個群居的社會，個人的學識與力量是有限的，必須依靠他人的學識及力量才能解決困難，達到目標。有不少人並非很有才華，但他們擁有一個無形的資產——良好的人際關係，使他們在某一領域彰顯出了自己的最大價值。

一個社會新鮮人第一次上班，父親把他拉到身邊，送給他一張「為人清單」，其中有這麼幾條：別讓小爭端損害了大友誼；偶爾邀請排隊排在你後面的人站到你前面；永遠別做第一個開門出去的人；接受任何指示時至少確認兩遍；可以生氣，但要適時適地，以適當方式向適當對象恰如其分地生氣；別太在意你的權利以致忘了你的風度。

父親的苦心，無非是希望他能有一個好人緣。因為在很多時候，做人確實比做事重要，一個人緣好、有聲譽的人，凡事都可以輕而易舉地辦成。反過來，不少恃才傲物的人就可能懷才不遇。

一個熱愛生活的人企望得到人類最美好的物質和精神財富，於是他四處尋求。路上，他碰見一個背著袋子的人，他上前說：「把你袋子裡的魚給我一條吧，我看見牠們還在袋子裡扭動呢。」

　　於是那人停下來，伸手從袋中抓出一條給了他。不過那並不是魚，而是蛇。

　　他繼續向前走，看見一個提籃子的少婦，他上前說：「把你籃子裡的人參給我一支吧，據說那是藥中珍品呢。」

　　於是少婦停下來，伸手從籃中拿出一支給了他。不過那不是人參，而是罌粟。

　　他繼續向前走，看見一個背著胡琴的青年，他對他說：「請你為我拉一支快樂的歌吧，讓笑聲伴隨著我。」

　　於是青年停下來，取下胡琴，為他奏了一支歌。不過那不是快樂的歌，而是催人淚下的悲歌。

　　他繼續朝前走，看見一個富有的人，他上前說：「把你的慷慨給我一點吧，讓我做一個樂善好施的人。」

　　於是富人解開衣襟，從懷中掏了一把遞給了他。不過那不是慷慨，而是吝嗇。

　　他繼續朝前走，看見一個眉頭緊皺的女人，他上前說：「把你胸中的寬容給我一點吧，讓我變成個能夠容人的君子。」

　　於是那女人從胸中捧出一捧給了他。不過那不是寬容，而是妒忌。

　　「人們這是怎麼了？為什麼把我要的東西都給錯了？」他問。

　　「他們並沒有給錯，而是你找錯了人。」一個聲音說。

　　這個故事說明，為人處世特別重要，如果你找錯了合作的對象，就將無法得到你想要的東西。

許多人認為，做人第一，做事其次，學問再其次，天資常居最末。如果你想成功，必須有行動力；如果你想成為頂尖人物，必須有創造力；如果你想成就一番事業，必須有影響力。影響力的表現形式就是具有良好的人際關係，即在你的周圍有許多忠誠的朋友，他們可以助你成就你的事業。

圈子：頭等艙理論

生活中，你要遇到生命中的貴人，不去他們所在的頭等艙，怎會有機會與他們相識呢？

有一個美國女人叫凱麗，她出生於貧窮的波蘭難民家庭，在貧民區長大。她只上過6年學，只有小學程度，從小就當雜工，命運十分坎坷。但是，她13歲時，看了《全美名人傳記大全》後突發奇想，要直接和許多名人交往。她的主要辦法就是寫信，每寫一封信都要提出一兩個讓收信人感興趣的具體問題。許多名人紛紛回信給她。再一個做法是，凡是有名人到她所在的城市來參加活動，她總要想辦法與她所仰慕的名人見上一面，只說兩三句話，不帶給人家太多的困擾。就這樣，她認識了社會各界的許多名人。成年後，她經營自己的生意，因為認識很多名人，他們的光顧讓她的店人氣很旺。於是，凱麗自己也成了名人和富翁。

凱麗的做法和「搭乘頭等艙」的做法是一個道理。她參加活動是為了結識名人，有許多的人們搭乘頭等艙也是為了結識名流，而不是為了活動和旅行本身。

因為搭乘頭等艙的乘客大多是政界人物、企業總裁、社會名流，他們身上存在許多重要的資源可供我們挖掘。因此搭乘頭等艙就可以為自己搭建高品質、高價值的人脈關係網，因為這裡出現貴人的頻率要遠遠高於其他場所。

這樣的例子並不少見，有的人在短短幾個小時的飛行中就談成幾筆生

意，或者結下難得的友誼，這在經濟艙內的旅行團體中是很難碰到的。

在現代社會，越來越多的人懂得了這個道理。所以，讀MBA的人可能不是為了充電，考託福的人也未必想出國，考司法的人不一定要當律師。許多人原本是為了一張證書而進入某個圈子，後來卻變成了融入某個圈子，順便拿張證書。證書對於他們來說，已經不是一張許可證，而更像是一張融入某個社交群體的通行證。

當然「搭乘頭等艙」的意思並不狹義地指出入高級場所，也指到貴人出現頻率最高的地方和最易接近貴人的方法。

「搭乘頭等艙」的做法看起來很容易，但懂得這個道理的人未必都能做到，這就需要掌握一些相應的要領了。

（1）要捨得付出，不要計較一些「小帳」和眼前利益。去乘頭等艙，出入一流地方，當然需要比較大的花銷，但這筆花銷所帶來的利益和好處是顯而易見的。如果你總是捨不得手裡的一些小錢，便等於將自己與貴人的圈子劃清了界限，縮小了自己的交際範圍。這樣的人恐怕很難成就大事。

（2）要培養自己的風度和氣質，成為一個舉止優雅、文明大方的人，這樣在一個較高層次的圈子裡才能如魚得水。要努力讓自己融進這個圈子，而不是被圈子裡的人嘲笑，被這個圈子排斥。試問，一個在餐桌上表現失態的人，怎麼可能與一位上層社會的貴人相談甚歡呢？

（3）不要表現得過於急功近利。無論你抱有什麼樣的目的，付出了多麼大的代價，結交貴人都不是一天兩天就可以大功告成的事。如果過於急切地顯現自己的意圖，作出諂媚的樣子，那麼你將失去貴人對你的好感和尊重，反倒得不償失。

習慣：守時精確、堅定迅捷

日常工作和生活中，如果你養成了好習慣，那就無異於為將來的成功埋下了一粒飽滿的種子，一旦機會出現，這顆種子就會在我們的人生土壤中破土而出、茁壯成長，最終成長為一棵參天大樹。如果你養成了輕視工作、不遵守時間、遇到挫折就想放棄的壞習慣，以及對生活敷衍了事、糊弄的態度，終其一生都處於社會底層。

一天，一位睿智的教師與他年輕的學生一起在樹林裡散步。教師突然停了下來，仔細看著身邊的4株植物：第一株植物是一棵剛剛冒出土的幼苗；第二株植物已經算得上挺拔的小樹苗了，它的根牢牢地盤踞在肥沃的土壤中；第三株植物已經枝葉茂盛，差不多與年輕學生一樣高大了；第四株植物是一棵巨大的橡樹，年輕學生幾乎看不到它的樹冠。

老師指著第一株植物對他的年輕學生說：「把它拔起來。」年輕學生用手指輕鬆地拔出了幼苗。

「現在，拔出第二株植物。」

年輕學生聽從老師的吩咐，略加力量，便將樹苗連根拔起。老師又要年輕學生拔第三株，儘管有些吃力，但最後，樹木終於倒在了筋疲力盡的年輕學生的腳下。

「好的，」老教師接著說道，「去試一試那棵橡樹吧。」

年輕學生抬頭看了看眼前巨大的橡樹，想到自己剛才拔那棵小得多的

樹木時已然筋疲力盡，所以他直接拒絕了教師的提議，甚至沒有去做任何嘗試。

「我的孩子，」老師嘆了一口氣說道，「你的舉動恰恰告訴你，習慣對生活的影響是多麼巨大啊！」

故事中的植物就好像我們的習慣一樣，根基越雄厚，就越難以根除。的確，故事中的橡樹是如此巨大，就像根深蒂固的習慣那樣令人生畏，讓人甚至憚於去嘗試改變它。事實是，很多人不僅沒有養成盡職盡責的好習慣，而且還放任了自己的思想和行為，終其一生碌碌無為。

所以，要想獲得圓滿的人生，就必須具備好的生活習慣，這裡介紹以下四種：守時、精確、堅定和迅捷。因為在生活中，沒有守時的習慣，你就會浪費很多時間，蹉跎歲月，虛度光陰；沒有精確的習慣，你就會隨心所欲，破壞自己的信譽；沒有堅定的習慣，你就沒辦法把進行的事情堅持到最後一天；沒有迅捷的習慣，原本可能促使你走向成功的良機，就會與你失之交臂，並且你再也不會與它相遇了。

人們常常受到習慣的影響。如果你遲到一次、兩次，你不在意，那麼次數多了，你反而對這種行為習以為常了；發現了機遇，卻不去行動，等到錯過了它的時候，再去追悔，一次兩次，時間久了，就會變得麻木，即使機遇再次在你的眼前浮現，你也可能視而不見……壞習慣形成以後，再想去糾正自己，就很困難了，所以我們必須嚴格要求自己，養成好習慣。

人的意志是可以引導的，只要把思想集中在人性中高尚的一面，集中於可以讓我們的靈魂得到昇華的事物上，那麼自制力就會因此發揮作用，壞習慣就會得到改正，好的習慣也會因此形成。

心態：奔跑與「慢活」

　　我們之中的大多數人都是「與時間賽跑的人」，終日奔波勞碌，幻想著可以創造無窮無盡的人生價值。也許我們都會有這樣一種感覺，彷彿這個世界上「沒有自己是不行的」，任何人都無法取代自己的工作，取代自己在社會中所扮演的角色，所以我們總是一路奔波，絕對不能為了任何私事而在工作中缺席。可是，也有人提倡慢速度的生活，主張用慢節奏詮釋人生，包括起床、吃飯、睡覺，甚至工作。在這一快一慢的主張中，人們對於生活的矛盾也表現出來了——是應該快還是應該慢，成了人們越來越困惑的選擇。

　　之所以人們會產生困惑，是因為大家都以為快與慢本來就是兩種不同方向的結果，是沒有辦法折中的矛盾。但是，我們忽略了，工作與生活本身也是兩種不同的人生模式，我們完全可以採用不同的方式來解決不同的問題。

　　應對工作，我們需要全力以赴。社會千變萬化，我們需要以最快的速度來完善自己，改變自己，提升自己的能力。既然我們不甘心被別人超越，那麼我們只有不斷地提升自己，讓自己的能力越來越強，所以，人生需要我們快速成長。

　　但是，生活是與工作不同的。在生活中，我們需要的是精神上的放鬆，是對於自我的調解。如果我們一樣保持著緊張的心態，以快節奏的方式來處理生活中的每一件事，那麼無疑我們會被生活拖垮。

現代人似乎無法抵禦速度的誘惑。行有高速公路，食有速食餐廳，用的是電子郵件。過去幾日甚至數月才能了結的工作，現在只需輕敲鍵盤，用手機撥個電話，開車跑一趟即可完成。這一切使我們的腳步迅捷，我們的心情卻並不輕鬆。

年輕人的人生往往剛剛開始，穿梭於匆忙的城市中，腳步已身不由己。隨著麥當勞、肯德基的盛行，我們的人生也成了速食人生。繁忙已經成了一種習慣，閉上眼睛是高樓大廈，睜開眼睛是汽車疾行。至於那郊外的湖光山色，那小村裡的寧靜，成了一種嚮往。可是人生短短幾十年，如果我們一直在忙碌，那麼我們又要等到何時才能享受生活的美好呢？

在夏威夷的海邊，有一個富翁在海邊度假。這時，他看到一個漁翁悠然自得地在曬太陽。他走上去問：「你在做什麼？」

「享受陽光的沐浴。」

「你這樣下去，什麼時候才能有錢呢？」富翁笑著說。

漁翁看了看富翁說：「那有了錢做什麼？」

「有了錢像我一樣去旅遊、度假，享受大自然的美景啊。」富翁得意地說。

漁翁笑笑說：「我現在就是在享受大自然的美景啊。」

生活中，許多人都像故事中的那個富翁，只是一直往前奔跑，追逐著自己想要的生活，卻忽略了現在已經擁有的陽光。但像那個漁翁那樣，一直在慢節奏的狀態下生活和工作，又有些止步不前，不思進取了。所以，最好的狀態就是兩者的結合，快速度的成長和慢速率的生活。

雖然一般情況下我們往往沒有辦法權衡生活，也沒有辦法按照自己的需要去創造生活。但是，我們能夠做到的，就是調節，調節對於生活的欲望，調節生活與工作的節奏。放慢你的腳步，欣賞途中的風景。

鎮定：不要在悲觀時做決定

悲觀和失望等消極的情緒常常會讓人們失去正常的判斷力。所以，一個人在沮喪難過的時候，一定不要馬上決定重要的事情，特別是可能會對我們的生活產生深遠影響的人生大事，因為沮喪會使你的決策陷入歧路。一個人在看不到希望時，仍能夠保持樂觀，仍能善用自己的理智，這是十分不容易的。

當一個人在事業上經歷挫折的時候，身邊的人會勸你放棄，這個時候，如果聽從了他們的話，那麼我們註定會失敗，如果能夠再堅持一下，擺脫悲觀的情緒，也許我們就能成功。

許多年輕人，他們在工作遭遇困難的時候選擇了放棄，換成了自己完全不熟悉的領域，可是這樣面對的困難更大，如果還是沒有信心，任由悲觀失望的情緒控制，那麼就註定了一事無成。

悲觀的時候，智慧才是最有用的，它能夠幫助你做出正確的抉擇：當有人引誘你放棄自己的道路時，你能堅定自己的目標而不受外界的影響；當自己的心開始動搖的時候，能夠寬慰自己，讓自己冷靜下來。

傑克就是這樣做的。一直以來，當醫生都是他最大的夢想，為此他考上了醫學院，想要深造。剛開始學習的時候，他滿心歡喜，完全沉浸在了幸福的氛圍裡。可是，好景不長，基礎知識學完了，他們進入了解剖學和化學的課程。每天都要面對著不同的屍體，傑克感覺到噁心。以後的日子

裡，他每天走進實驗室都心驚膽戰，唯恐又見到什麼讓人想嘔吐的景象。

　　恐懼的心情一直折磨著傑克。他開始懷疑自己的選擇是錯誤的，這並不是適合自己一生的行業。思考了之後，他決定退學，選擇一個更適合自己的職業。他把自己的決定告訴教授，教授說：「再等等吧，你現在的決定並不能代表你的心聲。等到你的決定忠於你的心的時候，你再來找我。」

　　日子一天一天過去，開始的時候，傑克每天都在受著煎熬，時間長了，他習慣了實驗室裡消毒水的氣味，熟悉了各種屍體的結構，也就不再對實驗室感覺到畏懼了。四年後，傑克以優異的成績畢業，他接受了一家大醫院的聘請，成了那裡最年輕的醫生。

　　有一次，傑克回去看教授，他笑著對傑克說：「還記得嗎？你當年想放棄。」「是的，教授，您阻止了我。」教授說：「那時候你太悲觀，還不能瞭解自己的心，所以我讓你冷靜下來。傑克，你記著，人在悲觀失望的時候，千萬別馬上做決定，要給自己一點時間想一想，之後得到的答案也許就跟原來不同了。」

　　一個人失意時，頭腦一片混亂，甚至會因此產生絕望的情緒，這是一個人最危險的時候，最容易做出糊塗的判斷、糟糕的計畫。一個人悲觀失望時，就沒有了精闢的見解，也無法對事物認識全面，也就失去了準確的判斷力。所以憂鬱悲觀的時候，一定不能做出重要決斷，等到頭腦清醒、心情平復的時候，我們才可以設計出更好的計畫。

挺立：精神不能倒下

在阿爾卑斯山區，一座孤獨的山峰聳立著，它的冷傲讓它與其他山峰保持了一段距離。

嚮往高山的人們，總想攀登馬特合恩峰。但是由於陡峭的懸崖，多年來，沒有人能夠爬上那神祕的山頂。

25歲的英國登山家愛德華・韋波以及他的夥伴在征服欲的支配下，組成了一個7人登山隊，準備攀登神祕的馬特合恩峰。這些勇敢的隊員們一起做了決定，要成為攀登馬特合恩峰的第一人。可是韋波沒能同往，他在經受著疾病的折磨，但也因為此，韋波成了那支登山隊裡唯一倖存的人。因為後來韋波在他的阿爾卑斯山的遊記中，描述了這個震撼人心的事蹟。

雖然他們到了山頂，但是在下山的路上，他們幾個人都因為失足而從1000多公尺的山上滑了下來，安息在茫茫的山腹之中。

這個世界也許永遠都不會有第一。只要有人第一個達到了長久以來沒有人能達到的目標而打破紀錄時，很快就會有人創造出更驚人的成績。就拿韋波的隊員第一次登上馬特合恩峰來說，3天後，一個著名的登山家克雷爾和他的登山隊，也登上了這一令人神往的峰頂。儘管如此，能夠登上峰頂的榮耀也只短暫地屬於他們。正如歌德曾說過的一句話：「只有精神，沒有榮耀。」

第一個登上馬特合恩峰的人付出了慘重的代價，可是從那以後，登上了雄偉的馬特合恩峰再也不是什麼難事了，很多人都可以上到峰頂去觀賞

風景，而他們不用承擔任何的風險。想到這些，不由得令人感嘆：這個世界就是這樣，一旦有人證明了那件事可行，其他人就會效仿著他去做，因為開拓者的精神已經鼓舞了他們，讓他們相信自己也能攀登山峰，到達目的地並凌駕其上。所以真正重要的是精神，而不是榮耀。

現在，那些開拓者的故事也漸漸遠去，可是人們的心並沒有改變。他們仍然想要開拓，想要打破一切不可能，直到實現自己的願望，否則他們會一直堅持下去，奮鬥不止。即使有一些東西並沒有開拓者的意義，但是只要征服了、戰勝了，就能夠從中得到鼓舞，並找到自信。

湯姆剛剛大學畢業，他學的雖然是資訊處理，但是複雜的程式對於他來說還沒有辦法應付。這天，主管交給他一個項目，很難，所以湯姆一直到晚上也沒有完成。主管看太晚了，就對他說：「不要做了，只要你嘗試了，即使做不成，也能從中學到很多東西。」湯姆卻說：「不，我一定要完成它，因為完成它以後，我就能相信自己可以挑戰比這更難、更複雜的東西了。」

是的，眼前的困難被征服了，才能向更高的困難挑戰。人們的心裡一直都在想著征服，想爬得更高，想打破紀錄。他們一直都這麼做。他們一直都在努力，時刻保留著積極的思想和不屈不撓的精神。

毅力：冬季也可以是春天的開始

　　一樣的事情，可以選擇不同的態度對待。選擇積極的方面，做出積極的努力，就一定會看出前方美好的風景。

　　1985年，美國女孩辛蒂還在醫科大學念書，有一次，她到山上散步，帶回一些蚜蟲。她拿起殺蟲劑為蚜蟲去除身上的有害物質，卻感覺到一陣痙攣，原以為那只是暫時性的症狀，誰料她的後半生從此陷入不幸。

　　殺蟲劑內所含的某種化學物質使辛蒂的免疫系統遭到破壞，使她對香水、洗髮精以及日常生活中所接觸的一切化學物質一律過敏，就連空氣也可能使她的支氣管發炎。這種「多重化學物質過敏症」，到目前為止仍無藥可醫。

　　起初幾年，她一直流口水，尿液變成綠色，有毒的汗水刺激背部形成了一塊塊疤痕。她甚至不能睡在經過防火處理的床墊上，否則就會引發心悸和四肢抽搐。後來，她的丈夫用鋼和玻璃為她蓋了一所無毒房間，一個足以逃避所有威脅的「世外桃源」。辛蒂所有吃的、喝的都得經過選擇與處理，她平時只能喝蒸餾水，食物中不能含有任何化學成分。

　　很多年過去了，辛蒂沒有見到過一棵花草，聽不見一聲悠揚的歌聲，感覺不到陽光、流水和風。她躲在沒有任何飾物的小屋裡，飽嘗孤獨之餘，甚至不能哭泣，因為她的眼淚跟汗液一樣也是有毒的物質。

　　堅強的辛蒂並沒有在痛苦中自暴自棄，她一直在為自己，同時更為所有化學污染物的犧牲者爭取權益。1986年，她創立了「環境接觸研究

網」，以便為那些致力於此類病症研究的人士提供一個視窗。1994年，辛蒂又與另一組織合作，創建了「化學物質傷害資訊網」，保證人們免受威脅。到2007年，這一資訊網已有來自32個國家的5000多名會員，不僅發行了刊物，還得到美國、歐盟及聯合國的大力支持。

她說：「在這寂靜的世界裡，我感到很充實。因為我不能流淚，所以我選擇了微笑。」當我們選擇了微笑地面對生活的時候，我們也就走出了人生的冬季。

你知道汽車輪胎為什麼能在路上跑那麼久，能忍受那麼多的顛簸嗎？起初，製造輪胎的人想要製造一種輪胎，能夠抗拒路上的顛簸，結果輪胎不久就被切成了碎條。然後他們又做出一種輪胎來，吸收路上產生的各種壓力，這樣的輪胎可以「接受一切」。

在曲折的人生旅途上，如果我們也能夠承受所有的挫折和顛簸，能夠化解與消釋所有的困難與不幸，我們就能夠活得更加長久，我們的人生之旅就會更加順暢、更加開闊。

心生：生活隨時都是新起點

　　下面的這個故事，是我在無意之中聽人說起的：

　　1937年她丈夫死了，她覺得非常頹喪，而且幾乎一文不名。她寫信給她以前的老闆李奧羅區先生，想回去做她以前的老工作。她以前靠推銷《世界百科全書》過活。兩年前她丈夫生病的時候，她把汽車賣了。於是她勉強湊足錢，分期付款才買了一部舊車，又開始出去賣書。

　　她原想，再回去做事或許可以幫她解脫困境。可是要一個人駕車，一個人吃飯，幾乎令她無法忍受。有些區域簡直就做不出成績來，雖然分期付款買車的數目不大，卻很難付清。

　　1938年的春天，她來到密蘇里州的維沙里市，見那裡的學校都很窮，路很壞，很難找到客戶。她一個人孤獨又沮喪，有一次甚至想要自殺。她覺得成功是不可能的，活著也沒有什麼希望。每天早上她都很怕起床面對生活。她什麼都怕，怕付不出分期付款的車貸，怕付不出房租，怕沒有足夠的東西吃，怕她的健康情形變壞而沒有錢看醫生。讓她沒有自殺的唯一理由是，她擔心她的姐姐會因此而覺得很難過，而且她姐姐也沒有足夠的錢來支付自己的喪葬費用。

　　有一天，她讀到一篇文章，使她從消沉中振作起來，使她有勇氣繼續活下去。她永遠感激那篇文章裡那一句很令人振奮的話：「對一個聰明人來說，太陽每天都是新的。」她用打字機把這句話打下來，貼在她的車子

前面的擋風玻璃上，這樣，在她開車的時候，每一分鐘都能看見這句話。她發現每次只活一天並不困難，她學會忘記過去，不想未來，每天早上都對自己說：「今天又是一個新的開始。」

她成功地克服了對孤寂的恐懼和對金錢的恐懼。她現在很快活，也還算成功，並對生命抱著熱忱和愛。她現在知道，不論在生活上碰到什麼事情，都不要害怕；她現在知道，不必怕未來；她現在知道，「對一個聰明人來說，太陽每天都是新的。」

從這個故事當中，我們可以看出：只要我們每天都給自己一點希望，讓自己看到最光明的一面，那麼我們每一天的生活都是嶄新的。可是，生活中有太多的人並不能做到這一點。就像一些退休的老人，他們從工作崗位上離開的時候，就開始變得消沉、悲觀，以為自己一點用處都沒有了。

那麼，建議這些人，最好不要太重視「退休」這個詞，而是要強調「重新調整」。退休代表著一種結束，而重新調整則代表著另一種開始。我們結束了一種工作，卻可以開始新的生活，投入到新的需要當中。

只要你不想結束，一切就不可能結束。每一個健康、有精力的人，都有開始嶄新生活的資格。只要我們心不老，還能從生活中捕捉到希望，那麼我們將永遠不會被生活淘汰。

The Scroll

羊皮卷

《獲取成功的精神因素》

　　《獲取成功的精神因素》是希爾完成《思考致富》多年後與克萊門特·史東創作的，其中包含了許多因為閱讀《思考致富》而改變了人生的人們的故事。《思考致富》是一部勵志書籍，是對美國最成功的人士展開20年研究後完成的，而《獲取成功的精神因素》更為全面，指導人們在生活的各個領域中如何取得成功。

　　保持積極就是要始終如一地欣然接受生活，經歷豐富的人比較容易獲得成功、幸福和財富。消極心態只會排斥上天的這些恩賜。一個人的成功原因可能多種多樣，但討人喜歡的性格至關重要，不只是因為別人對你的看法以及他們是否願意與你打交道，也是因為你的自信。

努力：規律普遍，熟知於心

深諳規律，提高奮鬥成功率

克萊門特・史東認為，奮鬥，失敗，再奮鬥，再失敗，再奮鬥……直至最終的成功，這就是成功的一般規律。這一規律可以從以下幾方面來理解：

（1）失敗是到達成功目標之前必經的環節。任何一項事業的成功都不可能一帆風順、一蹴而就，因為一切真正有意義的進展都需要戰勝許多困難，解決許多問題，需要付出艱辛的努力，其間難免迷誤、難免失敗。沒有失敗就不會有成功，不克服失敗就不能到達成功的目的地。

（2）奮鬥是超越失敗，將成功的希望轉化為現實的必要勞動。奮鬥就是勤奮勞動。成功只接待勤奮勞動者，而將懶漢、空談家、只想坐享其成的人拒之門外。失敗是在所難免的，要超越失敗，只有靠奮鬥。只有堅持不懈地頑強奮鬥，才能發現失敗的根源和克服失敗的途徑及方法，才能把克服和預防失敗的方案、措施付諸實施。成功的希望只是一種主觀的願望，任何主觀願望都不會自動地轉化為現實，而是要經過奮鬥這一必要勞動。世界上沒有一種真正有價值的東西，可以不經過奮鬥的艱辛勞動而能夠得到。成功之花要靠奮鬥者辛勤勞動的汗水去澆灌。

（3）成功是經過奮鬥與失敗的多次循環而實現的。奮鬥，失敗，再奮鬥，再失敗，再奮鬥………直至成功，奮鬥與失敗的每一次循環，都將人

的認知提高到一個新的水準和高度，都向成功的目標逼近了一步。在現實生活中，經過奮鬥與失敗的一次循環就實現成功的目標的事是很少的。因為一個正確認知的形成，往往需要經過實踐、認識、再實踐、再認識……的多次反覆才能完成。在這種多次反覆的過程中，每一次反覆都包含著錯誤和失敗。一項事業越艱巨複雜，越工程浩大，越具有探索性、創新性，奮鬥與失敗的循環次數就越多，有的甚至可能要經過成百上千次乃至成千上萬次循環才能享受到成功的愉悅。

懂得成功的一般規律，把握奮鬥、失敗與成功的關係，將有助於增強奮鬥的自覺性，提高奮鬥的成功率。

要保持清醒的頭腦

如果被一時的勝利沖昏了頭腦，那將是極其危險的事情。

西元前559年，居魯士當了米底亞和波斯國的國王。他打敗了利比亞的統治者克里蘇斯；征服了愛奧尼亞群島及其他較小的王國；順利殲滅了巴比倫，成為世界之王——居魯士大帝。

之後，他又準備進攻由女王湯米莉絲領導的馬薩格它族。他根本不把馬薩格它族放在眼裡，並認為自己是打不敗的超人。如果他能夠打敗馬薩格它族的話，他的帝國就會更加幅員遼闊了。

幾年後，居魯士朝著寬廣的阿瑞各斯河進攻。他們一渡過河，就在河邊安營紮寨，並放上肉和烈酒，然後留下最弱的兵士守營，將其他軍隊撤回西岸，馬薩格它軍隊很快就攻占了營地。勝利的士兵被現場留下來的不可思議的宴席所吸引，他們大吃大喝，一個個酩酊大醉。當晚居魯士的軍隊返回營地，俘虜了沉睡的士兵，其中包括年輕的史帕戈皮西斯，也就是女王湯米莉絲的兒子。

女王知道發生的事情後，送信給居魯士，斥責他用詭計打敗她的軍隊。她說：「如果你們離開我的國家，釋放我的兒子，我將把三分之一的土地讓給你。否則，我會讓你得到應有的回報。」

居魯士對她的話置之不理。

不久，女王的兒子因為無法忍受屈辱而自殺了。兒子的死訊令湯米莉絲極其悲痛。她召集王國內可以徵調的所有軍隊，以報仇的狂熱激勵他們奮起反抗，和居魯士部隊展開猛烈而又血腥的戰鬥，終於戰勝了居魯士。

史卷上到處充斥著盛極一時的帝國的遺跡，以及那些無法學會停下來鞏固自身勝利者的屍體。的確，沒有比勝利更令人陶醉的事了，但是勝利往往是最危險的事。在勝利的衝動和興奮狀態下，傲慢與自負會推動你越過原來立下的目標，一旦走得太遠，你所製造的對手將會多過你所擊敗的對手。因此，不要被勝利沖昏了頭腦，策略和審慎的計畫是成功的基礎。「立下目標，到達時就停步。」這是許多取得最終勝利者的座右銘。

我們應該接受理智的引導，一時的興奮可能會導致致命的結果。當我們獲得成功時，應該更加小心謹慎。

人人都期待著勝利，然而面對接連不斷的勝利，往往很難做到心有所止，這是人本身的缺陷，明智的人能夠控制這種缺陷。勝利的果實得來不容易，大多數人還一心想著要不斷擴大勝利的成果，卻不懂得如何鞏固，結果只能使剛剛得到的也失去了。

世界上的一切事都遵循這樣的規律：事物只要尚未達到至善的境界，它們就會一直不斷地得到補益；一旦達到至善的境地，它們就會趨於衰落。因此，應該學會「心有所止」，只有這樣，你才能控制事態的發展，讓自己立於不敗之地。

想法：抓住重點，「想」出成功

推陳出新，敢於思考

傳統的想法會凍結你的心靈，阻礙你的進步，干擾你的創造能力。以下是對抗傳統性思考的方法。

要樂於接受各種創意。要摒棄「不可行」、「辦不到」、「沒有用」、「那很愚蠢」等思想渣滓。

要主動前進，而不是被動後退。

想一想，如果公司的管理層總是想到「今年我們的產品產量已達極限，進一步發展是不可能的。因此，所有工程技術的實驗以及設計活動都將永久性地停止。」用這種態度進行管理，即便是強大的公司也會很快衰敗下去。

成功的人就像成功的企業一樣，他也總是帶著問題而生存的。「我怎麼才能改進我的表現呢？我如何做得更好？」做任何事情，總有改進的餘地，成功者能體認到這一點，因此他總在探索一條更好的道路。

突破常規不僅要求打破傳統思維，建立理性的思維，還要求人們敢於幻想。

每一個人都具有想像力，而想像力正是創造力的源泉。將夢境中所見盡量描繪出來，就是一種想像力的運作；發明一樣東西或創造一樣東西，也都是在發揮想像力。

想像力豐富的人，好奇心會比別人強十倍。

一個人如果缺乏好奇心，卻想做一位出色的實業家，那是相當困難的。好奇心強烈的人，不但對於吸收新知識抱有高度的熱忱，並且經常搜尋處理事物的新方法。因此，一個人如果沒有了好奇心，就不可能花心思研究新事物，只能是遵循前人的步伐原地踏步而已，更不用說會有驚人的成就出現了。

成功要敢「想」，還要會「想」

積極思考是由敢想和會想兩個方面構成的，那些成功的人大都因為具備這兩方面，所以才有驚人之舉，因為敢想才能敢拚，會想才能巧成。

當別人失敗時，你如果可以從他人的失敗中得出正確的想法，並繼之以行動，你就有可能成功。當你自己失敗了，你也只需轉換一個正確的想法，緊跟以一個行動，你還是可以獲得成功的。

1939年，美國芝加哥北密西根大道的辦公樓群可以說是慘不忍睹。每一座豪華的大廈裡面都是空空如也，沒有一絲忙碌的氣氛。一棟樓出租率達一半就算是幸運的。這是商業不景氣的一年，消極的心態像烏雲一般籠罩在芝加哥不動產的上空。那時，人們常常能聽到這樣一些論調：「登廣告毫無意義，根本就沒有錢。」「我們沒有必要工作了。」然而就在這時，一位抱著積極心態的經理進入了這個景象黯淡的地區。蕭條的景象反而給了他一個奇特的想法，他也毫不猶豫地依著這個想法行動了起來。

這個人受雇於西北互助人壽保險公司來管理該公司在北密西根大道上一棟大樓，公司是以取消抵押品所有權而獲得這棟大樓的。他開始做這份工作時，這棟大樓只租出了10％。但不到一年，他就把它全部租出去了，而且長長的待租人名單送到他的面前。

為什麼短短時間內情況會發生這麼巨大變化呢？記者採訪他時，他介紹了他對整件事情的思考：我準確地知道我需要什麼——我要使這些房間能100％地租出去，在當時的情況下，要做到這點是很難的。因此我要把工作做到萬無一失，必須做到以下幾點：

（1）要選擇稱心的房客。

（2）要激發吸引力：為房客提供芝加哥市最漂亮的辦公室。

（3）租金一定要比他們現在所付的房租低5％。

（4）如果房客按為期一年的租約付給我們同樣的月租，我就對他現在的租約負責。

（5）除此之外，我要免費為房客裝潢房間。我要僱用富有創造力的建築師和裝修工，根據新房客個人好惡來改造裝潢每一間辦公室，使他們真正滿意。

並且可以從下列幾個方面去思考：

1. 如果一個辦公室在以後幾年還無法出租，我們就不能從那個辦公室得到收入。我們到年底可能得不到什麼收益，但這種情況總不會比我們沒有採取任何行動時的情況更糟。而我們現在的境況應該更好，因為我們滿足房客的需要，他們在未來的年份中會準時如數地交付房租。

2. 以一年為基數。在大多情況下，房間僅僅只空幾個月，就可接納新的房客。這樣，我們就有可能在盡可能短的時間內得到新的租金。

3. 在一所設備良好的大樓裡，如果一個房客一定要在他租約期滿的一年的末了退租，也比較易於再租。免費裝修辦公室也不會得不償失，因為會增加房屋的價值。結果證明，裝修後的效果十分不錯。每一個的辦公室似乎都比以前更為富麗堂皇。

不妨讓我們對整個過程再回顧一次，從而使我們獲得更為清晰地瞭解

及深刻的認識。有一個人面臨著一個嚴重的問題，他手上有一棟巨大的辦公大樓，可是這座大樓十分之九的辦公室都是空閒未被租用的。然而，在一年內大樓便全部租出去了。現在，就在附近，仍有幾十座大樓是空蕩蕩的。而這天壤之別的決定性因素，就是經理人不同的思考角度及不一樣的心態。

一種人說：「我有一個問題，那是很可怕的。」

另一種人說：「我有一個問題，那是很好的！」

如果一個人能夠抓住他的問題尚未顯露時的好機會，洞察它並尋求解決，他就是懂得正確思考之要義的人。如果一個人能形成一種有效的想法，緊接著付諸實踐，他就能把失敗轉變為成功。

成功是「想」出來的。只有敢「想」、會「想」，善於思考、思考成功、思考未來的人，才會是成功的候選人。如果一個人善於思考，那麼他就可以把別人難以辦成的事辦成，把自己本來辦不成的事情辦成。

破點：找到並突破問題的關鍵點

從重點問題突破，是成大事者的思考習慣之一，因為沒有重點的思考，等於毫無主攻目標。

卡爾森是一個具有重點思考習慣的人。1968年，他加入溫雷索爾旅遊公司從事市場調查工作，3年以後，北歐航聯出資買下了這家公司，卡爾森先後擔任了市場調查部主管和公司部經理。由於他熟悉業務，並且善於解決重要問題，使得這家旅遊機構發展成瑞典第一流的旅遊公司。

卡爾森的經營才能得到了北歐航聯的高度重視，他們決定對卡爾森進一步委以重任。

航聯下屬的瑞典國內民航公司購置了一批噴射式客機，由於經營不善，連年虧損，到最後就連購機款也償還不起。1978年，卡爾森調任該公司的總經理。擔任新職的卡爾森充分發揮了擅長重點思考的才幹，他上任不久，就抓住了公司經營中的問題癥結：國內民航公司所訂的收費標準不合理，早晚高峰時間的票價和中午閒置時間的票價一樣。卡爾森便將正午班機的票價削減一半以上，以吸引去瑞典湖區、山區的滑雪者和登山野營者。此舉一出，很快就吸引了大批旅客，載客量猛增。卡爾森任主管後的第一年，國內民航公司即扭虧為盈，並獲得了豐厚利潤。

卡爾森認為，如果停止使用那些大而無用的飛機，公司的客運量還會有進一步的增長。一般旅客都希望乘坐直達班機，但龐大的「空中巴士」

無法滿足他們的這一願望。儘管DC-9客機座位較少，但如果讓它們從斯堪地納維亞半島的城市直飛倫敦或巴黎，就能賺錢。但是原來的安排是DC-9客機一般到了哥本哈根客運中心就停飛，旅客只好去轉乘巨型「空中巴士」。卡爾森把這些「空中巴士」撤出航線，僅供包租之用，闢設了奧斯陸至巴黎之類的直達航線。

與此同時，卡爾森的另一舉措也充分顯示了他的重點思考能力，這就是「翻新舊機」。

當時市場上的那些新型飛機引不起卡爾森的興趣，他說，就乘客的舒適程度而言，從DC-3客機問世之日起，客機在這方面並無多大的改進，他敦促客機製造廠改革機艙的設計，騰出空間來加寬走道，使旅客可以隨身攜帶更多的小件行李。

北歐航聯拿出1500萬美元（約為購買一架新DC-9客機所需用的65％）來給客機整修，更換內部設施，讓空服人員換上時尚新裝。靠著那些煥然一新的DC-9客機，吸引了越來越多的旅客，滾滾財源也隨之而來。

卡爾森是善於重點思維的典範。成功人士遇到重要的事情時，一定會仔細地考慮：應該把精力集中在哪一方面呢？怎樣做才能使我們的人格、精力與體力不受到損害，又能獲得最大的效益呢？

有成就的人都已經培養出一種習慣，就是找出並設法控制那些最能影響他們工作的重要因素。這樣一來，他們比起一般人來會工作得更為輕鬆愉快。由於他們已經懂得祕訣，知道如何從不重要的事實中找出重要的事實，這樣，他們等於已為自己的槓桿找到了一個恰當的支點，只用小指頭輕輕一撥，就能移動原先即使以整個身體的重量也無法移動的沉重工作。

執著：樂觀積極，心態制勝

心態決定成敗

　　培養積極之心是生命中最重要的一環。所謂積極之心，包括所有「正面」的特質，如自信、希望、樂觀、勇氣、慷慨、機智、仁慈及豐富的知識。對人生態度積極的人，必有遠大的目標並為此而不懈努力。

　　有些人雖然有積極的心態，但是一遇到挫折就會失去信心；他們不瞭解成功需要用積極的心態去不斷嘗試。成功正是源於積極的心態。

　　紐約的零售業大王伍爾沃斯的青年時代非常貧窮。他在農村工作，一年中幾乎有半年的時間是打赤腳的。他成功的祕訣就是將自己的心靈充滿積極思想，僅此而已。他借來300美元，在紐約開了一家商品售價全是5分錢的店，曾經全天營業額還不到2.5元，不久後便經營失敗。以後他又陸續開了4個店鋪，有3個店完全失敗。

　　就在他幾乎喪失信心的時候，他的母親來探望他，緊緊握住他的手說：「不要絕望，總有一天你會成為富翁的。」就在母親的鼓勵下，伍爾沃斯面對挫折毫不氣餒，更加充滿自信地開拓經營，最終一躍成為全美一流的資本家，並建立了當時世界第一高樓，那就是紐約市有名的伍爾沃斯大廈。

　　其實不只是伍爾沃斯，幾乎所有的成功者，都有一個共同的特點——積極的心態。他們運用積極的心態去支配自己的人生，用樂觀的精神去面

對一切可能出現的困難和險阻，從而保證了他們走向成功。而許多一生潦倒者，則普遍精神空虛，以自卑的心理、失落的靈魂、失望悲觀的心態和消極頹廢的人生目的作前導，其後果只會是從失敗走向新的失敗，甚多是永駐於過去的失敗之中，不再奮發。

仔細觀察比較一下我們大多數人與成功者的心態，尤其是關鍵時候的心態，我們就會發現「心態」導致人生驚人的不同。

克萊門特·史東告訴我們，心態在很大程度上決定了我們人生的成敗。我們怎樣對待生活，生活就怎樣對待我們；我們怎樣對待別人，別人就怎樣對待我們；我們在一項任務剛開始時的心態決定了最後有多大的成功，這比任何其他的因素都重要。

實際上，所謂的積極心態，就是一種進取心。這是一種極為難得的美德，它能驅使一個人主動去做應該做的事。

我們創造了自己的環境——心理的、情緒的、生理的、精神的——我們自己的態度決定我們的人生。

積極的心態並不能保證事事成功，但積極心態肯定會改善一個人的日常生活。但是，可以肯定的是相反的心態則必敗無疑，從來沒有消極悲觀的人能夠取得持續的成功。

也許你現在已經確信一點，積極的心態與消極的心態一樣，它們都能對你產生一種作用力，不過兩種作用力的方向相反，作用點相同，這一作用點就是你自己。為了獲取人生中最有價值的東西，為了獲得家庭的幸福和事業的成功，你必須最大程度地發揮積極心態的力量，以抵致消極心態的反作用力。

讓積極心態發揮應有的作用

事業或學業成功的人，往往都能夠充分運用積極心態的力量。人人都希望成功會不期而至，但絕大多數人並沒有這樣的運氣或條件。就算是有了這些條件或運氣，我們也可能感覺不出來。很明顯的東西往往容易被人忽略，每個人的積極心態就是他的長處，這是毫不神祕的東西。

亞歷山大大帝有一次大方派送禮物，表示他的慷慨。他給了甲一大筆錢，給了乙一個省份，給了丙一個高官。他的朋友聽到這件事後，對他說：「你要是一直這樣做下去，你自己會一貧如洗。」亞歷山大回答說：「我哪會一貧如洗，我為我自己留下的是一份最偉大的禮物，我所留下的是我的希望。」

克萊門特‧史東指出：人的心態是隨著環境的變化，自然地形成積極和消極兩種的。思想與任何一種心態結合，都會形成一種「磁性」力量，這種力量能吸引其他類似的或相關的思想。

這種由心態「磁化」的思想，好比一顆種子，當它培植在肥沃的土壤裡時，會發芽、成長，並且不斷繁殖，直到原先那顆小小的種子變成了數不盡的同樣的種子。

這就是心態之所以產生重大作用的原因。積極的心態，能夠激發起我們自身的所有聰明才智；而消極的心態，就像蛛網纏住昆蟲的翅膀、腳足一樣，束縛我們才華的光輝。有一首詩對此有著這樣的描述：

如果你認為被擊敗了，

那你必定被擊敗。

如果你認為不敢，

那你必然不敢。

如果你想勝利，但你認為你不可能獲勝。

那麼你就不可能得到勝利。

如果你認為你會失敗，

那你就已經失敗。

柯林·鮑威爾是牙買加移民的兒子，他從布龍克斯的街巷裡走出來，最終成長為參謀長聯席會議主席和在美國最受尊敬的人物之一。在他的暢銷書《美國之路》中，他列舉了30條他嚴格恪守的生活準則，其中有不少體現了樂觀主義的基本價值，很值得我們借鑑。它們包括：

1. 千萬不要把事情想像得那麼糟，也許明天早晨它就有轉機。

2. 這件事一定能做！

3. 不要讓任何不利的事實來妨礙你做出一個好的決定。

4. 不要向自己的恐懼退讓，也不要輕易向對手妥協。

5. 永遠的樂觀主義，是一個力量的加倍器。

像鮑威爾這樣的樂觀主義者，總是相信權力和控制出自他們自身。

進取：為生活選擇積極的心態

有這樣一則故事：

一位國王的眾多大臣之中，有位大臣特別有智慧，而這位大臣也因他的智慧，格外受到國王的寵愛與信任。

智慧大臣擁有一項與眾不同的特長，那就是無論何時他都能夠保持絕對積極的心態。不論遇上什麼事，他總是願意去看事物好的那一面，而拒絕消極方面。

也由於智慧大臣這種凡事積極看待的態度，的確為國王妥善地處理了許多麻煩的大事，因而備受國王的敬重，凡事皆要諮詢他的意見。

國王熱愛打獵，有一次在追捕獵物時意外受傷弄斷了一節食指。國王劇痛之餘，立即召來智慧大臣，徵詢他對這件意外斷指事件的看法。

智慧大臣仍本著他的作風，輕鬆自在地告訴國王，這應是一件好事，並勸國王向積極方面去想。國王聞言大怒，以為智慧大臣在嘲諷自己，立即命左右將他拿下，關到監獄裡。待斷指傷口痊癒之後，國王也忘了此事，又興沖沖地忙著四處打獵。卻不料禍不單行，竟帶隊誤闖鄰國國境，被叢林中埋伏的一群野人活捉。

依照野人的慣例，必須將活捉的這隊人馬的首領獻祭給他們的神，於是便抓了國王放到祭壇上。正當祭奠儀式準備開始時，主持的巫師突然驚呼起來。

原來巫師發現國王斷了一截的食指，而按他們部族的律例，獻祭不完整的祭品給天神，是會受天譴的。野人連忙將國王解下祭壇，驅逐他離開，另外抓了一位同行的大臣獻祭。

國王狼狽地回到朝中，慶幸大難不死，忽而想到智慧大臣所說，斷指確是一件好事，便立即將他由牢中釋放出來，並當面向他道歉。

智慧大臣還是保持他的積極心態，笑著原諒國王，並說這一切都是好事。

國王不服氣地問：「說我斷指是好事，如今我能接受。但若說因我誤會你，而將你關在牢裡受苦，難道這也是好事？」

智慧大臣笑著回答：「臣在牢中，當然是好事。陛下不妨想一想，今天我若不是在牢中，陪陛下出獵的大臣會是誰呢？」

每件事情必然有兩面，這位深具智慧的大臣選擇了聰明的那一面。那麼，我們為什麼不學習這位智慧大臣，選擇用積極的心態去面對生活呢？

八個步驟讓你獲得積極心態

積極心態不是與俱來的，它可以經由我們的自覺意識來培養。培養積極心態一般可分為以下八個步驟：

（1）多與樂觀者在一起，不要浪費時間去閱讀別人悲慘的詳細新聞。在上學或上班途中，聽聽音樂或看看書。如果可能的話，和一位樂觀者共進早餐或午餐。晚上不要坐在電視機前，要把時間用來和你所愛的人聊聊天。

（2）改變你的習慣用語。不要說「我真累壞了」，而要說「忙了一天，現在心情真輕鬆」；不要說「他們怎不想想辦法？」，而要說「我知道我將怎麼辦」；不要在團體中抱怨不休，試著去讚揚團體中的某個人；

不要說「為什麼偏偏找上我，上帝，」而要說「上帝，考驗我吧」不要說「這個世界亂七八糟」，而要說：「我要先把自己家裡整理好」。

（3）向龍蝦學習。龍蝦在某個成長的階段裡，會自行脫掉外面那層具有保護作用的硬殼，因而很容易受到敵人的傷害，但牠都能夠有效地保護好自己。這種情形將一直持續到牠長出新的外殼為止。生活中的變化是很正常的。每次發生變化，總會遭遇到陌生及預料不到的意外事件。不要躲起來，使自己變得更懦弱。相反的，要敢於去應付危險的狀況，對你未曾見過的事物，要培養出信心來。

（4）重視你自己的生命。不要說：「只要吞下一口（毒藥），就可獲得解脫。」不妨這樣想，「信心將協助你渡過難關。」由於頭腦指揮身體如何行動，因此你不妨從事最高級和最樂觀的思考。人們問你為何如此樂觀時，請告訴他們，你情緒高昂是因為你服用了「安多芬」。

（5）從事有益的娛樂與教育活動。觀看介紹自然美景、家庭健康以及文化活動的節目；挑選電視節目及電影時，要根據它們的品質與價值，而不是注意商業吸引力。

（6）在幻想、思考以及談話中，時刻表現出你的健康情況很好。每天對自己做積極的自言自語。不要老是想著一些小毛病以及一些小外傷等。如果你對這些小毛病太過注意了，它們將會成為你最好的朋友，經常來向你「問候」。你腦中想些什麼，你的身體就會表現出來。

（7）在你生活中的每一天裡，寫信、拜訪或打電話給需要幫助的某個人。向某人顯示你的信心，並把你的信心傳給別人。

（8）把星期天變作培養「良好信心」的日子。到野外郊遊，找一兩個知心朋友小聚，看一本自己喜愛的書，和家人共進晚餐等，這些美好的情景都能幫助找回信心。

堅毅：以頑強毅力自我克制

一個人要成就大的事業，就不能隨心所欲、感情用事，而應對自己的言行有所克制，這樣才能使微小的錯誤、缺點得到抑制，不致鑄成大錯。高爾基說：「哪怕是對自己的一點小的克制，也會使人變得強而有力。」德國詩人歌德說：「誰若遊戲人生，他就一事無成，不能主宰自己，永遠是一個奴隸。」要主宰自己，就必須對自己有所約束，有所克制。

自制能力就是在日常生活和工作中，善於控制自己情緒和約束自己言行的一種能力。

一個意志堅強的人是能夠自覺控制和調節自己言行的。如果一輛汽車光有引擎而沒有方向盤和剎車的調節，汽車就會失去控制，不能避開路上的各種障礙，就有撞車的危險。一個想要有所成就的人如果缺乏自制力，就等於失去了方向盤和剎車，必然會「越軌」或「出格」，甚至「撞車」、「翻車」。一個人在完成自己工作的過程中，必然要接觸各種各樣的人，處理各種各樣複雜的事，其中有順心的，也有不順心的，有順利的，也有不順利的，有成功的，也有失敗的。

如果缺乏自制能力，放任不羈，勢必搞壞關係，影響團結，挫傷積極性，甚至因小失大，鑄成大錯，後悔莫及。這樣，當然很難把車駕駛到目的地了。因此，要想取得成功，就必須培養自己的自控能力。

那麼，如何才能培養過人的自制力呢？有以下三點原則：

（1）儘量保持理智

對事物認知越正確，越深刻，自制能力就越強。比如，有的人遇到不稱心的事，就發脾氣，訓斥謾罵，而有的人卻能冷靜對待，循循善誘，以理服人。

為什麼呢？古希臘數學家畢達哥拉斯說：「**憤怒以愚蠢開始，以後悔告終。**」因此，對自己的感情和言行失去控制的人，最根本的就是他沒有認識到這種粗暴作風的危害性，因而造成了不良影響。

法國著名作家小仲馬有過這樣一段經歷，他年輕時愛上了巴黎名妓瑪麗·杜普萊西。瑪麗原是個農家女，為生活所迫，不幸淪為娼妓。小仲馬為她嬌媚的容顏所傾倒，想把她從墮落的生活中拯救出來，可她每年的開銷要十五萬法郎，光為了給她買禮品及各種零星花費，他就借了五萬法郎的債。他發現自己已面臨可能毀滅的深淵，理智終於戰勝了感情，他當機立斷，寫了絕交信給瑪麗，結束了和她的交往。後來，小仲馬根據瑪麗的身世寫了一部小說——《茶花女》，轟動了巴黎，小仲馬也因此一舉成名。理智使小仲馬產生了自制能力，使他懸崖勒馬，戰勝了感情的羈絆。

（2）培養堅強的意志

堅強的意志是自制能力的支柱。意志薄弱的人，就好像失靈的閘門，對自己的言行不可能有調節和控制作用。

（3）用毅力控制愛好

一個人下棋入了迷，打牌、看電視入了迷，都可能影響工作和學習。毅力，可以幫助你控制自己，果斷地決定取捨。毅力，是自制能力果斷性和堅持性的表現。

看電視、下棋看來都是小事，是個人的一些愛好，但要控制這種愛好，沒有毅然決然的果斷性就辦不到。

常常遇到這樣一些人，嘴上說要戒菸，但戒了沒幾天，就又開始抽了，什麼原因呢？主要就是缺乏毅力。沒有毅力，就沒有果斷性和堅持性，自制的效率就不高。可見，要具有強有力的自制能力，必須伴以頑強的毅力。

氣勢：不畏「前人」遮望眼

亞歷山大大帝強烈厭惡自己的父親——菲利浦國王。他覺得父親太飛揚跋扈了，他必須透過反抗才能掌握自己的命運。亞歷山大明白自己必須和父親走相反的道路才能站住腳跟。

許多大人物的子女只知道繼承父親的財富，而亞歷山大則想著要取得比自己的父親更大的成就。他要讓後人讚揚的是他而不是他的父親。

亞歷山大開始公然反對自己的父親，有一次，菲利浦大醉之後要用劍攻擊兒子，但是，他因為酒醉而跌倒了。亞歷山大指著他的父親道：「從這一桌走到另一桌都要跌倒的人，怎麼能從歐洲打到亞洲呢？」

亞歷山大18歲的時候，菲利浦被人謀害了，全國各地都起來反叛。他指揮軍隊平息了叛亂，重新統一了帝國，建立了自己的國家。

亞歷山大沒有滿足於這一成就，他在鞏固了希臘之後，又將眼光轉向了他父親一直沒有征服的波斯。征服了波斯就意味著征服了亞洲，他的名望就能夠超過他的父親。

亞歷山大最終戰勝了兵力占絕對優勢的波斯人。對待這樣巨大的成功，他表示：現在的勝利已經過去了，更大的勝利還在將來，他要把帝國的邊界擴展到世界的每一個角落。

亞歷山大是不斷進取之人的代表，他有著功名顯赫的父親，但是他不是想著繼承父親的遺產和成就，而是在榮耀與權力方面成功地超越了父

親。如果亞歷山大不想著超越自己的父親，他永遠不可能取得比他父親更大的成就。年輕人要創造自己的世界就不能遵循前人的腳步，一味遵循傳統只會失去一切。

不要遵循前人的道路，做事必須有自己的風格，讓自己和別人不同，這樣，才能超越前人取得的成就。不要在前人的光環下生活，那樣只會讓你局限於他們的定式而很難有所突破。奧古斯丁對這一原則瞭解得更是透徹。他繼承了凱撒大帝的帝位，但他知道他在行事方面他難以超越凱撒，因為凱撒創造了超現實的經典。因此，奧古斯丁走了和凱撒完全不同的路：他主張回歸羅馬的樸素風格，奧古斯丁在安靜中表現了宏大的氣勢。

著名的美軍將領麥克阿瑟將軍在第二次世界大戰期間擔任美軍統帥。他的一位助手建議他看看以前將軍立下的各種先例的書，說：「這些書或許會讓你從中借鑑到什麼東西，因為它們都是極為成功的案例。」麥克阿瑟說：「一共有多少本這樣的書？」「6本。」助理回答。麥克阿瑟說道：「太好了，你趕快把這6本書都找來。」等到助手把書都找來的時候，麥克阿瑟把它們都扔到火裡去了。他說：「我不需要什麼先例，我有我自己的想法。出現新問題就要用新手段解決，先例只會讓我平庸。」

這一原則可以指導你突破前人的影響，取得成就。現代社會需要新人，而新人面對的最大難題就是前人施加的壓力和他們認為應該遵守的準則。遵循這個原則，不僅不會損傷你的才能，還能讓你在新的位置展示出你的才能。拿破崙三世能夠成為法國第一位總統，依靠的就是他的叔公拿破崙的聲望。但是成就帝位之後，他並沒有滿足於繼承過去，而是展示自己完全不同的東西，而且盡量避免別人把他與拿破崙相比。他知道，一旦比較，自己就會處於下風。

遠見：登高望遠，創造奇蹟

透過遠見的目光，發現智慧的身影

遠見是深思熟慮的產物，它能預見到千里之外的大事，因而，有遠見的人，是不會為眼前利益的得失去斤斤計較的。

透過遠見的目光，我們會發現智慧精靈的影子。遠見是步入成功的準備，像揚起的帆，隨時都在收集風的力量。遠見以它卓越的風采，給了我們一個無比美妙的想像空間，同時也給我們播種下了金秋收穫的種子。

遠見與一個人的胸懷往往是緊密相連的。胸懷大志者，遠見賦予他的行動往往是默默無言的。

遠見的手裡，握著數不清的猜測，直到最終我們才明白，遠見所揭示的命運結局，大多數會出乎我們意料之外。

遠見造就了偉人。在出現先知先覺的遠見之前，應首先出現先知先覺的人。

遠見是一種看不見的精神力量，它使我們在困難時，始終保持著旺盛的鬥志。

遠見是從來不會跟小人計較的，它告訴我們這樣一個道理：把眼光放得遠一點，我們就能自始至終掌握智慧的神燈，走進宇宙心靈的深處。

遠見所展示的是我們的胸懷，它是衡量我們眼光的尺規；你有多寬廣的胸懷，遠見的目光就會把智慧的光亮投到多寬廣的地方。

遠見是成大事者必備的一種素質，因此我們必須學會用遠見的目光觀察事物，這需要有寬廣的胸懷與淵博的知識做後盾。

挖掘你潛在的創造性素質

發現你的創造才能，需要你瞭解創造過程是如何進行的，在此基礎上要相信創造能產生結果。當我們年輕時，我們大多數人在生活中是喜歡冒險的，因為我們想追求新的生活體驗，願意在有活力的環境中成長。但是，隨著我們年齡的增長，我們曾經喜歡的這種充滿朝氣的生活就逐漸減退，最終成為僵化刻板的、能預測的模式，就像雕塑家手裡的濕泥巴慢慢變硬，被雕塑成各種各樣的形象一樣。

要想恢復我們早年充滿活力、有創造性的生活，首先要認識到我們的生活能夠被改變。如果我們看不到有超越我們目前生存狀況的可能性，那麼，就不可能有任何改變。你不能追求你看不見的東西。其次，要透過選擇打破習慣，改變常規，體驗新的經歷，使你的生活再次充滿活力。

對於有創造性的觀點來說，沒有固定的程序或公式，因為，創造性的觀點是超越思考的既定方式達到未知和創新的領域。

既然創造性的觀點沒有固定的模式，那麼，我們就能從事一些活動促使創造性觀點的誕生。在這個方面，提出創造性的觀點與園藝活動很相似。為了料理好你的花圃，你需要準備土壤，播好種子，確保充足的供水、光照和養料，然後耐心地等待有創造性觀點的破土而出。

幫協：合作的重要性

每個人的能力都有一定限度，善於與別人合作的人，才能夠彌補自己能力的不足，才能達到自己原本達不到的目的。

清末名商胡雪巖，自己不甚讀書識字，但他卻從生活經驗中總結出了一套哲學，歸納起來就是：「花花轎子人抬人。」他善於觀察人的心理，把士、農、工、商等階層的人都攏集起來，以自己的人脈優勢，與這些人合作。由於他長袖善舞，所以別人也為他的行為所打動，對他產生了信任。他與漕幫合作，及時完成糧食上交的任務。與王有齡合作，王有齡有了錢在官場上混，胡雪巖也有了機會在商場上發達。如此種種的互惠合作，使胡雪巖這樣一個小學徒工變成一個執江南半壁錢業之牛耳的鉅賈。

一個人的力量是有限的，但是只要有心與人合作，取人之長，補己之短，就能互惠互利，讓合作的雙方都從中受益。

有一句名言：「**幫助別人往上爬的人，會爬得最高。**」如果你幫助一個孩子爬上了果樹，你因此也就得到了你想嘗到的果實，而且你越是善於幫助別人，你能嘗到的果實就越多。

合作具有無限的潛力，因為它集結的是大家的智慧和力量；競爭的所得是有限的，因為它激發的是個人或少數人的力量。

合作就是個人或群體相互之間為達到某一確定目標，彼此透過協調作用而形成的聯合行動。參加者須有共同的目標、相近的認識、協調的互動、一定的信用，才能使合作達到預期的效果。在合作中雙方的目標是共

同的，所取得的成果也是共用的。

合作是件快樂的事情，有些事情人們只有互相合作才能做成，不合作他不能得，你也不能得。美國加州大學的查理斯·卡費爾德教授對美國1500名取得了傑出成就的人物進行調查和研究，發現這些人物有一些共同的特點，其中之一就是與自己而不是與他人競爭。他們更注意的是如何提高自己的能力，而不是考慮怎樣擊敗競爭者。事實上，對競爭者的能力的擔心，往往導致自己擊敗自己。多數成功人士關心的是按照自己的標準盡力工作，如果他們的眼睛只盯著競爭者，那就不一定能取得好成績。

幫助別人就是強大自己，幫助別人也就是幫助自己，別人得到的並非是你自己失去的。在一些人的固有思維模式中，一直認為要幫助別人自己就要有所犧牲；別人得到了自己就一定會失去。比如你幫別人提東西，你就可能耗費自己的體力，耽誤自己的時間。其實很多時候幫助別人，並不就意味著自己吃虧。下面的這個故事就主動地闡釋了這個道理：

有一個人被帶去參觀天堂和地獄，以便比較之後能聰明地選擇他的歸宿。他先去看了魔鬼掌管的地獄。第一眼看去令人十分吃驚，因為所有的人都坐在酒桌旁，桌上擺滿了各種佳餚，包括肉、水果、蔬菜。然而，當他仔細看那些人時，他發現沒有一張笑臉，也沒有伴隨盛宴的音樂或狂歡的跡象。坐在桌子旁邊的人看起來沉悶、無精打采，而且皮包骨。這個人發現每人的左臂都捆著一把叉，右臂捆著一把刀，刀和叉都有4尺長的把手，使它不能用來吃東西。所以即使每一樣食品都在他們手邊，結果還是吃不到，一直在挨餓。

然後他又去了天堂，這裡有同樣食物、同樣的刀、叉，然而，天堂裡的居民卻都在唱歌、歡笑。這位參觀者困惑了一下子。他懷疑為什麼情況相同，結果卻如此不同。在地獄的人都挨餓而且可憐，在天堂的人卻吃得

很好而且很快樂。最後，他終於看到了答案：地獄裡每一個人都試圖餵自己，可是一刀一叉以及4尺長的把手根本不可能吃到東西；而天堂上的每一個人都在餵對面的人，且也被對面的人所餵，因為互相幫助，結果幫助了自己。

　　這個啟示很明白。如果你幫助其他人獲得了他們需要的東西，你也會因此而得到想要的東西，而且你幫助的人越多，你得到的也就越多。

創造：如何迅速建立合作

掌握技巧，獲得合作

美國著名人際關係專家彭特斯在《合作的六大習慣》一書中說：「合作的可能性只有一條：即站在同一立場上。」由此可見，合作的技巧十分重要。

現實社會中，有好人緣的人，人們都願意與他合作；而有時情況卻恰恰相反。其實不是人緣好壞的問題，而是合作中對合作技巧的掌握是否熟練的問題。一般來說，缺少安全感的人往往堅持己見，一意孤行，處處要別人順從與附和。他們不瞭解，合作最可貴的正是接觸不同的觀點。一致並不代表團結，相同也不意味著齊心；只有團結才能互補，合作也應該尊重差異。

創造性組合不僅對事業非常重要，對個人也十分重要。凡擅長語言、邏輯，即左腦較為發達的人終會發現，有些需要創造力來解決的問題，理性是無能為力的。唯有運用久已閒置的右腦，使右腦主司的直覺與左腦相配合，協調運作，才能解決更多的問題。只有創造性的合作，才能獲得合作的成果。

合作的技巧其實很簡單，就看你是否願意去掌握它。如果總覺得自己如何了不起，而不去考慮別人的感受，是不會受到別人歡迎和喜歡的，當然就不會有「人緣」。

合作有三大技巧，即：求同存異、善用肢體語言、做一個傾聽者。掌握了這些技巧，你就可以為你自己營造一個好的合作氛圍。

四種素質，助你擁有合作精神

合作的好處頗多，那麼，該怎樣培養自己的合作精神呢？

（1）認識到你需要別人的幫助

你不是生活在真空中，你不能在與世隔絕、孤立無援中實現自我價值。把健康的競爭和合作緊密結合起來，將有助你實現你的人生抱負。

（2）把合作看成一個成功的策略

如果你能把合作看成一個成功的策略，你就能分享別人的資訊和回饋的好處。與零的理論相反，並非每一次競賽都產生失敗者，最好的結果就是雙贏。透過從合作的優點中受益，你就能成功地實現你所選擇的目標，並幫助你周圍的那些人也成功地實現他們的目標。

（3）學會重視別人

不一定要做到認為每個人都比自己重要，但至少要認為別人和自己一樣重要。最有影響力的人往往是這樣對待別人的。

（4）學會欣賞別人

人都有一種強烈的願望——被人欣賞。欣賞就是發現價值或提高價值，我們每個人總是在尋找那些能發現和提高我們價值的人。

欣賞能給人以信心，能讓對方充滿自信地面對生活。欣賞能使對方感到滿足，使對方興奮，而且會有一種做得更好，以討對方歡心的心理。如果一個員工得到經理的欣賞，他肯定會盡力表現得更好，而如果是一個小孩，得到別人的欣賞，那他的表現會令人大吃一驚。

如果你具備了以上的四種素質，就不愁找不到合作的對象了。

特長：積累總結，經驗致勝

「移植」經驗，他山之石可以攻玉

我們每個人的精力和時間都是有限的，我們不能也沒必要要求自己事事都去親身實踐，雖然這樣得出的經驗比較直觀、可信。我們完全可以透過巧妙地「移植」，來獲取我們需要的成功經驗。

把其他事物的特長和功能合理地移植過來，達到創造的目的，這一思維過程便是移植的過程。事物都是普遍相關的，巧妙地利用這種內在聯結或相關聯結，把現有知識或成果引入新的領域，往往能促使人們以新的眼光，新的角度去發現新的事實，產生新的動力。

移植就是透過舉一反三，把在某個領域裡取得的經驗移用到其他領域中去，把別人的學問轉化為對自己有用的知識。移植法是類比法的進一步延伸。為了轉移經驗，首先要善於發現不同問題的相似之處，以他山之石攻己之玉，就能取得意外的成果。

外科醫生李斯特常常痛苦地看到許多動過外科手術的病人不是死於手術，而是死於手術後的化膿潰爛。這是什麼原因呢？有一次，他看到法國化學家巴斯德的一個實驗報告：經過高溫處理的瓶子裡的肉湯，只要與外界嚴密隔離，就不會腐爛。巴斯德的原意是要證明生命不能自發地產生，但是他的發現卻使李斯特在另一方面受到了啟發。李斯特想，肉湯腐爛，一定是由於外界的腐爛進入的緣故；傷口化膿，不也是同樣的道理嗎？於

是他把巴斯德的經驗移用到醫療領域裡來，發明了外科手術的消毒法，成千上萬病人的生命由此而得到拯救。

美國發明家威斯汀豪斯為了創造一種能夠同時使用於整列火車的制動裝置，一直百思而不得其解。後來在一本專業雜誌上偶然看到一則開鑿隧道的報導，得知那裡使用的鑿岩機是由壓縮空氣驅動的。威斯汀豪斯從中得到啟發，利用壓縮空氣的原理發明了氣動剎車裝置。這也是移植經驗的一例。如果你學會了巧妙地「移植」別人的成功經驗，那麼你便可以在成功的進程中進展飛速。

經驗需要不斷的積累

獲得經驗的途徑除了「移植」，最重要的就是積累。

經驗是我們從實踐中得到的認知，是一筆非常寶貴的精神財富。對經驗的分解，我們會重新得到新的東西，經驗不斷地累積，我們的見識就在不斷地增長。

對於經驗，我們是不需要給它穿上任何外衣的。反之，我們要經常一層層剝離它，最好是在經驗的果核裡，得到經驗以外的東西。

經驗不是我們在空想的世界裡得到的。最好的經驗是在艱苦的勞作中逐漸產生出來的汗水結晶。

我們要善於在失敗中尋找經驗，雖然會為了得到經驗而創傷遍體，但創傷的內部卻包含著許多有價值的東西。而這些有價值的東西常常又是成功中所缺少的一種厚重的元素。

我們要學會主動挖掘經驗，經驗往往是在弱者與強者之間的撞擊中產生的。因而，作為弱者要勇於向強者挑戰，在挑戰中獲取新知；而作為強者也要積極向弱者學習，在弱者身上提取失敗的原因。

經驗是通往成功的捷徑之一。經驗就像一個終日忙碌的鋪路人，為你走出思維狹隘的通道，鋪墊著經過曲折打磨過的石子。

我們不要唯經驗而經驗。經驗是在不斷更新的，我們要在不斷更新的經驗中，向更新的領域進取。

當經驗是一潭死水時，我們務必遠離它；墨守成規的經驗只能讓我們做一個循規蹈矩的人。而活水裡產生的經驗是永遠取之不盡、用之不竭的。

經驗需要經過一段釀造過程，不少的經驗是要不斷地被淘汰的。我們需要運用我們智慧的頭腦提取經驗裡的精華，哪怕一百條經驗裡只有一條有價值的經驗，我們也不要濫用九十九條無用的經驗去充實我們的生活。而將這一條條有價值的經驗積累起來，日久天長，我們同樣會收穫頗豐。

羊皮卷

《鼓舞人心的剪貼本》

　　本書的作者阿爾伯特・哈伯德是美國著名的成功學家、著作家。他的思想，上承美國開國元勳富蘭克林所主張的勤儉、忠誠的商業精神，下啟當代社會學家馬克斯・韋伯宣導的財富、進取、成功的新教精神，成為美國民族精神的奠基人之一。他與富蘭克林、愛默生、林肯、卡內基一樣，被奉為美國文化的象徵和世界青年的偶像。

　　《鼓舞人心的剪貼本》是一本名字顯得十分謙遜的書。但是內容卻可以給人力量，並啟迪人們的智慧，使人們身心得到巨大的振奮。近100年來，《鼓舞人心的剪貼本》得到了很高的評價，被譽為寫給地球居民的最佳生活、工作指南。它所宣導的關於真誠、創新等思想觀念影響了一代又一代人。

念力：信念讓不可能成為可能

在諾曼‧卡曾斯所寫的《病理的解剖》一書中，講述了一則關於20世紀最偉大的大提琴家之一——卡薩爾斯的故事。這是一則關於信念創造奇蹟的故事，它會給我們帶來許多的啟示。

卡曾斯這樣寫道：

我們會面的日子，恰在卡薩爾斯90大壽前不久。我實在不忍看那老人所過的日子。他是那麼衰老，加上嚴重的關節炎，不得不讓人協助穿衣服。呼吸很費勁，看得出患有肺氣腫；走起路來顫顫巍巍，頭不時地往前顛；雙手有些腫脹，十根手指像鷹爪般地鉤曲著。從外表看來，他實在是老態龍鍾。

就在吃早餐前，他貼近鋼琴，那是他擅長的幾種樂器之一。他很吃力地坐上鋼琴凳，顫抖地把那鉤曲腫脹的手指抬到琴鍵上。

霎時，神奇發生了。卡薩爾斯突然像完全變了個人似的，顯出飛揚的神采，而身體也開始活動並彈奏起來，彷彿是一位神采飛揚的鋼琴家。

他的手指緩緩地舒展移向琴鍵，好像迎向陽光的樹枝嫩芽，他的背脊直挺挺的，呼吸也似乎順暢起來。彈奏鋼琴的念頭完完全全地改變了他的心理和生理狀態。當他彈奏巴哈的曲目時，是那麼純熟靈巧，絲絲入扣。隨之他奏起勃拉姆斯的協奏曲，手指在琴鍵上像游魚輕快地滑著。他整個身子像被音樂融解，不再僵直和佝僂，代之的是柔軟和優雅，不再為關節

炎所苦。在他演奏完畢，離座而起時，跟他當初就座彈奏時全然不同。他站得更挺，看來更高，走起路來雙腳也不再拖著地。他飛快地走向餐桌，大口地吃著，然後走出家門，漫步在海灘的清風中。這就是信念所創造的奇蹟。

我們常把信念看成是一些信條，而它就真的只能在口中說說而已。但是從最基本的觀點來看，信念是一種指導原則和信仰，讓我們明白人生的意義和方向，信念是人人可以支取，且取之不盡的；信念像一張早已安置好的濾網，過濾我們所看到的世界；信念也像腦子的指揮中樞，指揮我們的腦子，照著所相信的，去看事情的變化。卡薩爾斯熱愛音樂和藝術，那不僅會使他的人生美麗、高貴，而且還會帶給他神奇的力量。就是信念，讓他每天從一個疲憊的老人化為活潑的精靈。說得更玄些，是信念讓他活下去。

可以說，信念是一切奇蹟的萌發點。

羅傑‧羅爾斯是美國紐約州歷史上第一位黑人州長，他出生在紐約聲名狼藉的大沙頭貧民窟。這裡環境骯髒，充滿暴力，是偷渡者和流浪漢的聚集地。在這裡出生的孩子，耳濡目染，他們從小翹課、打架、偷竊甚至吸毒，長大後很少有人從事體面的職業。然而，羅傑‧羅爾斯是個例外，他不僅考入了大學，而且還成為了州長。

在就職記者招待會上，一位記者向他提問：是什麼把你推向州長寶座的？面對300多名記者，羅爾斯對自己的奮鬥史隻字未提，只談到了他上小學時的校長——皮爾‧保羅。

1961年，皮爾‧保羅被聘為諾必塔小學的董事兼校長。當時正值美國嬉皮流行的時代，他走進諾必塔小學時，發現這裡的窮孩子比「迷惘的一代」還要無所事事。他們不與老師合作，曠課、鬥毆，甚至砸爛教室的黑

板。皮爾‧保羅想了很多辦法來引導他們，可是沒有一個是奏效的。後來他發現這些孩子都很迷信，於是在他上課的時候就多了一項內容——為學生看手相。他用這個辦法來鼓勵學生。

當羅爾斯窗臺上跳下，伸著小手走向講臺時，皮爾‧保羅說：「我一看你修長的小拇指就知道，將來你是紐約州的州長。」當時，羅爾斯大吃一驚，因為長這麼大，只有他奶奶讓他振奮過一次，說他可以成為5噸重小船的船長。這一次，皮爾‧保羅先生竟說他可以成為紐約州的州長，著實出乎他的預料。他記下了這句話，並且相信了它。

從那天起，「紐約州州長」就像一面旗幟，羅爾斯的衣服不再沾滿泥土，他說話時也不再夾雜污言穢語。他開始挺直腰桿走路，在以後的40多年間，他沒有一天不按州長的身分要求自己。51歲那年，他終於成了州長。

由上述例子可見，不是環境也不是遭遇能夠決定一個人的一生，而要看他對這一切賦予什麼樣的意義，這不僅會決定他的現在，而且會決定他的未來。人生到底是喜劇收場還是悲劇落幕，是豐豐富富的還是無聲無息的，就全在於這個人持有什麼樣的信念。信念就像指南針和地圖，指引我們去實現我們的人生的目標。沒有信念的人，就像少了馬達缺了舵的汽艇，不能動彈一步。所以人生在世，必須得有信念的引導。信念會幫助你看到目標，鼓舞你去追求，激勵你去創造你想要的人生。

我們對人類行為知道得越多，就越發現信念影響我們的非凡力量。在美國，曾有這樣一宗對精神分裂症的研究案例，一位具有雙重人格的女性，她血液中血糖完全正常，但她相信自己患有糖尿病，結果她的生理狀況就真的顯示出糖尿病的症候。

在類似的實驗中，有許多人在催眠狀況下接觸一個冰塊，然後告訴他們是一塊燒紅的金屬，結果在其接觸身體的部位就真的出現了疼痛反應。

以上的例子說明了一個事實，那就是信念的影響力量巨大。信念不斷地把資訊傳給神經系統，造成期望的結果。所以，如果你相信會成功，信念就會鼓舞你走向成功；如果你相信會失敗，信念也會讓你經歷失敗。既然這兩種信念都有很大力量，那麼我們該擁有哪種信念？如何去培養它呢？

走向成功的第一步，就是知道我們的信念是可選擇的。你可以選擇束縛你的信念，也可以選擇扶助你的信念。成功的要訣就在於，選擇能引導你前進的信念，丟掉會扯你後腿的信念。

寬度：信念決定生命的意義

做人最要緊的是心存信念，只要擁有信念，即便是身處寒冬，也能感受到春天的腳步正向你走來；如果沒有信念，即便是生活在幸福的天堂，也會過得索然無味。看看我們身邊的人，也許他青春年少，也許他身體強壯，也許他學富五車，也許他腰纏萬貫，但是，這一切並不能代表他們的心一定是活著的。心已經死了，就算擁有一個健康青春的身體，做人也沒有多大意義。只要擁有一個信念，那麼心就不會死；心不死，思想就不會死；思想不死，人就永遠是活躍的、生動的、前進的。不管我們的人生之路多麼陰沉黑暗，我們絕不能容許自己有一絲一毫的動搖。

缺乏信念，會對周圍的一切都抱以否定的態度，會覺得一切都是虛無縹緲、毫無意義的，他們享受不到幸福與成功的感覺，久而久之，也會對自我產生否定。如果你總是自我評價過低，如果你總是貶低自己，當你和別人打交道時，就別指望對方會尊重你。因為人們通常不會尊重一個沒有生活信念的人的。

自我評價過低的人，很少能完成一件大事情。你的成就不會超過你的期望。如果你期望自己能成功，如果你要求自己成就一番事業，如果你對自己的工作有更大的抱負，那麼，與自我貶低和對自己要求不高的人相比，你會更勝一籌。

如果你認為自己處境不利，如果你認為自己處處不如其他人，如果你認為自己不能獲得別人那樣的高成就，那麼你就無法克服前進道路上的重

重阻礙。

　　不斷地自我貶低的人，總是認為自己不過是活在塵世間一條可憐蟲的人，總是認為自己絕無可能取得任何成就的人，會給別人留下相應的印象，因為你認為自己怎麼樣，在別人看來你也就是那個樣子。

　　你對自己，對自己的能力、地位、重要性和社會角色的評價，都會在你的表情上顯現出來，都會從你的行為舉止、言談交往中顯現出來。

　　如果你感覺自己非常平庸，你就會表現得非常平庸。如果你不尊重你自己，你會將這種感覺寫在你的臉上。如果你自我感覺欠佳，如果你對自己總有喋喋不休的意見，那麼，除了你將遵照你不斷強調的這種認識行動外，你還能希望什麼呢？還能期待什麼呢？

　　如果你對自己的前途有更清醒的認識，如果你對自己有更大的信心，那麼，你會取得豐碩成果的。為什麼你要畏首畏尾地追隨別人，哭哭啼啼做人家的跟屁蟲呢？為什麼你總是亦步亦趨地去模仿別人，而不敢求助於你本身的靈魂或思想呢？

　　信念是人的生命得以閃光的火花，信念的火花一旦熄滅，人的生命就不會再有閃光點了。人的生命如不以信念為寄託，就會逐漸萎縮以至枯槁。

　　我們知道，平庸的思想遠不如高尚的信念所產生的有效力量強大。如果你的信念已形成了高尚的自我評價，你身上所有的力量就會緊密地抱成一團，幫助你實現夢想。夢想總是跟著人的信念走，總是朝著生命確定的方向走。

　　人的整個生命過程一直都在複製其心中的理想圖景，一直都在複製其心中為自己描繪的畫像。沒有哪一個人會超越他的自我評價。如果有天才相信他會變成一個白癡，並且他一直那麼想，那他就會真的成為一個白

癡。一個人目前的整體能力是不是很強關係不大，因為他的自我評價將決定他的努力結果，決定他是否能取得成功。一個對自己信心很強但能力卻平平的人所取得的成就，常常會比一個具有卓越才能但信心不足的人要多得多。

　　一個人生活的意義，生命的意義，全在於信念的意義。信念的核心意義就是：啟動人的生命並為生活增強信心。所以，生命的閃光其實是信念的閃光，生命的可貴其實也是信念的可貴。

管道：找到信念的源頭和途徑

　　每一個人都是自己思想的產物，信念就是調節我們生活的槓桿。有的人常常輕視自己，在別人眼中他就更渺小；相反地，有的人相信自己的人生價值，他們就更容易得到別人的認可，在社會中擔負更重的責任。

　　當你以堅強的信念向成功發起衝擊，成功的可能性會更大，若不是這樣，成功的機率將大大縮小、有些人就是在自怨自艾中度過平庸的一生。

　　美國學者威傑爾說過：「**人們之所以能夠完成一些看來似乎不能完成的事業，是因為人們一開始就相信自己能夠做到。**」這段話言簡意賅地闡釋了信念對於追求成功的巨大作用。因此，建立堅定的信念是一項極為重要的基礎性工作。瞭解產生信念的源頭，有利於我們建立信念。這些產生信念的源頭包括：

　　（1）所處環境

　　環境的優劣好壞，直接孕育出成功的良性循環或失敗的惡性循環。如果你所處的是一個幸福美滿、無憂無慮的環境，那麼你就會自然而然地去模仿美滿幸福和輕鬆自在；如果你生活在一個貧困潦倒、自私粗暴的環境，那麼你多半也會模仿貧困潦倒和自私粗暴。偉大的科學家愛因斯坦曾經說過：「在社會環境的誤導下，很少有人能夠表達出公正的意見。最為可怕的是，半數以上公眾連公正為何物都不知道。」

　　在對一百位年輕而出色的運動員、音樂家和學生進行研究、探討之後，調查者得出了一個令人十分驚訝的結論。他們發現，在這群佼佼者

中，絕大多數都不是天賦異稟、在童年就嶄露頭角的天才人物。他們之所以擁有現在的傲人成績，是因為受到了悉心的照顧、引導和循循善誘，其才華因此才得以表現並良好地施展。重要的是，在他們還默默無聞的時候，頭腦裡便被灌輸了「他日必當出人頭地」的強烈信念。

顯而易見，信念的產生並強化，環境發揮引導的重要作用。但是，有一點要明確，環境不管優劣，都有雙重作用。過於優越的環境也容易使人缺乏拚搏向上的氣概，這對於信念的建立反而有害。不好的環境裡也能使有志者產生強烈的超越激情，從而樹立起與命運頑強抗爭的堅定信念。

（2）大膽實踐

畏首畏尾是缺乏信心的重要特徵。自己有一萬個好的想法，卻不敢付諸實施，這些好想法一個也不會實現。但只要有一次成功的實踐，你追求成功的信念就會很快建立起來。

（3）知識積累

經驗和閱歷也是一種知識，另外的知識則可以透過閱讀、觀賞影視作品得到。知識就是力量，知識就是擺脫逆境、創造美好人生的利劍。不論你身處何種艱難險阻、困苦不堪的惡劣環境，只要你相信知識，你就能夠產生拚搏奮鬥直至成功的堅定信念。

有了充足的知識和嫻熟的技藝，你無論走到哪裡都會感到信心十足，成功對於你來說，也只是早晚的事。

（4）成功經驗

過去的成功經驗是你堅定信念的重要基礎。自己到底是能還是不能，最直接最有效的檢驗方法就是實際去嘗試一下。一旦你成功了，能夠再次成功的堅定信念就會牢牢地銘刻在心底。

當你剛剛接受一項全新的任務或準備學習一門新的知識和技能時，往

往擔心會出現失敗的結果，信心很容易產生動搖。此時，你應當盡力回憶你過去的成功經歷，哪怕是一次小小的成功體驗，都能產生巨大的推力，它會告訴你：那件事我都幹得很漂亮，這項工作我也一定能成功。從而使你找回自信。

（5）想像成功

想像是你人生最偉大的資源。偶爾的一兩次成功，可以有效地改變你的看法，同理，利用假想中的成功，也可幫助你達成夢想。如果你所處的環境死氣沉沉，毫無生機與活力，此時的你就可以利用假想，把周圍的情況假想成生機勃勃，處處充滿著有利的時機和優越的條件。你自己則全身心地投入其中，這時的你，心境處於最佳狀態，信心十足，就會充滿幹勁地忙碌著。

這5點是產生信念的源頭，同時也是建立信念的途徑。只要你充分理解，多加利用，必能建立堅定的信念。

堅持：成功需要永恆的信念

我們都知道，成功者正是那些堅持自己信念的人。

決定你是否處於最佳狀態的最直接因素便是你的信念。當你的心靈只為一種可能的結果所盤踞時，你的心靈將會產生一種魔力。你的思考過程和整個神經系統會將一切的力量都凝聚於這個結果。

能利用心靈力量讓自己的表現更好嗎？當然可以。你可以重複地告訴自己——「我能做到！我能做到！我能做到！」且在一邊重複這句話的同時，想像著你所要達到的水準。不要讓任何相反的念頭竄入你的心理，忘掉它們。勝利者永遠只想著勝利。

信念會在許多方面以各種方式影響我們的心理和生理，讓我們更確定成功的到來。我們的心理和生理會呈現出最佳的狀態：進取心更強、更為專注、注意力更為集中、擁有更多精力以及追求勝利的堅強意志和決心。

相信自己會失敗的人，總是絕對相信不好的結果一定會發生，所以他們並不缺乏信心。他們的錯誤在於總是將自己的滿腔信心放在不想要的事情上。唯有我們所堅信的思想最後才會落實在我們的生活中，這是因為潛意識只接受我們所相信的事物。若想要瞭解我們自己現在擁有哪些堅定的信念，我們只需好好去檢視一下自己的各個生活層面——我們的健康、家庭、職業、朋友、活動以及所擁有的事物等。

我們的信念是非常重要的。它代表了我們在過去針對自己及世界，以及我們期望或不期望去做的事所做的決定。只要我們不去挑戰這些信念，

它們的影響就會繼續出現在我們的生活中，繼續控制我們的思想，並且主導我們的行為，進而決定我們的實際表現。對於我們在既有的生活層面中所表現出來的樣子，我們在此方面的潛能僅有小部分的作用，事實上，最大的因素是在於我們那根深蒂固的信念。

我們知道我們的每一個中心信念都是一種選擇，而新的信念可能會為我們的表現帶來一次質的飛躍。因此，到底有哪種方法能讓我們改變中心信念，讓我們往前邁進呢？這裡有六個經過證實的方法，能用以改變我們關於自己及我們的世界的中心信念：

（1）重新思考

這是對於我們長期以來的信念的一次重新評估。找一個你現在所擁有關於你自己的一個中心信念，例如：

你至今仍堅決地相信——「我永遠沒希望去成為某種人，去做有意義的事，或是去擁有值得擁有的東西——無論如何都不可能。」你一定得好好地問問自己為什麼會有這樣的想法。這就叫做重新思考。

（2）積極暗示

也就是你的自言自語。停止再告訴自己負面的事，那只會讓你更沮喪。以相反的方法去重說一遍同樣的話，並注意這將帶給你截然不同的效果。把「我沒辦法公開演講……」改成「我能公開演講，因為……」成為你自己的最佳打氣者：「我是最好的！我是最好的！」當然，你就一定能成為最好的。

（3）重估形象

運用你的想像力。在某件你已知自己很擅長的事上，你是否能想像自己成功的情景？現在，使用同樣的方式去想像在某件你想要做好的事上已獲得成功的情景。這是一個驚人的事實：一個栩栩如生、詳細的想像對於

我們的腦部所產生的影響，會比真實的生活經驗多出10～60倍。你能逐步地想像你的成功之路，而我們知道沒有任何事會像成功一樣成功。

（4）調整生理機能

你的生理機能包括聲音腔調、面部表情、肢體語言、肌肉形態以及呼吸方式。你已經發展出有關正面情緒，如快樂、興奮、平靜及自信的生理機能。同樣地，你也已發展出負面情緒，如悲傷、煩悶、沮喪、焦慮和自我懷疑的生理機能。你只需選擇你想要的特定情緒，然後據此調整你的生理機能。

（5）擇善而知

你應該去接觸會激發你的動機的書籍、研討會以及錄音帶。使用這些你在生活中所能接觸到的正面事物來鼓勵自己。做一個學習成功的終生學生。

（6）探求成功之道

「三人行，必有吾師。」因此，我們應該去向成功者探求成功之道。你如何發現他們知道什麼？你必須一問；二聰明地問；三問對人；四盡可能去問更多的人；五永遠保持一個開闊的心胸——讓自己成為可造之材。去接觸其他人、書本、研討會——讓自己沉浸在正面的環境中。

每一位在成功路上艱難跋涉的人，請相信你內心的力量是獲得成功的最有力的武器。只要成功的信念如一，每個人就都會擁有成功的心理基礎。

慷慨：真誠的種子

真誠的魔力

人是很容易被感動的，而感動一個人靠的未必都是慷慨的給予，巨大的投入。往往一句熱情的問候，一個溫馨的微笑，就足以喚醒一顆冷漠的心。

20世紀30年代，在德國的一個小鎮，有一個猶太傳教士，每天早晨總是按時到一條幽靜的小路上散步。不論見到誰，他總會熱情地打一聲招呼：早安！

小鎮上一個叫米勒的年輕人，對傳教士每天早晨的問候，反應很冷淡，甚至連頭都不點一下。然而，面對米勒的冷漠，傳教士未曾改變他的熱情，每天早晨依然向這個年輕人道早安。幾年以後，德國納粹黨上臺執政。傳教士和鎮上的猶太人，都被納粹黨集中起來，送往集中營。下了火車，列隊前行的時候，有一個手拿指揮棒的軍官，在佇列前揮舞著指揮棒，叫道：「左、右。」指向左邊的將被處死，指向右邊的則有生還的希望。輪到點傳教士的名字了。當他無望地抬起頭來，眼睛一下子與軍官的眼睛相遇了。傳教士不由自主地脫口而出：早安，米勒先生。

米勒雖然板著一副冷酷的面孔，但仍禁不住說了一聲：早安。聲音低得只有他們兩人才能聽到。然後，米勒果斷地將指揮棒往右邊一指。

於是，傳教士獲得了生存的希望……

由此可見，有時一個人的真誠可以擊敗許多不幸。因為對於人的生命而言，要生存，只需簡單的衣食足矣。但對於事業，就需要寬廣的胸懷，不屈服的意志。這就是真誠的魔力。

打動人的是真誠

一個人只要真誠，總能打動人。以誠待人，能夠在人與人之間架起一座信任的心靈之橋，通往對方心靈彼岸，從而消除猜疑、戒備心理，彼此成為知心朋友。

一個富翁假裝生病住進了醫院。過了幾天，他痛苦地向醫生傾訴：「很多人都來醫院看我。但我看得出，我的親人們是為分配我的遺產而來的；與我有來往的那些朋友，不過是當做一種例行的應酬罷了；還有幾個平素與我不和睦的人，我想他們是聽到我病重的消息，來看熱鬧的⋯⋯」

醫生反問道：「為什麼你總是苦於測試別人對自己是否真誠，而從來不測試自己是否對別人真誠呢？」

富翁啞然無語。

凡是動了測試念頭的，大都是一些疑心很重又自以為是的人。他們懷疑友誼的真誠、親人的牽念、愛人的忠貞，絞盡腦汁地設計出種種「圈套」讓自己最親近的人去鑽。弄得自己痛苦，別人難受。

真誠乃是為人的根本。取得巨大成就的人都有許多共同的特點，其中之一就是為人真誠。道理其實很簡單，因為如果你是一個真誠的人，人們就會瞭解你、相信你，不論在什麼情況下，人們都知道你不會掩飾、不會推託，都知道你說的是實話，都樂於接近你，因此也就容易獲得好人緣。

美國心理學家安德森曾經做過一個試驗，他制定了一張表，列出550個描寫人們品性的形容詞，讓大學生們指出他們所喜歡的品性。試驗結果

明顯地表明，大學生們評價最高的性格不是別的，正是「真誠」。在8個評價最高的形容詞中，竟有6個（真誠的、誠實的、忠實的、真實的、信得過的和可靠的）與真誠有關，而評價最低的是說謊、欺騙和不老實。

安德森的這個研究結果具有現實意義。在交往中，人們總是喜歡誠懇可靠的人，而痛恨和提防口是心非、虛偽陰險的人。真誠無私的品格能使一個外表毫無魅力的人增添許多內在的吸引力。人格魅力的基點就是真誠。待人心眼實一點，守信一點，能更多地獲得他人的信賴、理解，能得到更多的支持、幫助和合作，從而獲得更多的成功機遇，最後將會脫穎而出，點燃閃亮人生。

心理學研究指出，任何人的內心深處都有內隱閉鎖的一面，同時又有開放的一面，希望獲得他人的理解和信任。不過，開放是定向的，即只向自己信得過的人開放。以誠待人，能夠獲得人們的信任，發現一個開放的心靈，經過努力得到一位用全部身心幫助自己的朋友。這就是用真誠換來真誠，如果人們在發展人際關係，與人打交道時，去除防備、猜疑的心理，代之以真誠，那麼就能獲得出乎意料的好結果。

以誠待人必須光明正大、坦蕩無私，一旦發現對方有什麼缺點和錯誤，尤其是有關他的事業的缺點和錯誤，要及時地加以指出，並督促其改正。儘管人人都不喜歡被別人批評，但只要你是站在對方的立場上替對方著想，便能得到理解和接受，使彼此心靈得以溝通，使友情得到發展。

當然，以誠待人，應當知人而交，當你決定拋出赤誠之心時，應看看站在面前的是何許人也，不應該對不可信賴的人敞開心扉。否則，將會適得其反。

英國專門研究人際關係的卡斯利博士這樣指出：大多數人選擇朋友是以對方是否出於真誠而決定的。人與人之間融洽的感情是心的交流。肝膽

相照，赤誠相見，才會心心相印。歲月的流逝，時代的變遷，並沒有減弱「真誠」在友誼宮殿中的光澤。

我們應充滿真誠，離開了真誠，則無友誼可言。一個真誠的心聲，才能喚起一大群真誠人的共鳴。要做到對人真誠並不難，重要的是對人感興趣，並真摯關心別人。

勇氣：擁有自信，收穫勇敢

一個窮人為農場主搬東西的時候，失手打碎了一個花瓶。農場主要窮人賠，窮人哪裡能賠得起？

窮人被逼無奈，只好去教堂向神父請教。神父說：「聽說有一種能將破碎的花瓶黏起來的技術，你不如去學這種技術，只要將農場主的花瓶黏得完好如初，不就可以了嗎？」窮人聽了直搖頭，說：「哪裡會有這樣神奇的技術？將一個破花瓶黏得完好如初，這是不可能的。」神父說：「這樣吧，教堂後面有個石壁，上帝就在那裡，只要你對著石壁大聲說話，上帝就會答應你的。」

於是，窮人來到石壁前說：「上帝請您幫助我，只要您幫助我，我相信我能將花瓶黏好。」話音剛落，上帝回答了他：「能將花瓶黏好。」於是窮人信心百倍，辭別神父，去學黏花瓶的技術去了。

一年以後，這個窮人透過不懈的努力，終於掌握了將碎花瓶黏得天衣無縫的本領。他真的將那花瓶黏得像沒破時一樣，還給了農場主。他想感謝上帝，於是又去了教堂。神父將他領到那座石壁前，笑著說：「你不用感謝上帝，你要感謝就感謝你自己吧。因為是你的自信使你變得有勇氣去完成你認為不可能完成的事情。你就是你自己的上帝。」

你就是你自己的上帝。只要你有信心，上帝隨時會在你身邊。

信心是一切成就自己強項的基礎。在你自信能完成一件事情的時候，會有一種巨大的力量。對自己有極大信心的人不會懷疑自己是否處在合適

的位置上，不會懷疑自己的能力，更不會擔心自己的未來。

處於信心庇護下的人能從束縛、擔憂和焦慮中解放出來。你有行動的自由，你的能力就可以自由發揮，而這兩種自由對取得巨大成就是必不可少的。你的思想受到擔憂、焦慮、恐懼或無把握感的束縛和妨礙時，你的大腦就不能有效地指揮你去完成工作。同樣，當你的身體受到束縛時，你的身體機能也不可能最有效率地開展工作。對絕佳的腦力工作而言，思想的自由是絕對不可少的。不確定感和懷疑心態是集中心志的兩大敵人，而集中心志是一切成就的祕密之所在。

信心是一塊偉大的基石。在人們作出努力的所有方面，信心都能造就奇蹟。在《聖經》中，「你的成功取決於你的信心」這一觀念一再得到重申。正是信心使你的力量倍增，更使你的才能增加數倍；而如果沒有信心，你將一事無成。即使你是一個強有力的人，一旦你對自己或對自己的才能失去信心，那你就會被迅速地剝奪一切力量，變得不堪一擊。

信心是主觀和客觀之間，或者說是你的靈魂與肉體之間的一個巨大的聯結。信心能開啟守衛生命真正源泉的大門，正是藉助於你的自信，你才能發現你是多麼的勇敢。

你的人生是輝煌還是平庸，是偉大還是渺小，與你自信的遠見和力量成正比。

有時候你會不「相信」你的信心，因為你不知道信心為何物。

信心其實是一種精神或心理能力，這種東西不能被猜測、想像或懷疑，但能被感知；它能洞悉全部人生之路，而其他的心理能力則只能看到眼前，不能深謀遠慮。

信心能提升你的素質，對你的理想也有十分重大的影響。信心能使你站得更高，看得更遠，能使你站在高山之巔，眺望遠方看到充滿希望的大

地。信心是「真理和智慧之光」。

造就那些偉大發現的往往是高貴信心而非任何懷疑畏難情緒。是信心，是高貴的信心一直在造就偉大的發明家和工程師，以及各行各業辛勤努力而又成績斐然的人們。

那些對將來絲毫不存恐懼之心的年輕人往往都是深信自己能力的人。自信不僅僅只是困難的剋星，而且還是貧窮的敵人，是擺脫窮貧最好的資本。無資財但有巨大自信心的人往往能鬼斧神工般地創造奇蹟，而光有資財卻無信心的人則常常招致失敗。

如果你相信自己，那麼與你貶損自己、缺乏信心相比，你更可能取得巨大的成就。

如果你能衡量自己的信心大小，那麼，你便能據此好好地估計自己的前途。信心不足的人不可能發掘強項，不可能成就大事。如果你的信心極弱，那你的努力程度也就微乎其微。

阿爾伯特‧哈伯德曾經說過：「*如果僅抱著微小的希望，那麼也就只能產生微小的結果。*」人是有著無限力量的，當你發揮出你的個性時，最能使人生有所發展。你的能力都深深地埋在地下，若能把它挖掘出來，發展下去，人生就會有驚人的發展，不可能的事也會陸陸續續地變成可能。但是，這要看你是否有勇氣選擇自己應該走的路。而這種勇氣就來自於你的信心。你有了某種決心，並且相信有實現的可能性時，各方面的東西都會動起來，把你推向實現的方向。

不管你現在處在何種惡劣的環境中，都不要被環境打垮，而是要更加努力奮發，向著更大的目標挑戰。競爭時代，適者生存，同時也為每個人提供了廣闊的舞臺，只有知難而進，用自己的心去走路，踏踏實實地一步一個腳印地走，才能發挖出自身的價值，創造出屬於自己的一片天地。

能力：創新靠挖掘，靠培養

創新能力不是與生俱來就非常強的，它往往是一種潛藏的能力，它可以透過後天有意識的培養而得到增強。

創新意識是創新能力的基礎。創新意識是指人們根據社會發展的需要，引起創造以前不曾有的事物或思想的動機，並在創造中表現出自己的意向、願望和設想。它是人們進行創造活動的出發點和內在動力，是創造性思維產生的前提。創新意識包括創造動機、創造興趣、創造情感和創造意志。創造動機是創新活動的動力因素，它能推動和激勵人們發動和維持創新活動；創造興趣能促進創新活動的成功，是促進人們積極尋求新奇事物的一種心理傾向；創造情感是引起、推進乃到完成創新的心理因素，只有具備正確的創造情感才能創新成功；創造意志是在創新中克服困難、衝破阻礙的頑強毅力和不屈不撓的精神，是心理因素，具有目的性、頑強性和克制性。

創新意識是創造性人才所必須具備的，培養創造性人才的起點是創新意識的培養和開發。而創新意識實際上是要我們改變傳統的思維方式，改變傳統的提出問題、思考問題的方式。在這個多變的時代，如果做不到這一點，即便是擁有了最新的知識，也有可能在激烈的競爭中被淘汰。今天你如果不生活在未來，那麼明天你將生活在過去。這絕不是危言聳聽，在新的時代，由於新舊事物更替速度倍增，我們的思維方式也必須順應形勢的需要，對各種事物多用異樣的眼光審視它，多從不同的角度觀察它。

愛因斯坦曾經分析過創新的機制，他認為創新機制就是：由於知識的繼承性，在每個人的頭腦裡都容易形成一個比較固定的概念世界，而當某一經驗與這一概念世界發生衝突時，驚奇就會產生，問題也開始出現。而人們擺脫「驚奇」和消除疑問的願望便構成了創新的最初衝動，因此，「提出問題」是創新的前提。而恰恰是這個「提出問題」的環節，對我們來說可能非常困難。也許你認為個人的觀念帶有很強的主觀性，容易隨各種環境、形勢、條件等變化而變化，但實際上並非如此。相反的是，一旦某種觀念在我們的頭腦中形成，要改變甚至放棄這種觀念將是異常艱難的，但是我們又必須克服這種困難。因此在未來的時代，新事物、新觀點、新概念的出現是如此之多又是如此之快，我們幾乎每時每刻都受到「更新」的劇烈衝擊。別人更新，我們要接受，就必須更新自己舊有的東西；我們要挑戰、要競爭、要勝利，就更需要更新自己舊的東西和屬於他人的東西。怎麼辦？關鍵的就是要學會創新。

　　諾貝爾物理獎獲得者朱棣文在接受記者採訪時，曾說過這樣一句話：**「科學的最高目標是要不斷地發現新東西，因此，要想在科學上取得成功，最重要的一點就是要學會用與別人不同的方式、別人忽略的方式來思考問題。」**對我們每個人來說，不僅僅是在科學上，而且在任何一個領域、任何一項事業中都必須學會用與別人不同的方式來思考問題，學會用別人忽略的方式來思考問題。

　　創新意識的形成不是一蹴而就的，它需要我們長期地培養。按照著名經濟學家熊彼得的說法，創新的核心含義是「引入新要素」「實現新組合」。他認為創新就是要求在原有框架中引入新要素，因而必然包含著對舊有的「創造性破壞」。這對於我們開發，培養創新意識是有啟迪的。我們在接觸一個事物、思考一個問題的時候，要養成敢於打破常規，從別人

認為是荒誕的、離奇的、不可思議的角度出發思考問題的習慣，大膽引進新的東西。另有人指出：觀念的創新實際上是「舊成分的組合」。這也提醒我們在思考問題的時候，可以大膽地進行組合新組的設想。只要我們有意識地按照上述的原則來鍛煉自己多角度、多維度、多種類地分析思考問題，創新意識就會逐漸地扎根於我們的頭腦之中，我們也會自覺不自覺地以創新的眼光安排、設計我們的一切。

我們已經知道，根據心理學家的研究，創新能力是人類特有的綜合能力，構成其心理學基礎的主要包括適宜的知識結構、創造性思維和適宜於創造的優良個性。這項原理告訴我們，要開發、培養、增強自己的創新能力，就要從以下兩方面入手：

（1）要打下扎實寬闊的知識基礎，重視知識更新和優化知識結構。

（2）要積極開發創造性思維。

預見：規劃好未來

預見未來的自己

做人應該對自己的未來有所預見，否則就可能招至麻煩或使自己陷入險境。

西元前415年，雅典人準備攻擊西西里島，他們以為戰爭會給他們帶來財富和權力，但是他們沒有考慮到戰爭的危險性和西西里人抵抗戰爭的頑強性。由於求勝心切，戰線拉得太長，他們的力量被分散了，再加上面對著所有聯合起來的敵人，他們更難以應付了。雅典的遠征導致了歷史上最偉大的一個文明的覆亡。

一時的心血來潮引起了雅典人的滅頂之災，勝利的果實的確誘人，但遠方隱約浮現的災難更加可怕。因此，不要只想著勝利，還要想著潛在的危險，這種危險可能是致命的。不要因為一時的心血來潮而毀滅自己。

無法預見自己未來的人，往往會被眼前的利益蒙蔽住雙眼，而看不到遠方的危險，他們的力量會在這個過程中喪失。所以，要學會高瞻遠矚，培養自己預見未來的能力。

感覺經常會欺騙自己，那些自認為擁有預見未來能力的人，事實上只是屈服於欲望，沉湎於自己的想像而已。他們的目標往往不切實際，會隨著周圍狀況的改變而改變。

1848年的法國大選實際上是梯也爾和卡芬雅克將軍之間的較量。梯也

爾把偉大的拿破崙將軍的侄孫——路易・波拿巴扶上臺，企圖讓他成為自己的傀儡。路易・波拿巴看起來沒有絲毫優越的地方，但是他的姓氏讓人民以為他是一個強有力的統治者。最後波拿巴在大選中以極大的優勢獲勝了。

但是梯也爾沒有預見到波拿巴的勃勃野心，三年後波拿巴解散了國會，自立為帝，解除了梯也爾的職位。梯也爾為以前所做的事後悔莫及。

過程並不重要，重要的是結果。要時刻保持清醒的頭腦，考慮到一切存在的可能，根據變化隨時調整自己的計畫。世事變幻莫測，過分苛求一項計畫是不明智的，一旦未來會出現的種種可能得到了檢驗，就應該確定自己的目標，同時要明智地為自己準備好退路；實現自己的目標可以有多種途徑，不必抓住一個不放。

做任何事都要建立在對未來有所預見的基礎上，這樣才能引導你控制自己的情緒，並且不會受到其他情況的誘惑。許多人功虧一簣就是因為對未來沒有預見，頭腦模糊，意識不明確。

有的人認為自己可以控制事態的發展，但是在實施的過程中往往因為思想模糊不清而失敗。他們計畫得太多，不懂得隨機應變，沒有預見的計畫是沒有什麼好處的。未來是不確定的，計畫在不確定因素面前無能為力，所以，必須擁有確定的目標和長遠的計畫再加上隨機應變，這樣才能取得成功。

錯誤是可以避免的，你總能看到一點蛛絲馬跡來預防錯誤。計畫一定要周密，要有明確的目標，模糊的計畫只會讓你在麻煩中越陷越深。預見未來的能力要不斷地探索才能逐漸培養起來的。

未來是不確定的，計畫在不確定因素面前也無能為力，所以你必須隨機應變，前提就是你必須擁有確定的目標和長遠的計畫。

發揮才能，創造未來

美國著名學者鄧尼斯・威特勒教授透過對奧林匹克運動員、商業界總經理、政府領導人等的多年研究，發現他們與普通人最大的區別就在於他們對成功的態度——他們都具有自信心，相信自己能夠創造自己的未來。

威特勒教授指出，普通人要想建立像這些成功人士一樣相信自己能夠創造未來的信心也不難，只要按照以下三點去做就可以了。

（1）要有勇氣改變自己的命運

種瓜得瓜，種豆得豆。我們所得的報酬取決於我們所做的貢獻。你也許會因自己在生活中的位置或者榮獲讚譽或者蒙受恥辱。有責任心的人關注的是那些束縛自己的枷鎖，在關鍵時刻，宣告自己的獨立。

喬・索雷蒂諾在市中心的居民區長大，是一群小流氓的頭，並在少年教養院待過一段時間。但是，他一直記著一位中學教師對他在學術方面能力的信任。他覺得他成功的唯一希望就是拋開他那可憐的中學歷史，完成學業。於是，他在20歲的時候重返夜校，繼續在大學就讀，並在那裡以優異成績畢業。接著，他又全修了哈佛法學院的課程，成了洛杉磯少年法庭的一位出色法官。假如喬・索雷蒂諾沒有勇氣改變自己的命運，那麼，這一切都是不會發生的。

（2）發現自己的才能，並不屈服於任何人

在莎士比亞的名劇《哈姆雷特》中，大臣波洛涅斯告訴他的兒子：「至關重要的是，你必須對自己忠實；正像有了白晝才有黑夜一樣，對自己忠實，才不會對別人欺詐。」波洛涅斯勸告兒子要根據自身最堅定的信念和能力去生活——去正視不同的世界，但是，必須尊重他人的權利。

然而，大多數人總發現自己在猶豫之中。怎樣做才能不虛度一生？

怎樣才能知道自己選擇了合適的職業或恰當的目標呢？威特勒教授的研究結果和經歷證實，與其讓雙親、老師、朋友或經濟學家為我們制訂長遠規劃，還不如自己來瞭解一下我們「擅長」做什麼。

（3）適應而不是逃避現實

能力與一個人的事業、思想和身體素質關係密切。壓力之下，我們許多人會變得沮喪，失去對生活的嚮往和追求，而沉溺於酗酒，大量地吸菸或依賴鎮靜藥劑，以幫助我們抗奮。酒精和其他藥物可以暫時減少我們對失敗和痛苦的畏懼心理，但也阻礙了我們去學會承受這些壓力。

適應生活壓力的最好方法之一就是簡單地把它們作為正常的東西加以接受。生活中的逆境和失敗，如果我們把它們作為正常的回饋來看待，就會幫助我們增強免疫力，防禦那些有害的反應。

約翰‧加德納在他的《自我恢復》中指出：生活中成功者的成長不是靠運氣，而是源於理智。他們追求成功靠的是他們的潛力和對生活的要求之間無止境的矛盾鬥爭。

總而言之，失敗者乞求機遇降臨，成功者致力於創造未來。

凸點：人人都有專長

發揮特長，做到盡善盡美

市場經濟的遊戲規則是每一個人依靠為他人提供服務與商品而生存。當有很多人需要你提供的服務，而你又變得不可替代時，你就會成為一個重要人物。那麼，如何變得不可替代呢？那就需要你培養自己的專長。

你的專長就是你與眾不同之處。這種專長可以是一種手藝、一種技能、一門學問、一種特殊的能力或者只是直覺。你可以是廚師、木匠、裁縫、鞋匠、修理工等等，也可以是機械工程師、軟體工程師、服裝設計師、律師、廣告設計人員、建築師、作家、商務談判高手、「企業家」或「領導者」等等，但如果你想成功的話，你不能什麼都不是。成功者的普遍特徵之一就是，他們由於具有出色的專長從而在一定範圍內成為不可缺少的人物。

大家都知道：福特的專長是製造汽車，愛迪生的專長是發明各種令人激動的「小玩意」，皮爾・卡登的專長是服裝的設計與製作，愛迪達的專長是製鞋，迪士尼的專長是畫動畫，蓋茲的專長是編寫軟體與管理，巴菲特的專長是對華爾街的歷史與現狀瞭若指掌。上面所提到的這些人一開始都不能算是重要人物，但由於他們專長的不斷發展，加上其他條件的配合，他們獲得了成功。

我們依靠為他人提供服務和商品而生存，因此如果你培養了自己的

專長，你的工作就會更具有價值。所以從現在開始，如果你還沒有專長，你就要確定方向，然後加以專業上的投資，你要花費時間、精力與汗水，持之以恆，努力使自己成為這一領域最出色的人；如果你已經有了一種技能但還不能說精於此道，那麼你也同樣要進行專業方面的投資。要全力以赴，使自己變得與眾不同。

我們想一下，如果你沒有任何專長，那是一件多麼可怕的事情。你製作一張桌子，需要幾週時間，甚至還有可能完全不會，而專業木匠只需要幾天小時；你製作一份商務合約要查閱各種資料，而一個律師在一個小時內就能起草完畢；你由於不瞭解談判的技巧、不知道相關領域的知識，你推銷產品總是不順利，而你同事一天的銷售量就相當於你辛苦半個月的成果；如果你的上司要你設計一個簡單的薪資管理系統，你還要從頭學起，等等諸如此類的處境。

那麼你如何在競爭激烈的社會中脫穎而出呢？你的競爭優勢在哪裡？為什麼別人要找你，而不是找他呢？憑什麼要求你的上司提拔你而不是提拔他呢？

所以，在你有實力經營企業、管理組織之前，先把自己經營好、管理好。成功者會樹立起這樣的信念：我依靠比別人提供更出色的產品和服務來換取成功。因此，你不僅要有自己的專長，而且要在這一領域壓倒周圍的人。你想要從一個始終表現平平的人在一夜之間脫穎而出是不可能的。

為了發展你的專長，從今天開始你要做到兩點：（1）利用一切可能的機會提高自己專門領域的知識與技能，你要努力做更可口的菜，你要努力製造品質更好的物品，你要努力編寫更實用的軟體，你要努力寫更漂亮的文章；（2）如果你的產品是直接交付客戶的，那麼一定要精益求精，無論他付給你的價格是較高的還是一般。如果你長期這樣做，不僅你的技藝在

不斷增進，而且你還會在這一領域建立起自己的信譽。而信譽一旦建立，就會為你帶來源源不斷的財富與利潤。

透過對許多成功者的研究，我們發現很多成功者一開始都只是在某個方面有所專長，後來由於其他條件的配合，這些人才從某一領域的專業人員成為完整的成功人士。在白手起家的成功者中，這種情況尤為多見。

開發潛能，取長補短，完善自我

有許多人往往一方面感到自己很有才能，而同時又覺得自己在某一方面或某幾個方面有缺陷，由此擔心自己無法發展，常常悶悶不樂。但這種思想其實是成功的絆腳石，它會破壞一個人成就偉業的信心。一個人在某些方面有弱點和缺點，這完全是能夠補救和加強的。

通常來說，智力會因運用而有所改變，比如用得越多，智力就越敏銳。日常接觸的事情比較多，於是他們的智力和見識往往就比較發達，他們的思維會更敏捷，他們的行動也會更迅速。究其原因，這是由於不同環境的影響。

如果你在某個方面的才能上有缺陷、有弱點，你就應該在那些方面多加努力，把自己的思想常集中在那些方面，多加思索。這樣，思想常常集中的地方，那部分的腦細胞就會漸漸變強，漸漸發達。所以，常保持著積極的、自信的、愉快的思想，往往就會增強我們的精神機能；而反之，懷疑、恐懼、缺乏自信的思想就會削弱我們的精神機能。

很多人的心靈，都為「無知無識」和「迷信」所拘束，為恐懼、怨恨、煩惱和其他情感所限制，因此他們發揮不出自己固有才能的十分之一，而他們的精神也不得自由。這樣，養成健全的、正確的思想就成為不可能。

但你如果領會了「習慣成自然」的道理，便不難補救上述種種缺陷。方法無他，就是從頭做起，反其道而行之。

將來的科學會指導人們，怎樣去阻止與消除我們精神上的種種不健康狀態，教會我們怎樣去補救自己的弱點。腦部細胞的平衡發展，才會生出巨大的力量來；而片面的發展實乃人類的一大缺陷，也是人類幸福的一大障礙。

你要相信，每個人都是具有專長的潛能的，只要你有信心，便可以將潛能開發出來，取長補短，達到自我完善的目的。

The Scroll

羊皮卷

《自己拯救自己》

　　不同的人有不同的命運，沒有人可以決定自己的出身，但卻可以透過努力來決定自己的命運。當你總是哀嘆命運不濟時，不妨從抱怨中走出來，試著去改變自己，實行自我拯救。

　　《自己拯救自己》是一本宣揚自助思想的專著，它教導人們如何培養一種自主精神，經由自我奮鬥來改變自己的命運。此書自1871年在英國問世以來，便在社會上引起強烈反響，世界上許多國家每年不斷重印，在全球暢銷130多年而不衰。本書塑造了億萬人的高貴品行，被譽為「文明素養的經典手冊」，「人格修煉的《聖經》」。

學習：沒有勤奮，天才也難成功

「我聰明，不用那麼費力地學習，只有笨蛋才會一直捧著書本呢！」

「知道什麼是天才嗎？天才就是不用費勁地學習還是能取得好成績的人！」

很多人認為，當一個人擁有了天才的頭腦時，成功也就唾手可得，壓根用不著勤奮了。事實並非如此。

北宋的時候，有一個小孩叫方仲永，方仲永小時曾被稱為「神童」。

方仲永家境十分貧寒，直到5歲，他都沒有碰過筆墨紙硯。看到同齡人歡歡喜喜地去上學，他非常羨慕，於是哭著請求父親給他筆墨紙硯。父親有一天為他借來書本並求人指點，讓他自學。聰明勤奮的他沒過多久就不但能讀懂書本內容而且還能寫詩。有些秀才看後很驚訝，並連連稱讚。

之後，很多讀書人便出題考方仲水，但只要有人給他出題，讓他作詩，他都能很快就做出來，尤其他的詩意思想積極、文采斐然。方仲永漸漸地出了名，成了大家眼中的「神童」。

但是，他的才華僅在13歲時就完全消失了。

原來，方仲永一出名，很多人就把方仲永父子當做貴賓接待，許多有名望的學者和紳士也紛紛邀請方仲永到他們家裡去做客，還有許多人拿著金錢和禮物專門上方家拜訪，請方仲永寫作詩文，然後懸掛在自己客廳顯眼的地方。從此方仲永便經常跟著父親一起出入於豪門闊宅中。長時間沒

有吸收新知，學問沒有長進，他的天才也漸漸泯滅了。寫來寫去還是那幾首詩，人們看多了，也就覺得沒有新意了。

方仲永的天賦讓人驚奇，最後卻因為不再學習而無異於眾人，這個故事意在說明，即使再有天分，但如果沒有勤奮的努力，同樣無法取得成就。

米開朗琪羅這樣評價另一位了不起的天才人物——拉斐爾：「他是有史以來最美麗的靈魂之一，他的成就更多的是得自於他的勤奮，而不是他的天才。」當有人問拉斐爾怎麼能創造出這麼多奇蹟一般完美的作品時，拉斐爾回答說：「我在很小的時候就養成一個習慣，那就是從不要忽視任何事情。」這位藝術家去世的時候，整個羅馬為之悲痛不已，羅馬教皇利奧十世為之哭泣。拉斐爾終年38歲，但他竟留下了287幅繪畫作品，500多張素描。其中一些繪畫作品每一張都價值連城。

或許你覺得這些離自己都太遙遠：你並不是什麼天才。正因為如此，才更需要加倍的勤奮。拉斐爾具有如此高的天賦，尚且勤奮不息，更何況我們呢！倘若想攀登高峰，沒有付出、沒有勤奮、沒有努力是萬萬也達不到的。

美國媒體大亨泰德·特納的老師約舒亞·雷諾德常說：「*那些想要超過別人的人，每時每刻都必須努力，不管願不願意。他們會發現自己沒有娛樂，只有艱苦的工作。*」這句話泰德·特納一直銘記於心，並常被拿來引用。他聽了老師的勸告，一直「艱苦」地工作，他不但覺得這是他自己喜歡的事情，因為快樂，還有了豐厚的回報。

美國偉大的政治家亞歷山大·漢彌爾頓曾經說：「*有時候人們覺得我的成功是因為自己的天賦，但據我所知，所謂的天賦不過就是努力工作而已。*」

美國另一位傑出的政治家丹尼爾‧韋伯斯特在70歲生日時談起他成功的祕密說：「努力工作使我取得了現在的成就。在我一生中，從來還沒有哪一天不在勤奮地工作。」

另外，據說，拜倫的《成吉思汗》寫了一百多遍，因為拜倫一直都感到不滿意。

所有的這些人，不管是文學家、藝術家還是政治家，他們無不都是勤奮的典型，從他們的身上，我們應該清醒地意識到，你可以沒有天賦，但缺絕不可以不勤奮。勤奮是「使成功降臨到個人身上的信使」，所以，儘快地摒棄那些錯誤的想法，從現在開始，做一個勤奮的人！

鬥志：力量和勇氣會為你披荊斬棘

「我可以嗎？」你對自己充滿懷疑。

很多人都難免有這樣的想法，那是因為他們不知道自己擁有巨大的力量。

西元前一世紀，古羅馬的凱撒大帝統領他的軍隊抵達英格蘭後，下定了決不退卻的決心。為了使士兵們知道他的決心，凱撒當著士兵們的面，將所有運載的船隻全部焚毀。不給自己的軍隊留退路，最終他的軍隊取得了戰鬥的勝利。

倘若不是斷了後路，也許你永遠無法發現自己有著如此巨大的力量。

人通常習慣為自己準備著一條退路，其實這非但低估了自己，讓自己意識不到自己的力量，更為嚴重的是，因為心裡有著底線，沒有將自己放在必勝的立場上，於是，勇氣也弱了幾分，就像是一隻為了保存實力的大公雞，拿不出最佳的狀態，不具備十足的勇氣。以這樣的精神狀態去挑戰未來，你的心裡或許會懷著幾分忐忑的吧。

其實，這並不意味著要你將自己逼上絕境，只是讓你明白，想要成功，就一定要具備足夠的勇氣，而且要意志堅定。

事實證明，成敗往往全繫於意志力的強弱。具有堅強意志力的人，就會擁有巨大的力量，無論他們遇到什麼艱難險阻，最終都能克服困難，消除障礙。但意志薄弱的人，一遇到挫折，便想著退縮，最終必將歸於失敗。

在這方面也許你深有體會：你很想上進，但無奈意志力薄弱，你沒有堅強的決心，因為沒有抱著破釜沉舟的信念，於是一旦遇到挫折，就立即投降，不斷地後退，最終遭遇失敗。

只有下定決心，才能克服種種艱難，去獲得勝利，這樣也才能得到別人由衷的敬佩。所以，有決心的人，必定是最終的勝利者。只有有決心，才能增強信心，才能充分發揮才智，從而在事業上做出偉大的成就。

「我不是沒有決心，可是一旦遇到問題的時候，我還是會變得猶豫不決。」也許你身上還存在著這樣的問題。

的確，對很多人來說，猶豫不決成了一個大難題，彷彿已經病入膏肓。這些人無論做什麼事，總是瞻前顧後，總是左右搖擺。他們缺少的其實就是一種破釜沉舟的勇氣。他們並不知道如果把自己的全部心思貫注於目標是可以生出堅強的自信的，這種自信能夠破除猶豫不決的惡習，把因循守舊、苟且偷生等成功之敵，統統捆縛起來。

還有人喜歡把重要問題擱在一邊，留待以後解決，這其實也是個惡習。如果你有這樣的傾向，你應該儘快將其拋棄，你要訓練自己學會敏捷果斷地作出決定。無論當前問題有多麼的嚴重，你都應該把問題的各方面顧及到，加以慎重地權衡考慮，但千萬不要陷於優柔寡斷的泥潭中。如果你抱著慢慢考慮或重新考慮的念頭，則必定會失敗。即便你的決策有一千次的錯誤，也不要養成優柔寡斷的習慣。

當機立斷的人，遇到事情就會迅速作出決策。而優柔寡斷的人，進行決策時，總是想著先與人商量，即便再三考慮也難以決斷，這樣終至一無所成。

如果你養成了決策以後一以貫之、不再更改的習慣，那麼在作決策時，就會運用你自己最佳的判斷力。但如果你的決策不過是個實驗，你還

不認為它就是最後的決斷，這樣就容易使你自己有重複考慮的餘地，就不會產生一個成功的決策。

斯邁爾斯曾說：「每個人生來都具有強大的力量。人與人之間，弱者與強者之間，大人物與小人物之間最大的差異就在於他們對自身力量的發揮和利用。一個目標一旦確立，經過奮鬥是可以取得成功的。在對有價值的目標追求中，堅韌不拔的意志力才是一切真正偉大品格的基礎。」

無數的事實向我們證明了，想要有所成就，不但需要力量，也需要勇氣作為後盾，堅強的意志力會讓我們無往不勝。

恆心：用堅持打造成功

在《自己拯救自己》一書中，山繆爾・斯邁爾斯給我們講述了伯納德・帕里希憑藉著自己的恆心與毅力取得成功的事蹟：

法國青年伯納德・帕里希在18歲時就離開了自己的家鄉。按照他自己的說法，那時候的他「一本書也沒有，只有天空和土地為伴，因為它們不會拒絕任何人」。當時，帕里希只是一個毫不起眼的玻璃畫師，然而，他懷著滿腔的藝術熱情。

一次，帕里希偶然看到了一只精美的義大利杯子，他完全被這只杯子迷住了，從此以後，帕里希過去的生活完全被打亂了。他的內心完全被另一種激情占據了：他決心要發現瓷釉的奧祕，看看它為什麼能賦予杯子那樣的光澤。

此後，帕里希長年累月地把自己的全部精力都投入到對瓷釉各種成分的研究中。他自己動手製造熔爐，但第一次的試驗以失敗而告終。後來，他又造了第二個，這一次雖然成功了，然而這只爐子既費燃料，又耗時間，讓他幾乎耗盡了財產。因為買不起燃料，帕里希只能無奈地用普通的火爐。失敗對他已經是家常便飯了，但他從來都沒有氣餒，每次他在哪裡失敗，就從哪裡重新開始。終於，在經歷了無數次的失敗之後，帕里希燒出了色彩非常美麗的瓷釉。

為了改進自己的發明，帕里希用自己的雙手把磚頭一塊一塊地壘起

來，建了一個玻璃爐。終於，到了決定試驗成敗的時候了，他連續高溫加熱了六天。可是，出乎意料的是，瓷釉並沒有熔化，而他當時已經身無分文了。帕里希只好向別人借錢買陶罐和木材，並且想方設法找到了更好的助熔劑。一切準備就緒之後，帕里希又重新生火。但是，這一次直到所有的燃料都耗光了也沒有任何結果。帕里希跑到花園裡，把籬笆上的木柵欄拆下來當柴火繼續燒。木柵欄燒光了，還是沒有結果。帕里希把家裡的傢俱扔進了火堆，但仍然沒有作用。

最後，帕里希把餐廳裡的架子都一併砍碎扔進火裡。奇蹟終於發生了，熊熊的火焰一下子把瓷釉熔化了，瓷釉的祕密終於揭開了。

事實再一次證明：有志者，事竟成。

歷史上諸多偉人的成功，都是由於他們的堅韌不拔。縱然他們懷有天賦，領悟力超凡，但他們的作品也並非一蹴而就，只有經過精心細緻的雕琢，反反覆複地修改，才有經得起細看的作品誕生。

古羅馬的大詩人維吉爾的傳世之作《埃涅阿斯紀》是用了21年時間才完成的。俄國大文豪列夫‧托爾斯泰的作品《安娜‧卡列尼娜》是他用了整整8年的時間反覆構思、反覆修改，最終才把一部關於家庭私生活的小說改編成了一部具有鮮明時代特徵的社會小說的。亞當‧斯密寫作《國富論》用了10年的時間，孟德斯鳩寫作《論法的精神》用了整整25年的時間。

透過這些偉大的作品，我們的確可以體會到作家的艱辛。他們為了完成一部作品，往往要花費幾年甚至幾十年的心血。如果沒有堅強的恆心與毅力，又怎麼能克服重重困難，最後取得成功呢？

人類歷史上的諸多偉大成就，無不是恆心和毅力的結果，如埃及平原上宏偉的金字塔和耶路撒冷巍峨的廟堂、人類因為有了恆心和毅力，才有

機會登上了氣候惡劣、雲霧繚繞的珠穆朗瑪峰，在寬闊無邊的大西洋上開闢了航道；正是因為有了恆心和毅力，人類才夷平了新大陸的各種障礙，建立起人類居住的共同體。

　　恆心與毅力還讓天才在大理石上刻下精美的創作，在畫布上留下大自然恢弘的縮影。恆心與毅力創造了紡錘，發明了飛梭；恆心與毅力使汽車變成了人類胯下的戰馬，裝載著貨物翻山越嶺，在天南地北往來穿梭；恆心與毅力讓白帆撒滿了海上，使海洋向無數民族開放，每一片水域都有了水手的身影，每一座荒島都有了探險者的足跡。

　　很多人總是抱怨自己的失敗，失敗的原因很多，但不能持之以恆是尤為重要的一點。因為一切領域中所有的重大成就無不與堅韌不拔的毅力有關。從某種意義上來說，成功更多依賴的是人的恆心與毅力，而不是天賦與才華。

　　英國著名的外交官布林沃說：「*恆心與毅力是征服者的靈魂，它是人類反抗命運、個人反抗世界、靈魂反抗物質的最有力的支持，它也是福音書的精髓。*」才華固然是我們所渴望的，但恆心與毅力更能讓我們感動。

羊皮卷

《如何追求第一》

　　本書的作者羅伯特‧林格是美國著名的暢銷書作家，曾寫過7本書，其中3本都曾成為排名第一的暢銷書。他的著作《如何追求第一》曾高居《紐約時報》暢銷書排行榜首位長達一年之久！他的讀者超過數百萬，他的書被譯成幾十種語言。他的鮮明特點是思想深邃精闢、深謀遠慮，文筆簡潔清晰、幽默詼諧。他自稱為「龜先生」，常常以自我否定的方式敘述自己的苦難經歷。林格先生本人多次出現在澳大利亞和美國的脫口秀節目中，介紹他的文章也常刊登在《華爾街日報》、《時代》、《人民》、《財富》、《紐約時報》等著名報刊上。

　　在本書中，作者以非正統的思想和令人驚異的方式，幫助人們處理日常生活中待人接物的難題。作者不迷信傳統，也不簡單說教，而是告訴讀者他自身的經歷和實在有效的方法，從而想讓大家都過著快樂多、煩惱少的幸福生活。

認清：不同的起點，各異的風景

不斷變換中的起點

有一位年輕人，在他家鄉有一條很寬的河。一天，在河對岸的山上發現了金礦，各地的商賈紛紛前來淘金。於是這個年輕人便在河上架起了一座橋，收來往商賈的過路費，發了一筆小財。

後來這年輕人的家鄉梨子大獲豐收，每年都有大批的梨運往各地。當村人都爭著栽梨樹時，他卻收購了大量柳樹，然後用柳條編成筐，大受種梨人的歡迎，很快就又賺了不少錢。

再後來，一個外商聽到了這個故事，大受震撼，前來拜訪。當外商找到這個年輕人時，他正在自己店門口與對門的店主吵架，因為他店裡的一套西裝標價800元時，同樣的西裝對門卻標價750元。一個月下來，他僅賣出了8套西裝，而對門卻賣出800套。

外商看到這一情景非常失望，以為被騙了。後來，當他弄清真相後，立刻決定以巨額年薪聘請這個年輕人，因為他得知對門那家店的幕後老闆也是這個年輕人。

聰明的人知道適時地給自己尋找新的資源，新的起點，從而一步步走向成功。但起點也無須高高在上，伸手不及的叫空想。重要的是，把握身邊的資源，從而抓住新的機遇。

認清自我，確立起點

如果把人生比作是運動場上的競賽，那麼，初建期就好像運動員競賽前的預備活動，而成熟期就是運動員在選擇自己的起跑點，創造期就是正式競賽中的角逐。不同點在於，運動上的競賽是練兵千日於瞬間決一雌雄，而人生的競爭則是集千萬個瞬間的靈感和運動場上的衝刺比高低。要說哪一個容易哪一個難，不好分辨；但有一點可以肯定：人生漫長的征途上更需要持久的耐力。

人生起點的選擇，對於每個人的一生都有重要作用。如果一開始起點就選得準確，總比幾經周折年近暮秋還在徘徊之中要好得多。有一部分人在青年時代就功成名就，這得歸功於他的人生起點選擇得準確。

有的人主張選擇人生目標就是自己設計自己。他們說「選擇目標，實際上是自己設計自己的過程。自己設計自己，首先要考慮社會的需要、時代的需要，還要考慮自己的所長和愛好。」我們並不完全同意這種主張，因為選擇人生目標僅僅是人生設計的一項內容，而不是人生設計的全部內容，人生設計除目標設定外，還包括階段規劃、環境分析、回饋和核心內容的研究等。而目標的選擇，僅是確定人生起跑點的前提之一。

該如何確立自己的人生起點呢？用我們的話來說，就是在對自身條件優劣和環境利弊的自覺基礎上，根據揚長避短的原則，按照社會需要所指示的方向，在環境的最大容許度上確立自己的人生起點較為妥當。

雖身處順境，但卻能夠依據自己對宏觀和微觀的自覺，對自己本身的長處短處有認知，確立一生所從事事業（範圍或更具體特定專案）的目標，這就是在確立人生的起點。

上述關於人生起點的思想在確立過程中所涉及的因素和判斷過程是一致的，不同僅在於擔風險或是找安全。

廣度：高起點，高視野

「我從樓梯的最低一級盡力朝上看，看看自己能夠看到多高。」這是美國五大湖區的運輸大王考爾比在最初進入社會做事時所說的一句話。

考爾比一無所有，而他希望的卻是那麼高遠。他是依靠什麼來實現自己的希望的呢？讓我們看看他的發展之路吧。

考爾比非常貧窮，最初在湖濱南密執安鐵路公司擔任一個小書記的職務，工作了一段時間後，他發現這個職務有一個致命的缺點，那就是視野過於狹小——除了忠實地、機械地工作以外，沒有任何發展前途可言——已不能滿足其遠大志向了。同時，他也意識到，矮梯子並不一定就穩當，坐在一個矮梯子的頂上最容易跌倒，還不如爬到一個看不見頂的梯子上，一心朝上爬。

於是，他辭掉了這份工作，在赫約翰大使的手下謀得一份工作。大使後來成為國務卿、美國駐英國大使，而在此之前，考爾比就已經想到，他的前一份工作不會有發展，而與赫約翰大使共事則會有很大的成就。

考爾比說：「我最初到克利夫蘭，不過是想做一名普通水手——這是一種追求冒險的浪漫思想。但我沒有當成水手，而是每天與美國最偉大的人物之一接觸，深受他的氣質感染。」

物以類聚，人以群分。如果永遠處在底層，與一些小人物為伍，很難學習到什麼東西，而位居高位，則能給自己一個更高的理想，確定自己未來想做一個什麼樣的人。

如果你並不覺得有什麼不滿意，便不會想改進你的現狀，也就不會有前途光明的理想。但是，如果你僅滿足你有理想，只把理想作為實際生活願望中的安慰劑，那你依舊會碌碌無為。

惰性使許多人喪失了追求的動力，雖然只要多付出一點點努力，但卻可以有一個更高的起點，可是人們卻不願意付出，甚至抱有這樣的疑問：為了得到區區一份工作，真的有必要花那麼大的力氣嗎？

面對這樣的提問，正確的回答是：只要某種努力能夠為我們帶來更高的提升，那麼再多的努力也不算多餘。有這樣一個例子，一位剛剛畢業的年輕人，在母親的幫助下，精心製作了一份《個人完全推銷手冊》，僅面試一次就被一家大公司錄用了，並且獲得了超乎想像的高薪。

需要說明的是，這個年輕人並不是從底層一步步做起而獲得了高薪，而是一開始就獲得了副經理的職位。

也許有的人還是不理解，仍然認為「沒有必要做那麼複雜的努力」，那麼我們再從另外一個角度進行分析。假設是從一名普通的公司員工一步步做起，那麼要得到副經理的職位要花費不下10年的時間，所以可以看出，那本《個人完全推銷手冊》使那位年輕人節省了10年的寶貴時光。

從底層做起，一步一步前進，看起來很務實，但是也可能會前途灰暗，不可預期，使自己喪失最初的希望和熱情，迷失了方向。我們稱之為「陷入固定模式者」，就是指那些每天被一成不變的工作追趕著，馬不停蹄的人，他們對自己的工作和生活方式已習以為常，慢慢被這種僵化的生活吞噬掉，最終連從這種生活方式中逃脫出來的願望都喪失了。

因此，一級也好，兩級也好，總之在現有職位上努力向上攀登十分重要，對一個人的長遠發展來說也是一件意義深遠的事情。只要你能再往上走一級，就有機會將周圍模糊不清的東西看得更清晰了。

成功：跨越障礙，讓能力最大化

有一則古老的格言：「*成功不是錦上添花，而是變廢為寶。*」

只要一失敗，人們最容易做的事就是趴下來，抱怨自己缺乏能力，抱怨自己命運坎坷。只要一失敗，人們最容易忘記的就是：人生並非為失敗而來，而是為成功而來。

不幸的是，不少人已經沉浸在這種消極的思想中：自己就是不行，只能一事無成。由此喪失了活力，在生活中漫無目的地遊蕩，沒有了目標，沒有了意義。

你如果無法跨越自己視野的界限，就像推著小推車收瓶子，撿破爛的人，一旦認為自己只能做這個，那麼他就會一輩子推著搖搖晃晃的小車子走街串巷收破爛。

其實，每個人的能力都是無限的，但只有跨越視野的界限，他才能夠最大限度地運用自己的能力。

有個人曾寫了一封信給自己十分景仰的人，讚美偉人的卓越成就。他收到的回信說：「不，我的朋友，你錯了，我只不過是個普通人，沒有過人的特殊能力。在大多數事情上，我僅僅略高於一般水準，有些方面我還不如一般人。這當然是受我的身體情況限制：我沒法跑，只能走，我也肯定不擅長游泳。要說有什麼還可以的話，那就是我騎馬的技術還不錯，但也不是什麼了不起的騎手。我的槍法也不怎麼好，原因是視力太差，必須離獵物很近才能瞄準目標。所以你看，從身體條件來說，我只不過是普通

人。從文字水準來說，我也沒有優秀的寫作能力。我這輩子寫的東西倒不少，可是我總是像奴隸一樣辛苦，才能寫出點東西來。」

這個人究竟是誰？他把自己說得如此普通，卻做了那麼多令人欽佩的事情。他就是西奧多・羅斯福。按照他對自己的評價，他沒有傑出的才能——那他是如何運用自己的才能呢？這個問題讓我們百思不得其解：以普通的能力獲得傑出的成就，祕密何在？為什麼能力有限的人，卻做出了有口皆碑的偉業？

如果把「天賦」看成「能力」的同義詞，那麼如何最大限度利用我們的能力就顯而易見了。第一個建議是盤算一下我們所有的能力。我們有什麼天賦？我們的強項有多少？我們的性格傾向是什麼？透過盤點，我們也許會發現自己有哪項才能，有哪些發展的潛力，從而確保獲得令人滿意的成功。

如果我們能做主，我們會怎麼對待自己的能力呢？我們會做出什麼選擇呢？和睿智的朋友、律師、銀行家商量？也許職涯諮詢機構能給你些幫助？也許我們應該去參加幾個技能檢定考試，看看我們的水準？這樣的諮詢和分析對我們確定方向，判斷自己的能力會很有幫助。

盤點一下我們的能力，就應當問問自己，我的能力是否可行。

如果我們自己也渴望充分利用自己的能力，那也有必要用考試來檢驗一下。我們的抱負實際嗎？是在實踐可能性的範圍之內嗎？如果不是的話，我們應該明智地將熱情導入其他的管道，去探尋為我們敞開的其他機會。一開始，也許你會發現有重重路障，但它們慢慢會變成指引我們的一道道路標。

第二個建議是約束我們的能力，使之得以最大限度地利用。成功需要遠見和勤奮，需要思考和關注。細緻的準備是我們發揮能力不可或缺的過

程。世界上尚未發現的最偉大的資源就在我們每個人的身體裡面。發揮自己的能力是我們的責任。

有人獲得了晉升，得到了重要職位，取得了重大發現，甚至還走進了總統辦公室。嫉妒的人會說：「這傢伙，真走運，他總是平步青雲，一路直上，命運怎麼就那麼青睞他呢？」可是，現實生活中的幸運、機遇、突破和成功幾乎沒什麼關係。所謂的「幸運」，通常在「有所準備」碰上「機遇」的那一刻才會出現。也許會有一段時間，被命運，被機遇「拉」著走的人會占上風，但最終還是「推」著機遇走的人會代替被機遇「拉」著走的人。成功不依賴於我們出生時星相是否吉祥，而依賴於我們每天在努力的道路上比別人多邁出的那一步。

居里夫人的女兒為母親寫了一部傳記，描述了居里夫人在發現鐳的漫長征途中執著不懈的拚搏。

居里夫人和丈夫都確信鐳的確存在。於是，他們在簡陋的試驗室裡開始了漫長而艱苦的奮鬥。那是一段充滿困惑和失落的日子，所做的一切都是為了提煉出鐳。兩個人以驚人的耐心，面對成噸成噸的瀝青混合物殘渣，把它們分成一公斤一公斤的樣本。他們相信一定能從裡面提煉出鐳。然而，實驗卻一次又一次地以失敗告終。我們在根據這部傳記改編的電影中可以看到，他們的第48次實驗又沒有成功。丈夫居裡先生終於崩潰了，陷入了絕望。他叫喊著：「不行了，沒辦法了！絕對不行了！也許還要再花上一百年才能成功，但我們這輩子是看不見鐳了！」可是，居里夫人好像更有韌力。她說：「要是還要花一百年，那真太可惜，不過只要我們還活著，就不能稍有鬆懈。」

正是由於這樣的使命感，環繞著鐳的迷霧終於在一個晚上散開了。那天晚上，居里夫人和生病的孩子在一起待了一會兒。孩子睡著了，她對丈

夫說：「我們下去，去那裡看看怎麼樣？」她的聲音裡甚至還有一絲絲乞求——不過這是多餘的，因為，先生像她一樣著急。兩人穿過街道，走到自己的實驗室。先生正要打開門，「別開燈，」居里夫人對先生說，然後她又笑了笑，加了一句，「還記得吧，那天你對我說：『真希望鐳有種美麗的顏色。』」

說著，兩人走進實驗室，一道無法描述的美麗藍光照亮了黑暗。他們執手相對，一句話也說不出來，就這麼看著這蒼白、閃爍、輻射的神祕來源——鐳。沒錯，他們的鐳，是對他們堅毅和耐心的獎賞。

可是，又有多少人走來走去，匆匆走過？沒有一個使命和目標，隨意漂流，浪費了能力，拒絕了成就和自我的實現，自然也就失去了與自我實現相關的滿意和喜悅。

這些人之所以沒能發揮出他們的能力，就是因為他們無法超越自身視野的障礙，總認為自己能力差，那麼當然就事事不行了。

突破：不在愛情的世界裡「畫地為牢」

認為另一半的付出是理所當然的人，是太自我的人。愛情中的戀人有時會盲目，不容易分清方向和對錯，如果一個以自我為中心的人走進愛情，他很可能依然我行我素，容易變得自我。

一個以自我為中心的人，不會愛別人，不會為別人著想，更不會激勵對方成長，這樣的人在當今社會不在少數。他們在情感上會很苛刻，愛與幸福似乎與他們無緣，因為他們要求整個地球圍著他們轉，而他們不把對方當做對象，而是當做控制的俘虜。他們不會在愛情中成長，因為他們不會從對方身上吸收營養，而是向對方施展魔法。

事實上，一個以自我為中心的人，實際上是一個「畫地為牢」的人。因為他想讓世界隨著他的願望變黑變白，隨著他的悲歡變美變醜。在情感世界裡，他的情緒就是太陽，想出來就晴天，不想出來就是陰天，一切隨著他的心情而變。對方不能有自我，更不能有自由。

其實自我本來是一個褒義詞，它要求每個人要有主見，許多文人墨客多在揮灑自我個性，展現自我風采，成為一大文豪，如李白、辛棄疾等。在愛情生活中，擁有自我的品格本也無可厚非，它可以表現出自己的風格和特色，使兩人在愛情生活更加絢麗多姿，豐富多彩。一個人太自我很容易陷入自己的生活中，成為井底之蛙，看到的只是自己的問題與成就，而忽略了別人的感受和成長的需要。然而愛情是雙方面的，從來不是一個人的事，它不像寫文章，可以我行我素，而是要建立在共同的生活之上。

很顯然，我們變得自我的程度有輕有重，但對愛情生活都是有害的。一種是無意識全自我，認為對方就該為你付出，他的付出是理所當然的，你的事情就是他的事情。還有就是受傳統的影響，比較常見的就是男人認為女人做家務是她本分的事，女人每天面對的是：灰塵每天都會堆積，水槽裡永遠都有東西要洗，衣服一天兩天就會塞滿洗衣機，鏡子會髒，地板上有無數細小的頭髮，窗子在都市裡迅速髒掉，空調要清洗，冰箱會有異味……於是女人會經常嘮叨，最後因為無謂的吵架，陷入生活瑣事中而傷了感情。還有一種是有意識的半自我，就是認為我已經為你犧牲了很多，現在就是你該為我付出的時候了。在現實中，這種例子很多。

　　有一點我們必須要明白：自我和自主是不一樣的。自我只是考慮自己，完全不顧對方的存在，甚至認為對方是為了自己而存在的，對方的性格脾氣、興趣愛好、事業追求要完全和自己相適應，否則就要求對方改變以適應自己；而自主是要求自己的意識獨立，不能把自己的一切依賴在對方的身上，自己的問題自己解決，自己的快樂善於拿出來與別人分享，能自主、自強，不要成為對方的負擔。自主是愛情生活的催化劑，而自我才是愛情生活的墳墓。我們每個人都要嘗試著讓自己在愛情生活中保持清醒的頭腦，要學會自主，而不能變得自我，太自以為是。

　　生活自主性很重要，也就是一旦你決定要跟隨愛侶的腳步，就要心甘情願，否則萬一情路不順，怨誰也沒用。畢竟健康的愛情關係，兩個人都要有足夠的自主意識，否則就很容易為小事情而紛爭不已。

　　誠然，男女之間最堅實的情誼是一種你我合作，患難與共，樣樣均等的共訓，對自己的生活及兩人共同的生活，完全的參與和完全的負責。太過於沉溺於自己的生活，會造成彼此間關懷的不成比例，造成愛情的失衡，最終導致愛情的破裂。

信賴：友好說再見，然後繼續生活

莫讓猜疑成為愛情的破壞者

兩個人談情說愛最忌諱的就是互相猜疑，互相不信任，這樣會使愛情變味的。

什麼情況下會覺得「愛得很疲倦」呢？我們疲倦時，總有一點心力交瘁的感覺，覺得體力不支，心中亦有放棄的想法。疲倦通常都是在一番忙碌爭戰之後產生的感覺。愛得疲倦的典型例子便是那些耗費精力，彼此猜忌防範的關係，其中以失信於對方者尤甚。

甲與乙的關係曾經出現第三者，思前想後，乙決定放棄第三者而繼續與甲的關係。可是，自此之後，各有心事。甲對乙諸多防範，處處小心察看有沒有第三者出現的痕跡，於是，乙打電話時，甲會不自覺地豎起耳朵聽，對他的神祕行蹤又作多方打聽猜測。乙也是同樣地諸多防範，以免甲吵吵鬧鬧發脾氣，同時亦想保持自己的私人空間。於是，乙會神神祕祕地打電話，在記事簿上使用密碼記錄約會，永遠把錢包、記事本帶在身旁。

其實，他倆是愛對方的，亦非互不信任，這一種互相防範的行為可說是他們的「死穴」，是怎麼也衝不過、克服不了的關口。

於是，他們每一天都是這樣猜疑著、防範著，愛得越深便越害怕改變現狀：甲害怕乙會被另一個第三者侵占，乙又害怕甲再胡亂猜度和吵鬧，傷害雙方感情。

出現這情況後，兩人都生活在「張力」之下，每天都在戒備狀態裡，身心疲乏程度可想而知。

互相猜疑使他們的愛情變成了一種負擔，如果任其繼續下去，最終他們只能發展到分手的地步。

失戀不失志，失戀不失德

有人說初戀是輕音樂，熱戀是狂想曲，那麼失戀呢？失戀可能是使人難忘也難眠的小夜曲。儘管誰都不願意失戀，但從人們戀愛的總體上說，失戀是難以避免的。凡是談情說愛的，不是統統都能締結愛情關係和婚姻關係。

失戀是痛苦的，但在這種痛苦面前，有的人能作出理智的選擇，有的人則陷入了情感衝動的泥潭。不同的行為，反映了不同的人格，也給生活和事業造成了截然不同的後果。

失戀中，有的人痛苦欲絕，從此一蹶不振；有的人意志消沉，對自己產生了懷疑和否定，甚至走上絕路；有的人化悲痛為力量，發憤圖強，做出了一番驚人的成績。當面臨失戀的不幸時，男性的自尊或許會使他表面平靜地接受這一事實，而背地裡卻孤獨地發洩自己痛苦的情緒。女性更容易把愛情作為人生的最高追求或生命中心，而且更富有奉獻精神。因此，遭遇失戀時，女性的柔弱和癡情常常很難使她忘卻痛苦。

不同氣質，性格特徵的人，對於失戀也各有不同的情感態度和解脫方式。失戀對於一個活潑型的人來說，可能比較容易接受。當猝遭失戀之錘重擊時，他或許會非常敏感地做出反應，情傷意悲，不能自控。但他能很快使自己從痛苦的情緒中解脫出來。而安靜型的人，情感內向、反應緩慢，無論遭受何種打擊，他都能鎮定自若。這種人精神上穩定、有自制

力，但對於確定的目標卻難以轉移。因此，失戀對於他們能留下長久的心理隱痛，但失戀也很難對他們的生活信念造成毀滅性的打擊。偏激型的人，失戀很容易引起他們情感的衝動式反應，因為他們的性情暴烈，自我約束能力較差，容易激動。而憂鬱質的人，性格孤僻、情緒反應遲緩，但對情感體驗深刻，善於體味別人不易覺察到的細膩情感，因此失戀會使他們的心境更加暗淡，會使他們的生活態度更加消沉，甚至會促使他們走向自我毀滅的境地。

在此，我們尤其不提倡那種失戀後即自我毀滅的做法。《鋼鐵是怎樣煉成的》作者奧斯特洛夫斯基曾說過：「個人問題，戀愛問題，在我的思想裡所占的地位很小……即使失戀一百次，我也不會自殺。」失戀雖然使貝多芬付出了昂貴的情感代價，但是他的情感卻在神聖的音樂中得到了昇華。失戀也曾使羅曼‧羅蘭陷入情感的困境，但《約翰‧克里斯朵夫》卻是他在困境中潛心發奮的結晶，失戀能毀滅人，也能造就人，關鍵在於你如何對待這一問題。

冷靜分析失戀原因，能夠為我們提供一條消除失戀憂鬱的理智途徑，但除了理智分析以外，我們還可以用別的方法來消除失戀的陰影。

不少人在失戀以後，情緒沮喪，悔恨，遺憾、憤怒、惆悵，失望等會接踵而來。要減輕心頭壓力，不能靠長期緘默不語，那有可能使痛苦沉積，嚴重的還會導致精神疾病，而要靠適當的宣洩。選擇一個適當的場合與他人，如家人、朋友、老師、同事等，一吐苦衷。你對他們充分地信任，他們是你傾訴心聲的對象。你盡情地訴說自己的委屈和不平，他們往往會給你鼓勵的目光、同情的語言、中肯的建議和客觀的分析；而且，經過訴說你也會感到心裡痛快了許多、舒坦了許多。當然，也可以把心中的鬱悶之情傾瀉於筆端，甚至可以關門痛哭一場。在這裡，宣洩也要注意

「適度」，無休止的嘮叨反而會使人更加消極和頹唐。大哭大痛之後應大徹大悟，展現的應是一個全新的自我。

失戀後，最重要也是最積極的辦法就是努力工作，熱情地面對生活，以各方面的成就來補償情感的損失。從這一角度來說，失戀也具有其積極的意義。德國大詩人歌德在23歲時深深地愛上一個叫夏綠蒂的少女，而這位少女已經「名花有主」。失戀的痛苦使歌德一時不知所措，但他很快就埋頭寫作之中，創作出傳世小說《少年維特的煩惱》。歌德的成功，就在於及時地以工作熱情填補感情上的失落。

再者，我們可以有意識地忘卻那段經歷。每個人都有記憶，然而記住什麼、回憶什麼卻可以選擇。失戀後，我們不應再去回憶過去歡快甜蜜的時光，那只會使心情更加沮喪！有些美好的東西是需要沉澱，需要塵封的，過去的就讓它過去吧！

失戀對於一個有著成熟健全人格的人來說，只是人生道路上的一個挫折。面對失戀，他們能夠做到失戀不失志，失戀不失德。萬不可有什麼報復心理，那只能是害人害己。寬容，是失戀者的美德。

莎士比亞也曾說過：「*當愛情的浪漫被推翻以後，我們應該友好地分手，說一聲『再見』。*」因為人是往前走的，痛苦終將過去，陽光雨露鳥語花香，這些都不曾從生活中抹去，走出這片陰霾，重樹對生活和愛的信心，你會得到心靈的重生。與此同時，你會發現，痛苦能使你眼界開闊，感受加深，以及對自己的感知擴大。你還會發現自己已經擺脫了自我憐憫、急躁的束縛，從而可以重新開始無拘無束的生活了。

理財：把握用錢之道

巴比倫的繁榮昌盛歷久不衰。巴比倫在歷史上一直以「全世界首富之都」著稱於世，其財富之多超乎想像。但巴比倫並非從一開始說如此富裕。巴比倫能夠富裕，是因為它的百姓有理財的智慧。凡是巴比倫人都得先學會理財之道。

在這裡，巴比倫的首富阿卡德將教你如何讓口袋飽滿的簡單方法。這是邁向財富殿堂的第一步，第一步站不穩的人，永遠別想登上這個殿堂。

阿卡德是一位毫不吝嗇的富翁，他願意把自己獲得財富的祕訣免費傳授給巴比倫的窮人。他經常開設免費講堂，在一次課堂上阿卡德問一位若有所思的先生：「我的好朋友，你從事什麼工作？」

那位先生回答：「我是個抄寫員，專門刻寫泥板。」

阿卡德說：「我最先也是刻寫泥板的工人，即使靠同樣的勞力工作，我也能賺得我的第一個銅錢。因此，你們也有相同的機會建立財富。」

阿卡德又問一位氣色紅潤的先生：「能否請你說說，你靠什麼養家？」

那位先生說：「我是個屠夫。我向畜農購買山羊來宰殺，再將羊肉賣給家庭主婦，將羊皮賣給製作涼鞋的鞋匠。」

阿卡德說：「你既付出勞力，又輾轉牟利，因此你比我更具有成功的優勢。」

阿卡德一一詢問每位學員的職業，等他問完，他說：「現在，你們可以看出，有許多貿易和勞動可以讓人賺到錢。每一種賺錢方式，都是勞動者將勞力轉換成金子流入自己口袋的管道。因此，流入每個人口袋的金子或多或少，全看你們的本事如何。不是嗎？」

大家都同意阿卡德的說法。

阿卡德繼續說：「假如你們渴望為自己建立財富，那麼，從利用既有的財源開始，是不是很聰明的做法呢？」

大家都同意。

阿卡德轉身問一位自稱是蛋商的人：「假如你每天早晨在籃子裡放10個雞蛋，每天晚上再從籃子裡取出9個雞蛋，最後將出現什麼結果？」

「總有一天，籃子會滿起來。」

「為什麼？」

「因為我每天放進籃子裡面的雞蛋比拿出來的多一個。」

阿卡德笑著轉向全班：「你們當中有人口袋扁扁的嗎？」

大家哄堂大笑，最後戲謔地揮動著他們自己的錢包。

阿卡德接著說：

「好了，現在我要告訴你們解決貧窮的守則。就照著我給蛋商的建議去做。在你們放進錢包裡的每10個硬幣中，頂多只能用掉9個。這樣你的錢包將開始鼓起來，它所增加的重量，會讓你抓在手裡覺得好極了，且會令你的靈魂感到滿足。

「不要因為聽來太簡單而訕笑我所說的話。我說過，我將告訴你們我致富的方法，而這便是我的第一步，我曾經和你們一樣口袋空空，且憎惡自己沒錢；錢包裡毫無分文，我的許多欲望便無從滿足。但是當我開始往口袋裡放進10個硬幣，只取出9個之後，我的口袋開始膨脹起來。你們的口

袋也必如此。

「現在，我再說一個奇妙的真理。當我的支出不再超過所得的十分之九以後，我的生活仍然過得很舒適，不比從前匱乏。而且不久之後，銅錢比以前更容易存下來。凡將所得儲存一部分而不花光的人，金子將更容易進他的家門。同樣的道理，錢包經常空蕩蕩的人，金子是進不了門的。

「你們最渴望得到哪一種結果呢？你們每天最感滿足的事豈不是擁有珍珠寶石、錦衣玉食，且能毫不在意地享受任何物資嗎？或者擁有實質的財產、黃金、土地、成群的牛羊、商品和利潤豐厚的投資？你從錢包取出的那些銅板會帶來前一項滿足，你存入錢包的那些銅板則會帶來後一項滿足。」

解決錢包空空的方法就是：每賺進十個銅板，至多只花掉九個。

一個人若不看緊口袋，口袋裡的錢可能就流失了。因此我們應該把小額的錢儲存起來，守住它，直到有一天我們掙了大錢。

在你借錢給任何人之前，最好確認一下借錢者的償債能力和信譽如何，免得你辛辛苦苦積蓄的錢，成了白白送給他人的禮物。

在你借錢給別人做任何投資之前，你最好先透徹瞭解一下該項投資的風險如何。

不要太信任你自己的智慧，而將財富投入陷阱。寧可與這方面經驗豐富的人多商量。你可以免費獲得這類忠告，且可能立即獲得與你原先設想的投資利潤相等的回報。事實上，這些忠告真正的價值在於能保證你免受損失。

守住你的錢袋，有錢不要亂花，避免不必要的損失，它能使你鼓脹的口袋不致變空。只做完全的投資，或是做可以隨時取回資本的投資，或是不致收不到合理利息的投資。

支配：不為金錢所累

人們百分之七十的煩惱都跟金錢有關，大部分人都相信，只要他們的收入增加百分之十，就不會再有任何財務困難。在很多例子中確實如此，但是令人驚訝的是，有更多例子則並不盡然。收入增加之後仍感覺煩惱的也不是少數，多賺一點錢也沒有能解決他們的財務煩惱。

羅伯特・林格認為，這並不是因為他們沒有足夠的錢，而是他們不知道如何支配手中的錢。

那麼，我們應該如何展開預算和計畫，避免出現財務危機，做一個會賺錢也會用錢的人呢？

我們不妨試試以下規則：

（1）記帳。記帳會讓你把每一分錢的去處都弄個一清二楚，然後我們就可依此作一預算，以便以後消費時有所側重。

（2）擬出一個真正適合你的預算。而這個預算必須按照各人的需要來擬定。預算的意義，並不是要把所有的樂趣從生活中抹殺。它真正的意義在於給我們物質安全感——從很多情況來說，物質安全感就等於精神安全和免於憂慮。

（3）少花錢多辦事。聰明地花錢並使所花的金錢得到最高價值，這是所有大公司都追求的目標，我們為何不這樣做？

（4）不要因為你的收入增加而擴張消費。我們都希望獲得更高的生活享受。但從長遠方面來看，到底哪一種方式會帶給我們更多的幸福——強

迫自己在預算之內生活，或是讓催帳單塞滿你的信箱，以及債主猛敲你的大門？如果我們把增加的收入花得太快，恐怕我們會比以前更不快樂。

（5）教導子女養成對金錢負責的態度。如果你有兒子或女兒，而你希望他們學習如可處理金錢，就請學會上述的做法。

（6）如果你是家庭主婦，你在擬好開支預算之後，仍然發現無法彌補開支，那麼你可以選擇下述兩事之一：你可以咒罵、發愁、擔心、抱怨或者你可想辦法賺一點額外的錢，怎麼做呢？想賺錢，只需找人們最需要而目前供應不足的東西。

（7）不要賭博。美國最佳的一名賭賽馬的老手曾說過，根據他對賽馬具備的所有認識，他無法從賭賽馬中賺到錢。然而，每年卻有眾多的傻子，在賽馬中賭下無數的錢。這位賽馬老手同時說，如果誰想毀滅他的敵人，再也沒有比說服這位敵人去賭賽馬更好的方法了。

（8）如果我們無法改善我們的經濟情況，不妨寬恕自己；如果我們不可能改善我們的經濟情況，也許我們可改進心理態度。記住，其他人也有他們的財務煩惱？只是我們不知道而已。

美國歷史上最著名的人物也有財務煩惱。林肯和華盛頓都必須向人借貸，才能啟程前往首都就任總統。要是我們得不到我們所希望的東西，最好不要讓憂慮和悔恨來困擾我們的生活。讓我們原諒自己，學得豁達一點。

讓我們記住：即使我們擁有整個世界，我們一天也只能吃三餐，一次也只能睡一張床——即使是一個挖水溝的工人也可如此享受，而且他們可能比洛克菲勒吃得更津津有味，睡得更安穩。

自控：讓節儉成為一種習慣

如果你養成了節儉的習慣，那麼就意味著你具有控制自己欲望的能力，意味著你已開始主宰你自己，意味著你正培養一些最重要的個人品質，即自力更生、獨立自主，以及聰明機智和創造能力。換句話說，就意味著你有了追求，你將會是一個卓有成就的人。

洛克菲勒集團的創始人約翰・大衛森・洛克菲勒，1839年出生於一個醫生家庭，生活並不寬綽，艱難的生活使他養成了勤儉的習慣和奮發的精神。他在16歲時，決心自己創業。雖然他時常研究和如何致富，但始終不得要領。一天，他在報紙上看到一則廣告，是宣傳一本發財祕訣的書。洛克菲勒看後喜出望外，急忙沿著廣告標示的地址到書店購買這本「祕笈」。該書不能隨便翻閱，只有付了錢後，才可以打開。洛克菲勒求知心切，買後匆匆回家打開閱讀，豈知翻開一看，全書僅印有「勤儉」二字，他又氣又失望。洛克菲勒當晚輾轉不能成眠，由咒罵「發財祕笈」的作者坑人騙錢，漸漸細想作者為什麼全書只寫兩個字，越想越覺得該書言之有理，感到要致富必須靠勤儉。他大徹大悟後，從此不知疲倦地勤奮創業，並十分注重節約儲蓄。就這樣，他持續了5年多的打工生涯，以節主縮食的節儉精神，積存了800美元。經過多年的觀察，洛克菲勒看清了自己的創業目標：經營石油。經過幾十年的奮鬥，他終於成為美國石油大王。

19世紀時，石油商人成千上萬，最後只有洛克菲勒獨領風騷，其成功絕非偶然。有關專家在分析他的創富之道時發現，精打細算是他取得成就

的主要原因。洛克菲勒在自己的公司中，特別注重成本的節約，提煉每加侖原油的成本計算到第三位小數點。他每天早上一上班，就要求公司各部門將一份有關淨值的報表送上來。經過多年的積累，洛克菲勒能夠準確地查閱報上來的成本開支，銷售及損益等各項數字，並能從中發現問題，以此來考核每個部門的工作。

1879年，他寫信給一個煉油廠的經理質問：「為什麼你們提煉一加侖原油要花1分8釐2毫，而東部的一個煉油廠同樣的工作只要9釐1毫？」就連價值極微的油桶塞子他也不放過，他曾寫過這樣的信：「上個月你廠彙報手頭有1119個塞子，本月初送去你廠1萬個，本月你廠使用9527個，而現在報告剩餘912個，那麼其他的680個塞子哪裡去了？」洞察入微，刨根究底，不容你打半點馬虎眼。正如後人對他的評價，洛克菲勒是統計分析、成本會計和單位計價的一名先驅，是今天大企業的「一塊拱頂石」。

節儉不僅適用於金錢問題，也適用於生活中的每一件事，從而合理地使用自己的時間、精力，到養成節儉的生活習慣。節儉意味著科學地管理自己和自己的時間與金錢，意味著最明智地利用我們一生所擁有的資源。

節儉不僅是積累財富的一塊基石，也是許多優秀品性的根本所在。節儉可以提升個人的品性，屬行節儉對人的其他能力也有很好的助益。節儉在許多方面都是卓越不凡的一個標誌。節儉的習慣體現人的自我控制能力，同時也證明一個人不是其欲望和弱點的不可救藥的犧牲品，他能夠支配自己的金錢，主宰自己的命運。

我們知道一個節儉的人是不會懶散的，他有自己的一定之規。他精力充沛，勤奮刻苦，而且比起那些奢侈浪費的人更加誠實。

節儉是人生的導師。一個節儉的人勤於思考，也善於制訂計畫。他有自己的人生規劃，也具有相當大的獨立性。

美國有位作家以「你知道你家每年的花費是多少嗎」為題進行調查，結果是近62.4％的百萬富翁回答知道，而非百萬富翁則只有35％知道。該作家又以「你每年的衣食住行支出是否都根據預算」為題進行調查，結果竟是驚人的相似：百萬富翁中編預算的占2／3，而非百萬富翁只有1／3。進一步分析，不作預算的百萬富翁大都用特殊的方式控制支出，亦即造成人為的相對經濟窘境，例如將一半以上的收入先作投資，剩餘的收入才用於支出。

這是巧合嗎？不是的！這正好反映了富人和普通人在對待金錢上的區別。節儉是大多數富人共有的特點，也是他們之所以成為富人的一個重要原因。他們養成了精打細算的習慣，有錢就拿去投資，而不是亂花。

許多年輕人往往把本來應該用於發展他們事業的必備資本，用到雪茄、香檳、舞廳、戲院等無聊的地方。如果他們能把這些不必要的花費節省下來，時間久了一定大為可觀，可以為將來發展事業奠定一個經濟基礎。

不少人一踏入社會就花錢如流水一般，胡亂揮霍，這些人似乎從不知道金錢對於他們將來事業的價值。他們胡亂花錢的目的好像是想讓別人誇他一聲「闊氣」，或是讓別人感到他們很有錢。

有些人收入不高，但花起錢來卻毫不吝惜。他們會為了買只有富人才買得起的奢侈品，把所有的錢都花光，但等到想做點事情時卻身無分文。

存下每月賺來的辛苦錢，先撇開暫時的物質誘惑，為你的長遠目標努力。開始時你可能毫無收穫，一段時間後必能滿載而歸。

姿態：擺正位置，認清現實

以觀察力和耐心看清事實

在法學領域中，有一項被稱為「證據法」的原則，這項法律的目的就是取得事實。任何法官都可以把案子處理得對一切有關係的人同樣公平，只要他能根據事實來作判決；但他也可能冤枉了無辜的人，只要他故意迴避事實，根據道聽塗說的消息來作判決或下結論。

「證據法」根據它所使用的對象與環境而有所不同，只有那些既能增進你自己的利益，又不對任何人造成損害的證據，才是以事實為基礎的證據。你只要以這部分證據去作判斷，就不容易出錯。

但是目前有許多人錯誤地把事情的利害關係當做事實。他們願意做一件事，或是不願意做一件事，唯一的原因是能否滿足自己的利益，而未曾考慮到是否會妨礙其他人的權益。

在事情對他們有利時，他們表現得很「誠實」，但當事情對他們似乎不利時，他們就會不誠實，還會為他們的不誠實找到無數的理由。

而那些成功的偉大人物，他們都會制訂一套標準來指引自己，並時時遵從這套標準，不管這套標準能否立即帶來利益，或是偶爾還會帶來不利的情況。因為他們知道，到最後，這項政策終將使自己達到成功的最高峰。老哲學家勞秀斯說：「人類的事情都是在一個輪子上旋轉，由於這種特殊的設計，因此沒有任何人能夠永遠保持幸福。」成功的人是充分瞭解

這段格言的正確性的。

　　你最好在心理上做個準備，使自己瞭解，要想成為一個思想方法正確的人，必須具備頑強堅定的性格。因為要達到思想方法的正確，有時受到某種力量的暫時性懲罰，對於此一事實，毋須否認。但是，同樣的，由於思想方法正確所將獲得的補償性報酬，整個合計來說，是如此的龐大，因此，你將會很樂意地接受這項懲罰。

　　在我們追求事實的過程中，經常需要藉助他人的知識與經驗，用這種途徑收集事實之後，必須很小心地檢查它所提供的證據，以及提供證據的人。而當證據的性質影響到提供證據證人的利益時，我們更有理由詳細審查這些證，因為和他們所提出的證據有關係的證人，通常會向誘惑屈服，而對證據予以掩飾或改造，以保護這項利益。

　　由此可見，事實是躲在錯綜複雜的事件背後的一項隱性因素。因此，要想透過錯綜複雜的事件認清事實，就必須具有非凡的觀察能力，同時還需要具有驚人的耐心。

在框架與自由間正視現實

　　事件的深層內核是事實，而生活的具體表現是現實，事件的事實構成了生活的現實。我們既然能夠認清事件的事實，那麼也必然有勇氣正視生活的現實。而有許多人，尤其是年輕學生，往往以理想主義看待生活現實，這就容易使自己生活在理想與現實的隔離層之中，與社會環境格格不入；或者一遇到較為惡劣的環境就要反抗，就要改造，操之過急，意氣用事。這兩種傾向都是極為有害的。

　　其實，從來沒有單純的理想環境，在今天的現實社會，也是魚龍混雜、泥沙俱下。是非曲直的觀念、黑白好壞的界線在現實生活中是極其複

雜微妙的。光明與黑暗是兩頭小，生活中很大一塊是黑白混雜的灰色地帶。這就是說，對一個人來說，任何一個環境都有其兩重性：既是一片沃土，又到處荊棘叢生；既有利於你的發展，也有對你不利的一面。

我們必面接受這個不可改變的生活現實。在這個問題上，我們不應當只從消極的方面去看，認為要尋求自由發展就不能接受環境和條件這個框架的限制；而應當從積極的方面去認識，接受框架的限制並不是不能成長發展，不能自我實現。換句話說，就是要把適應環境、接受框架的限制看作是理所當然、合乎規律的事情。我們可以從以下三個方面理解這句話：

（1）約束與成長，限制與發展，表面上是對立的概念，非此即彼。其實，任何自由發展與追求成功，都是有一定的目標、範圍、過程和途徑的，而絕非天馬行空，任意縱橫。「天高任鳥飛」，夠「任意」了吧？可是超過了一定的高度和範圍，任何鳥都飛不成的。顯然，任何事物的運動和發展都意味著必要的制約。這個制約不僅是指遵守必要的法規和制度，而且是指一個人要有自制、自律和自主的控制力。法國作家雨果說得好：**「知道在適當的時候管制自己的人，才是聰明的人。」**

許多人之所以沉淪、墮落、失足、犯罪，並不是沒有良好的心願和品德，也不是困境的逼迫不得不去偷、去搶、去胡作非為，而往往是他們缺乏自制力，太放縱自己。放縱的結果不僅傷害了別人，也傷害了自己。一個人只有先學會控制自己，才有可能去控制別人，去突破環境的局限。

（2）框架的限制如同地球的引力一樣必不可少。一定程度的制約和局限卻是必不可少的，應當接受和遵守的，如法律和規章。但過度的社會制約和環境局限是需要突破和擺脫的，不突破不擺脫就談不上自由發展。人的正當選擇和行為不必也不會擔心法規的制約，如經營企業要照章納稅，行車走路要遵守交通規則，人際交往要以禮待人、信守諾言，貿易合作要

遵守協議、執行契約等等。這些行為規範就像地球的引力一樣天經地義，不可缺少。我們時刻受到地球引力的「制約」，並不覺得彆扭；相反地，若是擺脫了必不可少的「引力」，成為太空人，反倒無法適應。

這就是常言所說的沒有規矩不成方圓。從根本上說，規矩所限制的不是人的發展，而是人的渙散。

（3）為了自我發展也需要自我控制。一個人不僅在面對「越軌出錯」的問題時需要自我控制，接受必要的制約，而且在面對「進取發展」的計畫時，也要善於自我控制，注意從實際出發。志向應當遠大，思路盡可開闊，但實際行動必須腳踏實地，穩紮穩打。這就好比飲食不能過量，美味不可貪多，營養過剩和營養不良同樣會影響身體健康。在事業上操之過急，抓得過多，也會「欲速則不達」。

接受了框架的限制，怎麼還能尋求自由發展，突破環境的局限呢？如果不是以消極心態去消極適應，而是能以積極心態去積極適應，是一定能夠做到的。

淡定：坦然面對既定事實

許多不快的經歷，我們是無法逃避的，也是無所選擇的。我們只能接受已經存在的現實做自我調整，抗拒不但可能毀了自己的生活，而且也許會使精神崩潰。

一位很有名氣的心理學教師，一天給學生上課時拿出一只十分精美的咖啡杯，當學生們正在讚美這只杯子的獨特造型時，教師故意裝出失手的樣子，咖啡杯掉在水泥地上成了碎片，這時學生中不斷發出了惋惜聲。教師指著咖啡杯的碎片說：「你們一定會為這只杯子感到惋惜，可是這種惋惜也無法使咖啡杯再恢復原形。今後在你們生活中無論發生了什麼無可挽回的生活現實，請記住這破碎的咖啡杯。」

這是一堂很成功的課，學生們透過摔碎的咖啡杯懂得了，人在無法改變失敗和不幸的厄運時，要學會接受它，適應它。

荷蘭阿姆斯特丹有一座15世紀的教學遺跡，在它的大門旁有這樣一句讓人過目不忘的題詞：「事必如此，別無選擇。」

生活中總是充滿了不可捉摸的變數，如果它給我們帶來了快樂，當然是很好的，我們也很容易接受。但事情卻往往並非如此，有時，它帶給我們的是可怕的災難，這時如果我們不能學會接受它，讓災難主宰了我們的心靈，那我們生活就會永遠地失去陽光。

美國著名的心理學家威廉·詹姆士曾說：「心甘情願地接受吧！接受現實是克服任何不幸的第一步。」

漢斯小時候曾和幾個小夥伴在密蘇里州的老木屋頂上玩，他們爬下屋頂時，在窗沿上歇了一會，然後跳了下來。漢斯的左食指戴著一枚戒指，往下跳時，戒指鉤在釘子上，扯斷了他的手指。

漢斯尖聲大叫，非常驚恐，他以為他會死掉。但等到手指的傷好後，漢斯就再也沒有為它操過一點心。有什麼用呢？他已經接受了不可改變的生活現實。

後來漢斯幾乎忘了他的左手只有大拇指與三根手指。

有一次，漢斯在紐約市中心的一座辦公大樓電梯裡，遇到一位男士，漢斯注意到他的左臂由腕骨處切除了。漢斯問他這是否會令他煩惱，他說：「噢！我已很少想起它了。我還未婚，所以只有在穿針引線時覺得不便。」

我們每個人遲早要學會這個道理，那就是我們只有接受並配合不可改變的現實。「事必如此，別無選擇」，這並非容易的課程。即使貴為一國之君也應該經常提醒自己。英王喬治五世就在白金宮的圖書室裡掛著這句話：「請教導我不要憑空妄想，或作無謂的怨嘆。」哲學家叔本華曾表達過相同的想法：「逆來順受是人生的必修課程。」

顯然，環境不能決定我們是否快樂，我們對事情的反應反而決定了我們的心情。

耶穌曾說：「天堂在你心內，當然地獄也在。」

我們都能渡過災難與難關，並且戰勝它。也許我們察覺不到，但是我們內心都會有更強的力量幫助我們。我們都比自己想像的要更堅強。

面對不可避免的現實，我們還應該學著做到詩人惠特曼所說的那樣：「讓我們學著像樹木一樣順其自然，面對黑夜、風暴、飢餓、意外與挫折。」

一個有豐富養牛經驗的牧羊人說過，他從來沒見過一頭母牛因為草原乾旱、下冰雹、寒冷、暴風雨及飢餓，而會有什麼精神崩潰、胃潰瘍的問題，也從不會發瘋。

　　面對現實，並不等於束手接受所有的不幸。只要有任何可以挽救的機會，我們就應該奮鬥。但是，當我們發現情勢已不能挽回了，我們就最好不要再思前想後，拒絕面對。要接受不可避免的現實，唯有如此，才能在人生的道路上掌握好平衡。

The Scroll

羊皮卷

《不要聽別人的話》

本書的作者堀場雅夫被譽為「日本勵志教父」，他是日本堀場製作所股份有限公司董事長，醫學博士。於1924年生於京都。其著作有《不想做就放棄！》《有能力的人、沒能力的人》《根據自己的「喜好」做事！》等等。

《不要聽別人的話》是一本為亞洲人量身訂做的勵志書。連續5個月位居日本暢銷書排行榜榜首，3個月狂銷韓國60萬冊。

本書作者根據自己在商場上的多年經歷，總結出一條極具震撼力的經驗，那就是──不要聽別人的話。在我們周圍有太多的人，包括領導者在遇到困難或必須做出重大選擇的時候，首先不是獨立思考，而是四處徵求別人的意見，然後就按部就班地按照別人提供的意見行動。其實，別人的話很多是沒有經過認真思考的，只有當事人自己最瞭解情況，最能提出恰當的解決問題的方法。

自信：不要聽別人的話

不盲從，不聽從

印度有句諺語說：「不能聽信不相信我們的人的話，相信我們的人的話也不能完全聽信，這樣一來就可以連根拔除盲目聽信中產生的危險。」

這句諺語是教我們不要盲目聽信別人的話。

在我們生存的社會中，經常會飄蕩著各種各樣的「雜音」，散播著種種「小道消息」。有的人甚至專門以經營此道為生，整日對此津津樂道。人多嘴雜，以訛傳訛，事情的真相就會被掩蓋。如果不加辨別，必將上當受騙。

在我們周圍，相信傳言的大有人在。大至國家大事，小到個人私事，總有一些毫無根據的謠傳，也總有一些人輕信上當。結果，憑空給自己增加煩惱，或者造成更大的災禍。

盲目輕信別人的話，就會使自己上當，後悔不及。《列子·貪愛》中有這樣一則故事：從前秦惠王準備伐蜀，但蜀道艱難，進攻不易。有個蜀侯，生性貪婪而且輕信，秦惠王聽說蜀侯有這個特點，就鑿了一條石牛，在石牛身上放滿了金銀珠寶，並宣稱這是石牛變出來的，準備要把它送給蜀國。蜀侯竟然信以為真，便派人修通大道，迎接石牛。於是，秦國大軍得以長驅直入，一舉滅蜀。

世間事，真相和假相，現象和本質，說的和做的，明的和暗的，有時

可能正好相反；世上話，有人把笑話說成真話，有人把真話說成笑話，也有人為了說笑話而說笑話，更有真話假說或假話真說，對此不可不察。

有的人聽張三說一句：「李四說了你的壞話。」馬上篤信無疑，上門理論，或者聽李四說：「我在主管面前為你美言了幾句。」於是立即對李四感恩戴德。

這些人的致命弱點就在於，從來不動腦子想一想、別人所說的話是否合乎道理，是否符合實際，更不去做一番調查，看看到底是真是假。他們完全失去了對事物的分辨能力，好像腦袋長在別人的肩膀上，一切都按別人的指揮辦事。如此一來，哪能不吃虧呢？

看來，別人的話還是不要盲目的聽信為好，否則，你就可能吃虧上當。

做自己命運的主人

在人生的旅途上，每個人都有各自不同的遭遇，即命運。有的人一帆風順，屢逢良機，功成名就；有的人歷盡坎坷幾經磨難，潦倒終生；有的人先苦後甜，結局美滿；有的人先甜後苦，抱恨而終。

事實上，人在生命的旅程中，會遇到各式各樣的問題，有些問題出現是出於必然性，有些問題的產生是源於偶然性。這必然與偶然交錯結合的客觀因素。加上人的主觀努力，改變著事物的運動方向，於是就形成了人的各種遭遇，這就是相互不同的命運。

在現實生活中，也不乏與命運挑戰的勇士，自強不息並戰勝厄運的英傑。

著名的音樂家貝多芬，一生時乖命蹇，他17歲時母親去世，家庭負擔沉重地壓在他身上；他32歲時耳病加重，最後喪失聽力。作為音樂家卻

聽不到聲音，命運似乎把他推到了生活和創作的絕路。但貝多芬沒有因此而萬念俱灰，意志消沉，他始終與厄運抗爭，像一棵幼芽在巨石下艱難生長那樣頑強地生活和創作。他贈友人的一句名言是：「*我要扼住命運的咽喉，它妄想使我屈服，這絕對辦不到——生活是這樣美好，活他一千輩子吧！*」

但是，我們當今的許多年輕人，在踏上人生旅途後，一遇到考試名落孫山，工作索然無味，戀愛婚姻一波三折等等，就開始相信：「生死有命，富貴在天。」的天命觀，從此便無所作為地聽從命運的安排，讓人生這葉扁舟，無槳無舵地置於生活的海洋，任憑命運的風浪將它飄遊、顛簸、淹沒。這是多麼可惜啊！

法國著名作家羅曼・羅蘭曾說過：宿命論是那些意志力缺乏的弱者找來的藉口。強者、勇者和智者都相信自己的力量，不論他們處於何等艱苦危難的境地，總能滿懷信心地扼住命運的咽喉，與各種殘酷的厄運拚搏，做主宰自己命運的主人。而只有弱者，才相信天命，聽任命運的支配和驅使，把自己的命運輕易交給別人掌握，這樣的人是不會取得成功的。

處恆：跟著心走，做想做的事

一個人要獲得成功，無論他身處哪一個行業，在一定程度上都取決於他是否具備該行業所要求的特長。

沒有出色的音樂天賦，你很難成為一名優秀的音樂教師；沒有很強的動手能力，你很難在機械領域遊刃有餘；沒有機智老練的經商頭腦，你也很難成為一名成功的商人。但是，即使你具備某種特長，也並不會保證你就一定能夠成功。

在追求成功的過程中，你所擁有的各種才能就如同工具。好的工具固然必不可少，但是能否正確地使用工具同樣非常重要。有人可以只用一把鋒利的鋸子、一把直角尺和一個很好的刨刀，就能做出一件漂亮的傢俱；也有人使用同樣的工具卻只能仿製出一件拙劣的產品。原因在於後者不懂得如何善用這些精良的工具。你所具備的才能僅僅是工具，你必須在工作中善用它們，充分發揮其作用，方能事業有成。

當然，如果你擁有某一個行業所需要的卓越才能，那麼，從事這個行業的工作，你會比別人更容易成功。一般說來，處在能夠發揮自己特長的行業裡，你會做得更出色，因為你天生就適合從事這一行。但是，這種說法具有一定的局限性。任何人都不應該認為，適合自己的職業只能受限於某些與生俱來的資質，無法做更多的選擇。

從事任何行業你都有機會成功。即使你沒有某一行業所需要的天賦，你仍可以培養和發展相應的才幹。這僅僅意味著隨著你的成長，你需要

去製造自己的「工具」，而不是僅僅使用某些與生俱來的、現成的「工具」。的確，如果你具備某些優秀的特長，那麼，在需要這些特長的行業中，你會更容易取得成功。但是，在任何行業裡，你都有取得成功的潛能，因為你可以培養和發展任何工作所需要的基本才幹。一個正常人與生俱來的素質和潛能，可以幫助他透過學習獲得任何工作所需的基本能力。

做你最擅長的事，並且勤奮地工作，當然這是最容易取得成功的。但是，只有做你想做的事，成功後才能獲得最大的滿足感。

生命的真正意義在於能做自己想做的事情。如果我們總是被迫去做自己不喜歡的事情，卻不能做自己想做的事情，我們就不可能擁有真正幸福的生活。可以肯定，每個人都可以並且有能力做自己想做的事，想做某件事情的願望本身就說明你具備相應的才能或潛質。心中的渴望就是力量的體現。

如果你內心有演奏音樂的渴望，這說明，你所具有的演奏音樂的技能在尋求表述和發展；如果你內心有發明機械設備的渴望，這說明，你所具有的機械方面的技能在尋求表述和發展。

如果你沒有能力做某件事，你就絕不會產生去做這件事的渴望；如果你具有想做某件事情的強烈願望，這本身就可以證明，你在這方面具有很強的能力或潛能。你所要做的，就是去發展它，並正確地運用它。

在其他所有條件相同的情況下，最好選擇進入一個能夠充分發揮自己特長的行業；但是，如果你對某個職業懷有強烈的願望，那麼，你應該遵循願望的指引，選擇這個職業作為你最終的職業目標。

做自己想做的事情，做最符合自己個性、使自己滿心愉悅的工作，這是你天生的權利，也是你獲得成功的基礎。

搏擊：當機立斷，做喜歡做的事

　　每個人都必須當機立斷，去做自己喜歡做的事情，我們每個人每天都有許多事可做，但有一條原則不能變，那就是一定要做你最喜歡做的事。

　　很多人在尋找工作的時候，都不知道自己要做什麼，或是逼迫自己硬著頭皮去做一些自己不喜歡做的事，這是一件很可悲的事。

　　有一位機械工程師不喜歡自己的工作想轉行，卻遲遲下不了決心，因為他已經學了二十幾年的機械，如果突然換一份其他的工作，會感到很不適應，儘管不喜歡，卻無法拋開累積二十多年的機械專業知識。他想改變，但又甩不掉過去的包袱，自然無法突破。

　　這是個矛盾，既然知道自己再繼續做下去也不會有興趣，就應該果斷地做出決定：轉行。做自己喜歡的事情畢竟是令人興奮的，也更容易激發自己的想像力和創造力，並會最終取得卓越成就。

　　要改變自己目前的狀況，要讓自己做事更有成效，我們就必須做出更好的決定，採取更好的行動。

　　很多年前，一位名人講過一句話：「**你一定要做自己喜歡做的事情，才會有所成就。**」做你自己喜歡做的事情，其實是很困難的。大多數的人，多半都在做他們討厭的工作，卻又必須逼迫自己把討厭的事情做到最好。他們經常失去動力，時常遇到事業的瓶頸，卻無法突破，他們不斷地徵求別人的意見，卻還是照著原來的生活方式在進行。這些當然不是他們想要的，但是由於種種原因，他們當中卻很少有人試著去改變自己的狀

況。其實，要找到自己真正喜歡的工作，只需要把自己認為理想和完美的工作條件列出來就一目了然了。

羅克便是這樣找到自己喜歡的工作的。運動和數學一直是羅克很喜歡做的兩件事。從小到大，羅克一直是運動健將，不僅擔任過體育股長和籃球、乒乓球隊長，也是校田徑隊的傑出運動員，羅克曾經想過要把興趣發展成職業，也曾經夢想成為世界冠軍。

羅克不斷地問自己：「這些真的是自己想要的嗎？我願意把運動當成自己一輩子的終生事業嗎？」後來羅克告訴自己：「靠體力過生活，並不是我真正喜歡過的生活，雖然我非常喜歡運動。」

在高中和大學的時候，羅克的數學成績一直都是名列前茅，他也曾經想過，要當一位數學教授。

決定要做這件事之前，羅克列出了一張自己心目中認為的理想和完美工作的條件表，這些條件包括：

第一，時間一定是由他自己掌握。

第二，要能不斷地接觸人，因為他喜歡人群。

第三，必定對社會有所貢獻。

第四，可以環遊世界。

第五，必須能夠不斷地學習與成長。

第六，必須能夠不斷地建立新的人際關係，多跟成功的朋友交往。

第七，收入的狀況可以由他的努力來控制。

羅克發現，當一位數學教授，並不能達到他理想的工作條件，於是，他又開始尋找另一個可以當成他終生事業的工作。

17歲的時候，羅克接觸了汽車銷售業，因為他很喜歡車子，他想自己應該可以做得不錯；真正進入了這個行業之後，他發現這個行業有非常大

的特色，但是他的個性似乎並不適合，於是，他又轉行了。

從16歲到21歲，羅克陸陸續續換了18種不同的工作，可是每次換工作之前，他從來都沒有仔細想過：「他到底要的是什麼？」直到他把那些理想和完美的工作條件列出來以後，他才發現，自己有一個特點，就是從小到大一直很熱心，很喜歡幫助別人，同學數學不會，他很喜歡教他；別人籃球打得不好，他會自告奮勇過去教他。因為羅克相信，只要自己可以，別人一定也做得到。

在一個很偶然的機會，羅克參加了一個激發心靈潛力的課程，它給了他非常大的震撼。

羅克發現，自己上了那麼多的課程，學習了那麼多的資訊，卻沒有任何一個課程比得上他的老師安東尼‧羅賓，在短短的8小時當中，所分享給他的那麼多。

羅克想，假如他以後也能做別人所做的事情，把一些真正對人們有幫助的資訊，不管用何種管道，書籍或是影片，然後分享給想要獲得這些資訊的人，那該有多好。羅克發現，這個工作完全符合他所列出來的理想和完美工作的條件，當他瞭解到這件事以後，他知道，這就是他畢業所尋找的方向。經過了幾年的堅持，他終於可以在心理學嶄露頭角，讓非常多的人得到非常具體的幫助。

如何讓自己變成一位成功者呢？我們必須研究成功的人是如何思考的，他們採取什麼樣的行動，有什麼樣的想法。他們是如何讓自己更上一層樓，他們結交什麼樣的朋友，他們到底付出了多大的代價和努力？當他們面臨失敗和巨大挑戰的時候，又是如何堅持到底的？但有一點可以明確，這些成功者能成功的原因只有一個，就是：把要做的事，做得最好。

確定：制定勝利的目標

成功在於有一個好的目標

人生不能沒有目標，對於管理者和企業員工來說，為自己制定一個好的並且合適的目標是非常重要的。那麼，什麼樣的目標才可以稱得上是好的目標呢？

一個好的目標必須具備下列幾項要求，缺一不可。

（1）目標應該是明確的

有些人也有自己奮鬥的目標，但是他的目標是模糊的、泛泛的、不具體的，因而也是難以把握的，這樣的目標和沒有差不多。比如，一個人在青少年時期確定了要做一個科學家的目標，這樣的目標就不是很明確。因為科學的門類很多，究竟要做哪一個學科的科學家，確定目標的人並不是很清楚，因而也就難以把握。

目標不明確，行動起來也就容易盲目，就有可能浪費時間和耽誤前程。生活中有不少人，有些甚至是相當出色的人，就是由於確立的目標不明確、不具體而一事無成。

（2）目標應該是實際的

一個人確立奮鬥的目標，一定要根據自己的實際情況來確定，要能夠發揮自己的長處。如果目標不切實際，與自己的條件相去甚遠，那就不可能達到。為一個不可能達到的目標而花費精力，跟浪費生命一樣。

（3）目標應該是專一的

一個人確定的目標要專一，而不能經常變換不定。確立目標之前需要做深入細緻的思考，要權衡各種利弊，考慮各種內外因素，從眾多可供選擇的目標中確立一個。

一個人在某一個時期或一生中通常只能確立一個主要目標，目標過多會使人無所適從，應接不暇，忙於應付。生活中有一些人之所以沒有什麼成就，原因之一就是經常確立目標，經常變換目標，所謂「常立志」者就是這樣一種人。

（4）目標應該是特定的

確定目標不能太寬泛，而應該確定在一個具體的點上。如同用放大鏡聚集陽光使一張紙燃燒，要把焦距對準紙片才能點燃。如果不停地移動放大鏡，或者對不準焦距，都不能使紙片燃燒。

這也和建造一座大樓一樣，圖紙設計不能只是個大概樣子，或者含糊不清，而必須在面積、結構、款式等等方面都是特定和具體的。目標應該用具體的細節反映出來，否則就顯得過於籠統而無法付諸實施。

（5）目標應該是遠大的

目標有大小之分，這裡講的主要是有重大價值的目標。只有遠大的目標，才會有崇高的意義，才能激起一個人心中的渴望。請記住，設定目標有一個重要的原則，那就是它要有足夠的難度，乍看之下似乎不易達成，可是它又對你有足夠的吸引力，使你願意全心全力去完成。

當我們有了這個心動的目標，若再加上必然能夠實現的信念，那麼就等於成功了一半。

有了目標就要立即行動

當你確立了目標、制訂了計畫之後，隨之最重要的一步就是立即讓自己行動起來，向著實現目標的方向拿出具體的行動，千萬不可一拖再拖，因為拖延遲緩無異於死亡。

德謨斯吞斯是古希臘的雄辯家，有人請教他雄辯術的祕訣，他強調有三點：

第一點：行動！

第二點：行動！

第三點：仍然是行動！

唯有行動，你才能達到心中的目的地，唯有行動你才能到達成功的彼岸。

當有人問亞歷山大是如何征服世界時，他回答說，只是毫不猶豫地去做這件事。

在美國一個小城的廣場上，塑著一個老人銅像。他既不是名人，也沒有任何輝煌的業績和驚人的舉動。他只是該城一個餐館端菜送水的普通服務員。但他對客人無微不至的服務，卻令人永生難忘。他是個聾啞人，一生從沒有說過一句表白的話，也沒有聽過一句讚美之辭，他只憑「行動」二字，就使他平凡的人生永垂不朽。

有了行動就有成功的希望；沒有行動，就永遠沒有達到目標的可能。

事情往往如此：我們總以為開始得太晚，因此放棄。殊不知只要開始行動，就永不為晚。明年我們增加一歲，不論我們走著還是躺著，明年我們同樣增加一歲，有人有所收穫，有人卻依然空白——差別只在於你是否開始行動。不管你現在決定做什麼事，不管你設定了多少目標，不管你有多麼可行的計畫，你一定要向著目標立即行動。

定力：如何制定目標

有一位父親帶著他的三個孩子去打獵。他們來到森林。

「你看到了什麼呢？」父親問老大。

「我看到了獵槍、獵物，還有無邊的林木。」老大回答。

「不對。」父親搖搖頭說。

父親以相同的問題問老二。「我看到爸爸、大哥、弟弟，獵槍、獵物還有無邊的林木。」老二回答。

「不對。」父親又搖搖頭說。

父親又以相同的問題問老三。

「我只看到了獵物。」老三回答。

「答對了。」父親高興地點點頭說。

老三答對了，是因為老三看到了目標，而且看到了清晰的目標。

世界一流效率提升大師博恩・崔西說：「**成功最重要的是知道自己究竟想要什麼。成功的首要因素是制定一套明確、具體而且可以衡量的目標和計畫。**」

我們每個人都渴望成功，都渴望實現財務自由，都渴望做自己想做的事，去自己想去的地方。但是要成功就要達成自己設定的目標或是完成自己的願望。否則，成功是不現實的。成功就是實現自己有意義的既定目標。

在這個世界上有這樣一種現象，那就是「沒有目標的人在為有目標的人達到目標」。因為沒有目標的人就好像沒有羅盤的船隻，不知道前進的方向，有明確目標的人就好像有羅盤的船隻一樣，有明確的方向。在茫茫大海上，沒有方向的船隻只有跟隨著有方向的船隻走。

有目標未必能夠成功，但沒有目標的人一定不能成功。博恩·崔西說：「成功就是目標的達成，其他都是這句話的注解。」頂尖成功人士不是成功了才設定目標，而是設定了目標才成功。

美國哈佛大學對一批大學畢業生進行了一次關於人生目標的調查，結果如下：27%的人，沒有目標；60%的人，目標模糊；10%的人，有清晰而短期的目標；3%的人，有清晰而長遠的目標。

25年後，哈佛大學再次對這批學生進行了追蹤調查，結果是：那3%的人，25年間始終朝著一個目標不斷努力，幾乎都成為社會各界成功人士、行業領袖和社會精英；10%的人，他們的短期目標不斷實現，成為各個領域中的專業人士，大都生活在社會中上層；60%的人，他們過著安穩的生活，也有著穩定的工作，卻沒有什麼特別的成績，幾乎都生活在社會的中下層；剩下27%的人，生活沒有目標，並且還在抱怨他人，抱怨社會不給他們機會。

要成功就要設定目標，沒有目標是不會成功的。目標就是方向，就是成功的彼岸，就是生命的價值和使命。

而目標的設定也是需要技巧的，以下原則可供參考：

（1）具體。如收入目標、健康目標、業績目標。無論是什麼目標都要具體。

（2）可量化。如設定收入目標，要有明確的數目，不要只說我要增加收入，我要今年的收入比去年多等等。

（3）具有挑戰性。目標是用來超越的，而不是用來達成的。沒有挑戰性的目標激發不了你的熱情，達成了也沒有太大的意義。

（4）要大小結合，長短結合。即要設定長遠目標、大目標，又要設定短期目標、小目標。成功就是每天進步一點點。一般而言，短期目標、小目標比較容易完成，完成目標能增加自己衝刺下一個目標的信心和動力。完成了所有的短期目標、小目標。長遠目標、大目標自然也就能夠完成。

（5）要有時間限制。設定目標如果不設定時限，那是沒有意義的。人都是有惰性的，人都有拖延的習慣。沒有時限的目標，就沒有壓力，沒有壓力就沒有動力。

放棄：有錯誤不要遮掩

不要對自己的小錯耿耿於懷

如果你要為自己的一個小錯辯解，往往會使這個小錯顯得格外重大。正像用布塊縫補一處小小的破孔，反而欲蓋彌彰一樣。

麥克·瓦拉斯是一位著名的電視記者和節目主持人，他在CBS所主持的「60分鐘」節目幾乎是人人津津樂道的優秀節目。不過，他在早年時並不得意。

當他早期在電視臺當新聞記者時，由於口齒伶俐、相貌誠懇、反應迅速，所以除了白天採訪新聞外，晚上又報導7點半的黃金檔。以他的聰明、努力和觀眾的良好反應，他的事業本該是可以一帆風順的。不幸的是，因為瓦拉斯為人直率，不小心就得罪了直屬上司——新聞部主管。在一次新聞部會議上，那位主管出其不意地宣布：「瓦拉斯報導新聞的風格奇異，一般觀眾不易接受。為了本台的收視率著想，我宣布瓦拉斯以後不要在黃金檔報導新聞，改在深夜11點報導新聞。」

這突然的宣布，讓所有人都愣住了，瓦拉斯更是大吃一驚。他知道自己被貶了，心裡感到很難過。但他轉念一想：「也許這是上天的安排，主要是為了幫助我成長。」於是，他的心情漸漸平靜下來，表示欣然接受新差事，並說：「謝謝主管的安排，這樣可以讓我更方便利用6點鐘下班後的時間去進修。這是我早就有的計畫，只是一直不敢向你提起罷了。」

從此，瓦拉斯每天下班後便去進修，然後在10點左右回到公司，準備夜間新聞的報導工作。

他詳細閱讀每篇新聞稿，充分掌握稿子的來龍去脈。他對工作的熱誠，絲毫沒有因為深夜的新聞收視率較低而減退。

漸漸地，收看夜間新聞的觀眾愈來愈多，觀眾的好評也隨之增加。與此同時，許多觀眾也發出責問：「為什麼瓦拉斯只播深夜新聞，而不播晚間黃金檔的新聞？」

觀眾的信件一封接一封地飛來，終於驚動了總經理。總經理把厚厚的信件攤在新聞部主管的面前，質問道：「你是怎麼搞的？瓦拉斯是如此好的人才，你卻只派他播深夜新聞，而不是播7點半的黃金時段？」

新聞部主管顯得很是難為情：「瓦拉斯希望晚上下班後有進修的機會，所以不能排在晚間黃金檔，只好把他排到深夜時間了。」

總經理對這位主管所解釋的理由顯然不滿意，說道：「叫他儘快重回7點半的崗位。我下令他在黃金段播報新聞。」

就這樣，瓦拉斯被新聞部主管「請」回黃金時段。不久，他又獲選為全美國最受歡迎的電視記者之一。

又過了一段時間，電視界掀起一股記者兼做益智節目的熱潮。瓦拉斯獲得十幾家廣告公司的支持，決定也開一個此類節目。於是，他找新聞部主管商量。此時仍然滿腹怨恨未消的新聞部主管，板著臉對瓦拉斯說：「我不准你做！因為，我計畫要你做一個新聞評論性節目。」

雖然瓦拉斯知道當時評論性的節目爭議多，常常出力不討好，而且收視率較低，但他卻並未表示不滿，而是欣然接受：「好極了！我聽從您的安排。」

果然，瓦拉斯吃盡了苦頭，但他一直全力以赴，毫無怨言地為他的新

節目而拚命努力。節目逐漸上了軌道，有了名聲，參加者都是一些很有名氣的重要人物。

總經理非常看好瓦拉斯的新節目，也想多與名人、政要接觸。因此，他招來新聞部主管，說：「以後每一集的腳本由瓦拉斯直接拿來給我看。為了把握時間，由我來審核好了，有問題也好直接跟製作人商量。」

從此，瓦拉斯每週都直接與總經理商量、討論，許多新聞部的改革措施也都有他的意見。他從一個冷門節目的製作人，漸漸變成了炙手可熱的大人物，曾多次榮獲全美著名節目的製作獎。

如果你不小心得罪了一個人，或是做錯了一件小事，那麼你不必對此耿耿於懷，費盡力氣去彌補、解釋，也不必大動肝火，因小失大。無論是自怨自艾、一蹶不振，還是氣惱怨恨，拂袖而去，都是不可取的。只有接受現實，加倍努力，你才會獲得加倍成長。

降低犯錯機率的幾大原則

為了消滅錯誤，人們最常犯的一個新錯誤就是：寄希望於某種「正確的模式」，這幾乎成為新的迷信。這種迷信往往是徒勞無功的，因為「正確的模式」也不是通用的，在某個時候，某個地點，某種因素下，我們需要根據當時的需要來更好地調整行動方式。這也就是說，沒有什麼可以保證我們完全不犯錯，我們要做的只能將犯錯的機率降到最小。

將犯錯的機率降到最小，是我們做任何事的願望，也是我們犯錯的原則。利用這個原則我們可以得到這樣的一些道理：

（1）犯錯固然是壞事，可是最大的錯誤是不去嘗試

錯誤並不一樣，有些可能毀了你，但大多數錯誤不致如此嚴重。相反地，過於相信「犯錯是壞事」，會導致你孕育新創意的機會減少。如果你

只是對「正確答案」感興趣，那麼你可能會誤用取得正確答案的法則、方法和過程，而忽視了創造性，並且錯過向規則挑戰的機會。

這是一個有用的教訓：我們一直在犯錯，做錯的機率比做對的要大得多。有許多人因為害怕失敗，而錯過了許多學習的機會。

（2）可以犯錯，但是要快點犯完錯誤

我們可以把「犯錯」看成「獲得成功」的成本，它們是合理的和必要的，但最好少一些。

這並非是說我們應該縮手縮腳，而是應該善於從錯誤中學習。愛迪生經過上萬次「錯誤」，才發現了製造電燈的正確方法，相反那個在同一個地方跌倒兩次的人才是真正的傻瓜。

（3）把握真正的問題

當錯誤發生時，人們很容易被表象所迷惑，真正的問題卻可能被掩飾。坦白說，決定的準確性是沒有標準的。因為在進行的過程中，往往會旁生出許多令人料想不到的枝節。我們所能做的，就是在把握可知資訊的情況下，對各種因素和可能性做出理性的評估和選擇。

（4）儘量減少中間環節

一個簡單的計畫或制度不一定是好的，但一個太過複雜的計畫一定是壞的。因為「犯錯」的可能性無處不在，環節越多，危險性就越大。這一點可以在軍事史上得到最好的注解。一支軍隊的指揮系統越複雜，層次越多，機動性和戰鬥力就越差。疊床架屋，相互牽制之間的爭吵和推託，阻斷了資訊的傳遞，並製造大量垃圾資訊，是錯誤和災難的溫床。記住哲學家的忠告：「簡潔即是美」。

對於以上原則，如果你能夠謹記並多加利用，那麼你就會減少自己犯錯的機率。

話力：讓別人聽自己說

先傾聽，再開口

在你準備開口之前先注意傾聽對方的話語，這樣會使你掌握主動權，會使你的說服更具感染力。

烏托從商店買了一套衣服，很快他就失望了，因為衣服會掉色，把他的襯衣領子染上了色。

他拿著這件衣服來到商店，找到賣這件衣服的店員，想說說事情的經過，可沒做到。店員總是打斷他的話。

店員聲明說：「我們賣了幾千套這樣的衣服，您是第一個找上門來抱怨衣服品質不好的人。」他的語氣似乎表明：「您在撒謊，您想誣賴我們。等我給您點厲害看看。」

吵得正兇的時候，第二個店員走了過來，說：「所有深色禮服開始穿時都會褪色，一點辦法都沒有。特別是這種價錢的衣服，這種衣服是染過的。」

烏托先生敘述這件事時強調說：「我氣得差點跳起來，第一個店員懷疑我是否誠實，第二個店員說我買的是次級品。我快氣死了。我準備對他們說：你們把這件衣服收下，隨便扔到什麼地方，見鬼去吧！」正在這時，這個部門的負責人克拉出來了，他及時制止了這場無休止的爭吵。

首先，克拉一句話沒說，而是耐心地聽烏托把話講完；其次，當烏托

把話講完，那兩個店員又開始陳述他們的觀點時，克拉開始反駁他們，幫烏托說話，他不僅指出了烏托的領子確實是因為衣服褪色而弄髒的，而且強調說商店不應當出售使顧客不滿意的商品。後來，他承認他不知道這套衣服為什麼出毛病，並且直接對烏托說：「您想怎麼處理？我一定按照您說的辦。」

9分鐘前烏托還準備把這件可惡的衣服扔給他們，可是現在烏托回答說：「我想聽聽您的意見。我想知道，這套衣服以後會不會再染髒領子？能否想點辦法？」克拉建議烏托再穿一星期。「如果還不能使您滿意，您把它拿來，我們想辦法解決。請原諒，給您添了這些麻煩。」他說。

烏托滿意地離開了商店。7天後，衣服不再掉色了，烏托完全相信這家商店了。

崛場雅夫告訴我們：許多人沒能給人留下好印象是由於他們不善於注意聽對方講話。他們如此津津有味地講著，完全不聽別人對他講些什麼，許多知名人士都是重視注意傾聽的人，而不是只顧說的人。

如果你想讓別人聽你說，那麼你首先應做一個善於傾聽的人。

要記住：與你談話的人，他對自己的事情比對你的事情更感興趣。

語言技巧需要不斷提高

如果你想讓別人聽你說，那麼你要不斷提高你自己的語言技巧。只有那些高超的、有內涵的話語，才會容易被別人所接受。

現代人愈來愈重視說話的技巧，市面上也出版了不少有關如何增進說話技巧的書籍，不少業務員都有過閱讀這一類書籍的經驗。然而，卻很少有人在看了書之後進行實地練習，並利用鏡子來檢討自己的缺點。所謂的鏡子還包括了反映聲音的鏡子——錄音。

利用「聲音的鏡子」有下列兩種方法：

（1）利用錄音筆或手機。這些設備可以放在公事包內，隨時錄下實際與顧客的對話以供事後檢討。或許在剛開始的時候你會因為正在錄音而有些不自在，但投入工作之後就會忘了它的存在。事後聽聽自己的說話方式，就可以發現自己有哪些需要改進的地方。

（2）在自己的家中對著鏡子，把當天進行過的對話重新表演一次，並錄音檢討。

說話的技巧必須透過長期的經驗累積才能得以改進，而不是靠讀書，或參加研討會就可以學到的。除了學習及記住一些技巧與原則之外，更重要的是要善加利用「聲音的鏡子」來自我檢討。

聆聽：善於聽從他人的勸諫

能夠取得成功的人都會清楚：不能給予他人忠言的人，不是真誠的人；不接受他人忠言的人，則是一個失敗的人，正視自己的弱點，虛心納諫，定能走向成功。

唐太宗是個有「廣開言路，虛心納諫」美名的皇帝。他曾問魏徵：「人怎樣才能不受欺？」

魏徵說：「兼聽則明，偏聽則暗。」太宗深以為然，但太宗在納諫的過程中，自我中心意識也時時露頭，例如他最喜歡的小女兒出嫁時，其嫁儀排場要超過大女兒。為此魏徵直言諫阻。太宗到後宮見到長孫皇后發狠道：「總有一天要殺掉他！」皇后問是誰，太宗說：「魏徵當眾侮辱我！」皇后不敢多話，馬上換上朝服煞有介事地向太宗祝賀：「古語說得好『君明臣直』。魏徵的直是陛下英明的緣故，臣妾特向陛下祝賀。」太宗聽了長孫皇后的話才消了怒氣。其實皇后用的還是巧妙的恭維話解決了問題。

唐太宗到了晚年，批評性的話語也不大聽得進了。那些敢於進諫的大臣先後去世，他跟大臣們議事，常常是誇誇其談，務必壓倒對方為止。他剛強高傲，日勝一日，以至生活上好色自戕，竟服食方士凡藥。政事上又有多處缺失，如大修宮殿，對高麗窮兵黷武；特別是在接班人問題上嚴重失策，讓平庸無能的兒子李治（唐高宗）接位，導致後來武后專權。唐太

宗在虛心納諫方面，雖有「善始」，卻沒能有「慎終」。

在人的自我中心意識中，包括了對自我評價的提高和對自身弱點、缺點規避縮小的傾向。人們在許多事物面前都能保持清醒的頭腦，客觀的態度，但是，當人們面對恭維和奉承或只是小小的讚譽，就很難不陶醉。

我們每個人身上都或多或少地有這種自高自大的弱點，普通人物聽到讚譽之詞飄飄然，大人物亦在所難免。地位越高，權柄越重，越容易受阿諛奉承的包圍，許多小人正是利用人性的這一弱點以售其奸的。

清代的乾隆皇帝，應當說是一個比較有知識和修養的皇帝了，但他同樣自恃清高、自命不凡。他幾下江南，遍遊名山古剎，所到之處不是題字就是賦詩，然而他那些詩，沒有幾首是值得傳於後世的。

御用文人紀曉嵐看透了他的這一弱點，便在主編《四庫全書》時，故意在顯眼的地方留下一兩處錯漏之處，上呈御覽，有心讓乾隆過過「高人一籌」的癮。乾隆當然發現了這些錯誤，發下諭旨加以申斥，心裡十分得意，他甚至還召見紀曉嵐，當眾指正他的謬誤。紀曉嵐乘機對乾隆的「學識」倍加讚頌，此後他一直在乾隆手下官運亨通。

像紀曉嵐這樣圓滑的人物深深懂得，沒有人喜歡別人比自己更高明。當一個人自以為處在居高臨下的境地時，他的寬容心會更多，他的權力給人帶來的私利也會更多。

雖然中國歷代朝廷常設有諫官，但真正虛心納諫的皇帝卻屈指可數，史書上有許多君主聽不得大臣的諫言，甚至殺戮大臣。

殷代的賢臣比干，因為對紂王的荒淫無道進諫而被殺，其屍體被剁成肉醬。春秋時期，吳國的賢臣伍子胥因為屢諫吳王夫差，夫差惱羞成怒，逼伍子胥自殺，拋屍長江。

中國史官有秉筆直書的優良傳統，但史官一旦記下諸侯貴族的醜惡，

便難有容身之所。春秋時齊國大夫崔抒殺了齊莊公，太史照實記錄：「崔抒找其君。」崔抒只憑此一條，下令殺了太史。太史的兩個弟弟先後繼任史官，仍然這麼記，崔杼先後又把他們殺了。

忠言有助於和他人建立真誠的人際關係，其作用不可輕視。如果你想成功，就不妨多聽聽你周圍朋友的忠言。這會有利於你成就你的事業。

定位：好領導者能傾聽異見

本田宗一郎是日本著名的本田車系的創始人。他為日本汽車和摩托車業的發展做出了巨大的貢獻，曾獲日本天皇頒發的「一等瑞寶勳章」。在日本乃至整個世界的汽車製造業裡，本田宗一郎可謂是一個重量級傳奇人物。

1965年，在本田技術研究所內部，人們為汽車內燃機是採用「水冷」還是「氣冷」的問題發生了激烈爭論。本田是「氣冷」的支持者，因為他是領導者，所以新開發出來的N360小轎車採用的都是「氣冷」式內燃機。

1968年在法國舉行的一級方程式冠軍賽上，一名車手駕駛本田汽車公司的「氣冷」式賽車參加比賽。在跑到第三圈時，由於速度過快導致賽車失去控制，撞到圍牆上。不久，油箱又發生爆炸，車手被燒死在裡面。此事引起巨大反響，也使得本田「氣冷」式N360汽車的銷量大減。因此，本田技術研究所的技術人員要求研究「水冷」內燃機，但仍被本田宗一郎拒絕。一氣之下，幾名主要的技術人員決定辭職。

本田公司的副社長藤澤感到了事情的嚴重性，就打電話給本田宗一郎說：「您覺得您在公司是社長重要呢，還是當一名技術人員重要呢？」

本田宗一郎在驚訝之餘回答道：「當然是當社長重要啦！」

藤澤毫不留情地說：「那您就同意他們去搞水冷引擎研究吧！」

本田宗一郎這才省悟過來，毫不猶豫地說：「好吧！」

於是，幾個主要技術人員開始進行研究，不久便開發出適應市場的產

品，公司的汽車銷售大大增加。那幾個當初想辭職的技術人員均被本田宗一郎委以重任。

1971年，本田公司步入了良性發展的軌道。有一天，公司的一名中層管理人員西田與本田宗一郎交談時說：「我認為我們公司內部的中層領導層都已經成長起來了，您是否考慮一下該培養一下接班人了呢？」

西田的話很含蓄，但卻表明了要本田宗一郎辭職的意願。

本田宗一郎一聽，連連稱是：「你說得對，你要是不提醒我，我倒忘了，我確實是該退下來了，不如今天就辭職吧！」

由於涉及到移交手續方面的諸多問題，幾個月後，本田宗一郎把董事長的位子讓給了河島喜好。

對於下屬所提出的相反意見，甚至讓其辭職，本田宗一郎都很爽快地接受了。這樣一位虛心聽取下屬意見的領導人，怎麼會不讓下屬們敬佩呢？正是有了這種作風，才使本田公司至今仍屹立不倒。也正是有了這種作風，使得本田宗一郎在日本甚至整個世界的汽車製造業裡，享有相當高的聲譽。

作為一個領導者，無論你地位有多高，或者你擁有多麼巨大的成就，都不可避免地會犯錯。虛心聽取下屬與自己相反的意見，能使你的領導地位更加穩固，能使你受到更多的擁護。

無論是誰，每個人都會過時，由昨日的先鋒、權威成為今日的不合時宜。這並不可怕，可怕的是你仍以昨日的感覺坐在位子上發號施令。解決這種可怕情形的辦法即是：虛心地聽取下屬的相反意見並予以改正。好的領導者是能夠虛心聽取下屬意見的領導者。

接受：悅納他人的批評

　　人與人之間存在著批評與被批評的關係，有些人極不情願接受批評，一旦遇到別人的批評，就會怒氣沖沖。這是不利於其發展的。批評相當於忠言，俗話說：忠言逆耳利於行。批評能夠幫助你改正錯誤。如果你一味地反對別人的批評，那麼還有誰願意向你獻忠言呢？這樣，你還如何進步呢？

　　崛場雅夫說，每個人一天起碼有五分鐘不夠聰明，智慧似乎也有無力感。一般人常因他人的批評而憤怒，有智慧的人卻想辦法從中學習。與其等待對手來攻擊我們或我們所做的工作，倒不如自己主動接受批評。對手對我們的看法比我們自己的觀點可能更接近事實。

　　詩人惠特曼也曾說：「你以為只能向喜歡你、仰慕你、認同你的人學習嗎？從反對你的人、批評你的人那裡，不是可以得到更多的教訓嗎？」

　　在別人抓到我們的弱點之前，我們應該自己認清並處理這些弱點。達爾文就是這樣做的。當達爾文完成其不朽之作——《物種起源》時，他已意識到這一革命性的學說一定會震撼整個宗教界及學術界。因此，他主動開始自我評論，並耗時15年，不斷查證資料，向自己的理論挑戰，批評自己所下的結論。

　　如果有人罵你愚蠢不堪，你會生氣嗎？會憤憤不平嗎？我們來看看林肯是如何處理的。

　　林肯的軍務部長愛德華・史丹唐就曾經這樣罵過總統。史丹唐是因為

林肯的干擾而生氣。為了取悅一些自私自利的政客，林肯簽署了一次調動兵團的命令。史丹唐不但拒絕執行林肯的命令，而且還指責林肯簽署這項命令是愚不可及。有人告訴林肯這件事，林肯平靜地回答：「史丹唐如果罵我愚蠢，我多半是真的笨，因為他幾乎總是對的。我會親自去跟他談一談。」

林肯真的去看史丹唐了。史丹唐當面指出他這項命令是錯誤的，林肯就此收回了成命。林肯很有接受批評的雅量，只要他相信對方是真誠的，有意幫忙的。

我們也應該歡迎這樣的批評，因為我們不可能永遠都是正確的。連羅斯福總統也只敢期望自己能在四次裡面，有三次是正確的。當今最偉大的科學家愛因斯坦，也曾坦承他的結論99％都是錯誤的。

法國作家拉勞士福古曾說：「敵人對我們的看法比我們自己的觀點可能更接近事實。」這句話非常正確，可是被人批評的時候，如果不提醒自己還是會不假思索地採取防衛姿態。不管正確與否，人總是討厭被批評，喜歡被讚賞的。我們並非邏輯的動物，而是情緒的動物。我們的理性就像在狂風暴雨中的一枚樹葉，汪洋大海中的一葉扁舟。

聽到別人談論我們的缺點時，想辦法不要急於辯護。因為沒頭腦的人常常都是這樣的。讓我們放聰明點也更謙虛點，我們可以氣度恢弘地說：「如果讓他知道我其他的缺點，只怕他還要批評得更厲害呢！」

現在提出的是另一個想法：當你因惡意的攻擊而怒火中燒時，何不先告訴自己：「等一下……我本來就不完美。連愛因斯坦都承認自己99％都是錯誤的，也許我起碼有80％的時候是不正確的。這個批評可能來得正是時候，如果真是這樣，我應該感謝它，並從中獲得益處。」

一位香皂推銷員，常主動要求人家給他批評。當他開始推銷香皂時，

訂單接得很少。他擔心會失業，他確信產品或價格都沒有問題，所以問題一定是出在他自己身上。每當他推銷失敗，他會在街上走一走想想什麼地方做得不對，是表達得不夠有說服力？還是熱忱不足？有時他會折回去，問那位商家：「我不是回來賣香皂的，我希望能得到你的意見與指正。請你告訴我，我剛才什麼地方做錯了？你的經驗比我豐富，事業又成功。請給我一點指正，直言無妨，請不必保留。」

他這種態度為他贏得了許多友誼，以及珍貴的忠告。想知道他的發展嗎？他後來升任高露潔公司總裁，高露潔公司是當代最大的香皂公司之一。他就是立特先生。

只有心胸寬大的智者，才能向林肯、立特等看齊。四下無人時，你何不捫心自問你到底屬於哪一種人？記下自己做過的錯事，提出自我批評。既然我們並非完美之人，何不歡迎那些建設性的批評？不明白這些，你就難以做一個真正受人歡迎的人。

羊皮卷

《思考致富》

　　本書的作者拿破崙·希爾是一位在世界捲起成功狂潮的思想家、哲學家，被人們譽為「成功學之父」。他比歷史上任何人都更多地影響了人們的成功，這一點已為世人所公認。他可以稱得上是個人成功領域最有影響力的人物之一。

　　希爾在《思考致富》中拒絕把成功歸結於運氣、背景或是上天賜福，他希望提供一份完全取決於你自己的成功計畫。該書暢銷的另一個原因是，它並不是希爾憑空構想出來的理念，而是提煉自美國數百位最成功男士（20世紀30年代的女大亨並不多）的成功祕訣而成。

　　希爾承認，他寫這本書的主要原因是「無數男男女女由於懼怕貧困而失去了採取行動的勇氣」。這是在20世紀30年代的美國，由於「大蕭條」的創傷尚未痊癒，因此大多數人一心要躲避貧困而不是致富。希爾的書沒有止步於避免貧困，而是大膽地論述了怎樣才能獲得驚人的財富。

計畫：致富的藝術

計畫是一項極其精妙的藝術：沒有計劃，一切寸步難行；沒有計劃，夢想僵硬乏味；沒有計劃，事情安排錯位，靈感的精靈沒有迴旋的空間和餘地。所以，我們最終都會得出結論，那就是從容不迫、井井有條、大步向前的生活，才是計畫好、設計好的生活，才會豐富充盈，充滿成就感。

你可能聽過許多人這麼說：「唉！如果我前幾年就買下某某公司的股票，今天就是大富翁了。」

一般來說，大家一想到投資就會想到在股票或公債、房地產或不動產上投資，但是最划算、也是最大的投資就是你的「自我投資」，亦即「建立自己的心理能力」與「熟悉人情世故的觀察力」。

那麼從現在開始，馬上建立你的第一個30天改善計畫吧！你要時刻提醒自己，能否做到——

（1）改掉這些習慣：

・不按時完成各種事情。

・常說消極的詞彙。

・每天看電視超過一小時。

・經常進行無意義的閒聊。

（2）養成這些習慣：

・每天早上出門以前檢查自己的儀表。

・第二天的工作都在前一天晚上就計畫好。

・身處任何場合都儘量讚美別人。

（3）用這些方法來增加你的工作效率：

・儘量發掘部屬的工作潛力。

・進一步學習公司的業務。公司的業務有哪些？顧客又是哪些人？

・提出三項改善公司業務的建議。

（4）用這些方法來增加家庭的和諧：

・對家人為你做的小事表示更大的謝意，不可像往常一樣認為「理所當然」。

・每週一次帶家人做些特殊的活動。

・每天固定挪出一小時跟家人快樂相處。

（5）用下面的方法來修養你的個性：

・每週花兩小時閱讀本行業的專業雜誌。

・閱讀一本勵志書籍。

・結交四個新朋友。

・每天靜靜思考30分鐘。

當你下次看到一個處處都高人一等的風雲人物時，立刻提醒自己，那麼優美的風度不是天生的，是由許許多多嚴格的自我控制所造成的。建立新的積極習慣，同時根除舊的消極習慣，試著這樣去改善計畫吧。

馬上就建立第一個30天的改善計畫吧。

時常有人說：「我真的很明白一心一意追求目標的重要，但是我的雜務太多，經常『擾亂』原有的計畫，這該怎麼辦？」

許多未知的各種因素確實存在，並影響你的「執行步驟」，例如家人生病、失去工作，或發生其他意外事件。所以我們心裡也要冷靜，遇到障

礙時要採取補救措施。例如你開車遇到「此路不通」或「交通堵塞」的情況，不可能停著不動；當然也不能乾脆回家，你可以從另一條路同樣走到目的地。

請觀察一下高級將領的做法。每當他們擬出一個戰略計畫時，都會同時擬出幾個備用方案，以備不時之需。那就是說，萬一發生意料之外的事情而取消甲方案時，就改用乙方案。正像你乘坐飛機時原定降落的機場因故而關閉——你不需掛慮一樣，因為你知道工作人員一定會將飛機降落到鄰近的機場。

循序漸進，沒有經過許多曲折而成功的人實在很少見。當我們「迂迴前進」時，並沒有改變原來的目標，只是選擇另一條路徑而已，目的地還是不變的。

制定計劃時需要同時制定出幾個備用的計畫，而在實行計畫時最需要的則是你的勇氣和剛毅的精神。只要你不輕言放棄，雖然幾經波折，但最終還是可以到達你的目的地。

如果你採用第一個計畫失敗了，那就用一個新計畫來取代它，因為你已事先制定好備用計畫；如果新計畫仍然不成功，就再用一個新計畫來取代它，直到你發現了一個成功的計畫為止。多數人遭到失敗的原因就在於：他們缺乏縝密的思維以及取代失敗的舊計畫的勇氣和剛毅精神。

如果沒有可行的實用計畫，即使聰明的人也不可能積累財富或完成其他任何事業。當你遭遇失敗時，要知道，一時的失敗並不是永遠的失敗。這也許只是意味著你的計畫並不正確。

你可以構想其他的計畫，重新開始。

千百萬人終生過著貧困的日子，原因就在於他們缺乏積累財富的正確計畫。你的成就不可能大於你的計畫的正確性。

亨利‧福特不僅在開創汽車事業的初期曾遇到一時的失敗，當他處於巔峰時也遭受過挫敗。

　　但他創造了新的計畫，走向了金融上的勝利。我們在認識這些人物時，往往只看見了他們成功，而忽視了他們在成功之前所必須克服的許多挫折。

　　當失敗到來時，你應該把它看成是一個訊號，然後重新制訂你的計畫。再度出航，駛向你的目的地。如果你遭遇失敗就放棄，那麼你便是一個半途而廢的人——更不客氣的就便是廢人。一個廢人絕不會勝利，更不可能獲得財富。

欲望：沒有目標，致富何來

法國著名作家巴爾扎克說：「**欲望是支配生命的力量和動機，是幻想的刺激劑，是行動的真正意義。**」

你所欲望的東西就是你要追求的目標，欲望本身則是你努力刻苦的基本動力。欲望還可以促使夢想變為現實。

欲望是賺取財富的原動力，動力越強，其行動就越有力，行動越有力，實現財富夢想的機率就越大。這些都是成正比的。如果你要獲得財富，你就必須要讓你的欲望變得非常強烈，只有強烈的欲望才能使你奮進。

西方有句諺語說得好，只有想不到的事，沒有辦不成的事。

只有鍾情於金錢，並且鍾情再鍾情，從心裡視財富為命根子，你的財富才會不斷增加。

被譽為日本經營之神的松下幸之助，從9歲起就開始了學徒生涯，嘗盡了各種艱辛。他經過15年的漫長磨礪，於24歲創立自己的公司並開始獨立經營。經過數十年的艱苦經營，終於使一個小作坊式的工廠發展成國際性的龐大企業集團，松下公司的規模2005年在世界500家大企業中名列第31位，而且還曾比這更前面過。他有一句名言被商人奉為經典：「讓我們鍾情於金錢吧，這樣才會有所作為。」

20世紀70年代的華爾街，人們一提到唐納德·索馬斯·里甘這個人，就會膽戰心驚。里甘是華爾街股市中的一個經紀大亨，是華爾街一家著名

投資公司——梅里爾・林奇公司總裁。他可以使華爾街的股民笑的變哭，哭的變笑，簡直是「翻手為雲，覆手為雨」。里甘與甘迺迪是同學，他對家財萬億的甘迺迪家族羨慕不已。他暗暗發誓：一定要擁有足夠令世人驚嘆的金錢。里甘坦言：「我喜歡金錢，對我來說，這是我的稟性，也是我的正業。」在許多人手裡會變成廢紙的股票，在他手裡，則會變成自己腰包裡的金錢。

只有具有「財富意識」，才能積累財富。

賺錢要從「心」開始，要賺大錢成為富豪，你就不能滿足於小富，「小富即安」的心態成就不了大事業，要追求更高的目標你必須還要有「野心」。

「野心」會使你財路暢通，對於要追求成為巨富的人來說，野心甚為重要。盛田昭夫，一個尋常的名字，卻是日本電子技術方面的傳奇人物。1946年他創辦東京通訊工業公司（索尼公司的前身）時，就霸氣橫溢，他對合夥人說：「我們的市場不僅僅是日本、亞洲，而是全世界。」為了占領美國市場，他制定了一個10年不贏利的計畫。當他的艱辛努力獲得豐厚的報酬時，他便是第一個實現企業國際化的日本人。

美國鋼鐵大王卡內基少年時就立下誓言：我將來一定要成為大富豪。卡內基沒受過什麼教育，曾做過鍋爐工、記帳員，電報業務辦事員等最底層的工作，除了機敏和勤奮，卡內基一無所有。卡內基的心中有一個夢想，那是他在少年時就立下的誓言：賺錢成富翁。在當時美國動盪及戰亂年代，他的夢想曾被人恥笑，說他是可笑的野心家。但他成功了，他登上美國「鋼鐵大王」的寶座。

卡內基或許沒有生意人的精明和鑽營，但他總是把可以賺錢的機會抓住。這正是成功的野心家所必需的一切。很難想像：沒有欲望，王永慶能

擁有令人羨慕的財富……欲望可以是羅曼蒂克的，但不是空想。它需要破釜沉舟的決心和勇氣，也需要堅韌不拔的意志和信念。

王永慶16歲時就開起了米店，面對眾多的競爭對手，他突發奇想：要是能將風頭最勁的日本米店比下去，就算成功了。經過多方努力，終於實現了他的願望。20世紀50年代，王永慶想進軍塑膠業，有人勸他，連精通塑膠業的何義都不敢接這個燙手山芋，你憑什麼去接？王永慶卻想：別人不敢做的事我做成了，豈不美哉！他偏不信這個邪，偏要異想天開。他果真做到了，而且，他的名字成了「財富」的代名詞，他的「一個噴嚏」足以令全臺灣的工業界都感冒……王永慶成功的祕訣就在於，擁有強大的欲望和野心。

以上事例說明，欲望是可以化為實質對等物的，欲望可以衍生財富。

你也許會抱怨說，在未實際達到這一目標之前，你看不到自己的成就和財富，但這正是「熾烈欲望」的魅力所在，如果你真的十分強烈地希望擁有財富，進而使你的這種欲望變成了你堅定的信念，你最終便會真正地得到它。

如果你真正地熱愛金錢，並下定決心要致富，那麼你也可以成為賺錢高手，當今的時代和我們所面臨的世界形勢為你提供了充分的可能。

毅力：為財富提供動力

在將欲望轉化為財富的過程中，毅力是必不可少的。當毅力和欲望結合在一起的時候，就會形成一股強大的力量。通常，擁有巨額財富的人都是具有堅強毅力的人，他們能夠不斷地前進，直到實現自己的目標。

缺乏毅力是失敗主要原因之一。所有的成就都是以欲望為出發點的。微弱的欲望就產生微弱的效果，強烈的欲望就產生強烈的效果。如果你發現自己缺乏毅力，那就點燃你的欲望之火吧，你的欲望越強烈越好。其實，從你行動的熱情中，就能看出你積累財富的欲望有多大。

只有少部分人是堅韌不拔的，只有少數人會認為失敗是一時的，他們最終依靠毅力把失望轉化成勝利。在生活中，我們看到很多人遭遇失敗而倒下去之後，就再也爬不起來了。對於這種情況，我們只能說，如果一個人沒有毅力，他的一生就不會有什麼成就。

百老匯向來是失敗者的墳場，成功者的機會樂園。來自世界各個角落的人都到這裡尋找財富、聲譽和權力，可是，總會有人成功，有人失敗。百老匯不是那麼容易就被征服的。只有當人們拒絕放棄的時候，百老匯才會給他機會，才會給他財富。這就是征服百老匯的祕訣——毅力。

芬妮・赫斯特就是憑藉毅力征服百老匯的。赫斯特1915年來到紐約，她原本想靠寫作來創造財富。這個過程耗費了她四年的工作，在這四年裡，赫斯特逐漸熟悉了紐約。她白天打工，晚上創作。在希望即將破滅的

時候，她沒有對自己說：「好，百老匯，你贏了！」而是說：「好的，百老匯，你可以擊敗任何人，但你不可能擊敗我！如果不信，那你就來試試看吧，我不會向你認輸的。」

在她的第一篇稿子發表之前，她曾收到過36張退稿單。曾通人在接到第一張退稿單時就很有可能放棄了，但是她卻堅持了四年。最後她成功了，戰勝了時間和機會。從此以後，出版商紛紛上門求稿，接著她又進入了影視界。

凡是想要擁有財富的人，都是百折不撓的。百老匯對每一個乞丐都很有善心，但是對於那些帶著賭注來的人們，百老匯卻給了他們一個個考驗，而這些考驗是需要用毅力才能克服的。

毅力是一種心態，它是可以培養的，與其他心理狀態一樣，毅力需要以明確的動機為動力，這些動機包括：

（1）明確的目標

知道自己想要的東西，才是培養毅力的第一步，強烈的動機能夠使人克服許多困難。

（2）強烈的欲望

要相信自己有能力實現這個計畫，也有能力激勵自己去克服困難。

（3）明確的計畫

明確的計畫可以激發人的毅力。要透過觀察和分析，做出適當的計畫，而不能僅僅依靠猜測。

（4）合作的精神

合作可以產生力量，與其他人進行有效的合作，可以使資源得到有效的利用，可以使你離成功越來越近，從而增加堅持下去的信心。

（5）意志

堅強的意志能夠讓人產生毅力。

（6）習慣

毅力是習慣的結果。

知道了這些動機之後，分析一上你自己的毅力，看看上面的六點動機中，你缺少什麼，或許這樣你會更瞭解自己。

由此你就會發現一直潛在的敵人，就會發現自己毅力上的弱點。一旦發現了，你就必須勇敢地反省和檢討。所有想要獲得財富的人，都要克服這些弱點，並逐漸培養自己的毅力。

培養毅力並不難，可以透過以下四個簡單的步驟：

（1）建立明確的目標。

（2）制定完整的計畫並付諸行動。

（3）甩開一切否定的、令人沮喪的、影響人的心理的因素。

（4）與鼓勵你的人聯合起來。

要想獲得成功，這四個步驟是必不可少的。你要記住這些原則，並用它們來培養起自己的習慣。這些習慣會讓你掌握自己的命運，會讓你產生獨立的思想，也會讓你積累財富。凡是利用這四個步驟去克服困難的人，都會獲得回報。

決策：財富面前需要決斷力

拿破崙‧希爾在對25000名經歷失敗的人進行分析後指出：缺乏決心竟然高居31項失敗立因之首。後來，他又分析了數百位財富超過百萬美元的成功人士，指出：這些富翁每個人都有迅速下決心的習慣，而且假如需要改變決心，或於改變決心的當時，他們也都有謹慎從容更改決心的習慣。致富失敗的人，則幾乎毫無例外的，都有猶豫不決、朝令夕改的習慣。

亨利‧福特顯著的特質之一便是「習慣」於下決心時，迅速而明確，但更改決心時，則謹慎而遲緩。福特先生的這項特質是如此的顯著，以致為他帶來名聲。也就因為這股特質，而使福特先生堅持繼續製造著名的T型車（全世界最醜的車），即使當時他所有的顧問以及許多汽車的買主，都敦促他改變。或許福特先生延遲了太久才做改變，但此事的另一面事實則是，在福特先生必須改變模型之前，其堅毅的決心已產生了巨額的財富。毋庸置疑地，福特先生有輕易更改決心的習慣，是有點頑固之嫌，但總勝過猶豫不決、朝令夕改的習慣。

大部分無法聚積足夠金錢以供所需的人，通常容易受他人意見所左右，他們讓報紙上的評論和鄰人的閒話來代替他的思考。意見是世上最廉價的商品，每個人總有一籮筐的意見可以提供給任何願意接受的人。假如你下決心時，會受他人左右，那麼你在任何事業上便難以成功，想化自己的欲望為金錢，則更是無望。進一步說，如果你被別人的意見所左右，那

麼你根本就不會有自己的欲望。

你有自己的頭腦和思想，使用它並做出決定。在許多可能的情況下，如果你需要從他人之處獲得事實或資料以使自己能下決心，那麼就不動聲色的去收集這些實事或資料，別揭露了自己的目的。

一知半解、學問淺薄的人，其特質就是企圖給人留下博學的印象。這種人通常說的太多、聽的太少。如果你想養成迅速果斷下決心的習慣，那麼就睜大眼睛，豎起耳朵，請免開尊口。

話太多的人，往往容易壞事。如果你說的比聽的還多，你不但會剝奪自己吸收有用知識的機會，而且還會向那些嫉妒你、樂於打擊你的人，揭露出自己的計畫和目的。每當你在一個博學者面前開口時，你也同時在向他揭露，你肚裡裝有多少墨水或根本就是個草包。真正的智慧通常是透過謙虛與沉默而突顯的。

記住一項事實：與你共事的每個人，其實和你自己一樣，都在尋求致富的機會。如果你隨便地談論自己的計畫，你可能會驚訝地發現，有人已捷足先登，先你一步達到目標了；而他用的，正是你之前主動洩露的計畫。因此，你的第一個決心應該是：守口如瓶、張大耳朵和睜大眼睛。

為提醒自己恪守此忠告，不妨將以下警語，又大又醒目地抄錄下來，貼在你每天看得見的地方：「在告訴世人你的意圖之前，先做出來再說。」這句話也就是在說：「最重要的是行動，而非言語。」

決心的價值在於從事它們所需的勇氣。充當文明基石的偉大決心，經常都是在甘冒死亡危險的情況下做出來的。

林肯決心發表使美國黑人獲自由的獨立宣言時，便已充分瞭解此舉會使成千上萬的朋友和政治支持者背離他。

蘇格拉底決定飲鴆，而不肯放棄自己的信仰向敵人妥協，這是一個充

滿勇氣的決定。它使時代前進了一千年，並給予當時尚未出生的人思想與言論的自由。

　　羅伯特・李將軍脫離聯邦，繼續堅持南方理念的決心，也是個勇敢的決定，因為他這樣做很可能會喪命，當然也會犧牲他人的性命。

　　以上幾位偉人，都是迅速果斷地下決心來達到自己的目的的。因為，能迅速、明確下決心的人，他們都知道自己要的是什麼，也通常能獲得所求。各行各業的領袖都能快速且堅定地下決心，那也是他們之所以能成為領袖的主因。這世界總是有空間供給那些在言行中表現出自己目標的人來施展拳腳，這世界總為他們保留一席之地。

　　猶豫不決通常是在年少時便有的習慣，如果你不下決心改變，它便會隨著你念完小學、中學、大學，而變得牢不可破。甚至會隨著你走入你所選的職業……（當然，事實上，如果你的職業是自己選的話）。通常，這種青年離開校門後，皆遷就於他們所能找到的工作。他會接受第一個找到的工作，因為他已深陷猶豫不決的習慣中了。百分之九十八為保住飯碗而工作的人，會處於他們今日的職位，乃是因為他們缺乏下決心的果斷力，所以他們無法以計畫去獲得確切的職位。此外，他們也缺乏選擇雇主的知識。

　　明快地決斷總是需要勇氣，有時是極大的勇氣。簽署獨立宣言的56個人，就是把自己的生命下注於這份簽名上的。明確地下定決心要獲得某個特定職位，且願意讓自己的生為其所求付出代價的人，下的賭注不是生命，而是自己的經濟自由。經濟獨立、財富、令人稱羨的事業和工作地位，是忽略或拒絕計畫、決心的人所無法獲得的。

暗示：自我暗示的不同結果

暗示是一種奇妙的心理現象，暗示又可分為他暗示與自我暗示兩種形式。他暗示從某種意義上說可以稱之為預言，雖然它對致富也不一定有作用，但卻不及自我暗示的力量大，所以在這裡就不詳細講解「他暗示」了，這裡主要說的是「自我暗示」。

自我暗示就是自己對自己的暗示。所有為自我提供的刺激，一旦進入了人的內心世界，都可稱之為自我暗示。自我暗示是思想意識與外部行動兩者之間溝通的媒介。它還是一種啟示，提醒和指令，它會告訴你注意什麼、追求什麼、致力於什麼和怎樣行動，因而它能支配影響你的行為。這是每個人都擁有的一個看不見的法寶。

自有人類以來，不知有多少思想家、傳教士和教育者都已經一再強調信心與意志和重要性。但他們都沒有明確指出：信心與意志是一種心理狀態，是一種可以用自我暗示誘導和修煉出來的積極的心理狀態。成功始於覺醒，心態決定命運。

這是新時代的偉大發現，是成功心理學的卓越貢獻。成功心理、積極心態的核心就是自信主動意識，或者稱作積極的自我意識，而自信意識的來源和成果就是經常在心理上進行積極的自我暗示。反之也一樣，消極心態、自卑意識，就是經常在心理上暗示，而心理暗示的不同也是形成不同的意識與心態的根源。所以說心態決定命運，正是以心理暗示定行為這個事實為依據的。

不同的心理暗示，會給你帶來兩種不同的情緒和行為。

我們多數人的生活境遇，既不是一無所有、一切糟糕，也不是什麼都好、事事如意。這種日常的境遇相當於「半杯咖啡」。你面對這半杯咖啡，心裡會產生什麼念頭呢？消極的自我暗示是為少了半杯而不高興，情緒消沉；而積極的自我暗示是慶幸自己已經獲得了半杯咖啡，那就好好享用，因而情緒振作、行動積極。

由此可見，心理暗示這個法寶有積極的一面和消極的一面，不同的心理暗示必然會有不同的選擇與行為，而不同的選擇與行為必然會有不同的結果。有人曾說：「一切的成就，一切的財富，都始於一個意念。」我們還可以再說得淺顯全面一些：你習慣在心理上進行什麼樣的自我暗示，就是你貧與富、成為敗的根本原因。因而，我們一直強調，發展積極心態、取得財富的主要途徑是：堅持在心理上進行積極的自我暗示，去做那些你想做而又怕做的事情，尤其要把羞於自我表現、懼於與人交際改變為敢於自我表現、樂於與人交際。

如前所述，每個人都帶著一個看不見的法寶。這個法寶具有兩種不同的作用，這兩種不同的力量都很神奇。它會讓你鼓起信心勇氣，抓住機遇，採取行動，去獲得財富、成就、健康和幸福；也會讓你排斥和失去這些極為寶貴的東西。這個法寶兩面就是兩種截然不同的心理上的自我暗示，關鍵就在於你選擇哪一面，經常使用哪一面了。

一個人的心理暗示經常是怎樣，他就會真的變成那樣。所以，我們要調到自己的情緒心理，充分利用積極的心理暗示。

想要成功的你，要每天不輟地在心中念誦自勵的暗示宣言，並牢記成功心法：你要有強烈的成功欲望、無堅不摧的自信心。

想像：放飛想像，鑄就財富

拿破崙·希爾說：「想像力是靈魂的工廠，人類所有的成就都是在這裡鑄造的。」

一直以來，人們認為只有文學家、藝術家們才需要豐富的想像，卻不知道其實我們每一個人都需要想像。想像是思想或行動的依據之一。沒有誰會忘記若得·巴尼斯特4分鐘跑完一英里的事蹟。巴尼斯特不相信人體體能不能做到這件事，他用想像的方式在腦中一而再，再而三地假想自己用4分鐘跑完一英里的畫面，假想聽見並感受到了自己打破這個記錄的感覺，直到自己有了能成功的把握。這個把握是肯定的，如同那些人認為4分鐘跑完一英里是不可能的一樣。我們可以說，巴尼斯特就是靠想像的神奇力量打破了人們認為不可能的記錄。想像具有神奇的力量，它可以幫助你實現致富的願望。

想像力根據功能可分為兩種：一種是「綜合型想像力」，另一種是「創造想像力」。

透過綜合型想像力，人們可以把舊有的觀念、構想或計畫重新組合，推陳出新。這項能力沒有任何創造，它只是將經驗、知識和觀察作為材料進行加工。它是發明家最常使用的能力，但其中也有一些例外的「天才」。當綜合型想像力無法解決問題時，他們進而會利用創造型想像力。

透過創造型想像力，人類的智慧可以無限拓展。「預感」和「靈感」就是利用這種能力獲得的。所有的基本構想也正是由這種能力產生的。這

種能力只有在意識高速運轉的情況下，才會發生作用，比如用「強烈欲望」刺激意識的時候。創造型想像力在使用過程中越得到開發，就會越敏銳。商界、工業界和金融界的偉大領導人物以及藝術家、詩人和作家之所以偉大，正是因為他們發揮了創造型想像力的作用。

綜合型想像力和創造型想像力的靈敏度，都會在不斷使用中得以開發，就像人體的肌肉與器官一樣，都是越常用越發達。

如果你很少使用你的想像力，它就會變得遲鈍。如果你經常使用它，它就會很活躍、敏銳。

這種能力可能因為長久不用而沉睡起來，但不會真正消失。

綜合型的想像力是把欲望轉化為金錢的比較常用的能力，所以應該首先發展它。想要把無形的欲望和衝動轉化為實際的、具體的物質和金錢，必須藉助一個或多個計畫。這些計畫的形成必須要依靠想像力，而主要是綜合型想像力。

立即開始運用你的想像力，形成一個或多個計畫，以實現化欲望為財富的目標。將計畫寫成文字。寫完後，模糊的欲望就具體化了一些。再大聲而緩慢地讀它。記住，當欲望和計畫形成文字時，你就朝著你的目標邁出了重要的第一步。

我們知道，創意是所有財富的出發點，它是想像力的產物。我們來看看幾個曾產生出巨大財富的著名創意，從而即可證明想像力在積累財富中的作用。其實，在商戰上不僅廣告需要創意，產品的設計、推銷、經營等無不需要創意。可以說，創意的好壞關係到商家的存亡，好的創意是商家興旺發達的靈魂。拿破崙・希爾曾經說過：「*想像力就是人類靈魂的工程師，也是塑造命運的主要工具……透過想像力，幻想與現實可以結合而成為工業王國，以至於改變整個人類的文明。*」

智慧：富腦袋才能富口袋

哲學家普魯斯特曾說過：「*真正的發現之旅，不是尋找世界，而是用新視野來看世界。*」世界瞬息萬變。現代人在面對新世紀的挑戰時，首先要改變自己的思想觀念，與時俱進；不能固步自封，抱殘守缺；更不能一成不變、裏足不前。而必須以新思想、新觀念、新視野來適應新世紀的種種變化。

思想觀念對人的影響何其重大，現代人要靠領薪水致富，恐怕難如登天，靠思想觀念致富則是一條捷徑。世界首富微軟公司董事長比爾‧蓋茲就是一個靠腦袋致富的典型例子，他擁有比別人先進的觀念，將許多別人想不到的想法及創意，化為電腦軟體程式，在電腦資訊界獨領風騷，賺進億萬財富。

億萬財富也許買不到一個好想法，而一個好想法卻可以賺進億萬財富。一個人想要過富有的生活，簡而言之，就是要靠腦袋致富，而不是靠領薪水過日子；要靠組織網路倍增財富，而不是靠單打獨鬥賺血汗錢。

每個人都想過富有而隨心所欲的生活。但這種自由自在的生活方式的取得，無論靠努力或腦袋，都絕對不是不勞而獲，突然從天而降的，而是需要經過一番努力，才能辛苦獲得；有時窮盡畢生，也不一定能如願以償。

很多人相信努力工作能夠致富，這並不是一種錯誤的想法。如果努力工作，而所得又足夠多的話，確實可以致富。但現實並非如此，很多人工

作之後才發現，薪資永遠是那麼少，除了基本生活開支，剩下的收入不值一提。不用說諸如汽車、房子等奢侈消費品無法企及，就是那些稍貴一些的東西，在購買時，也會讓人捨不得掏腰包。所以，羅伯特·清崎在《窮爸爸&富爸爸》裡說：窮人是為錢工作，而富人則讓錢為他工作。這意味著，是投資成就了富人，而不投資則造成了貧窮。

每一個人都是自己的投資家，你的投資將決定你的一生，你的投資方式將決定你的前途。而是否會投資，卻完全取決於你的。請看下面的一則故事：

從前，在一個山上，有兩塊石頭，一模一樣，沒有任何區別。三年後，一塊石頭成了佛像，受萬人敬仰，燒香拜佛；而另一塊石頭被胡亂刻了幾下，丟在垃圾堆裡。於是，垃圾石頭就去找佛像石頭，他說：「老兄啊，你可還記得三年前我們一模一樣，沒有任何區別。而現在卻千差萬別。你說老天是不是很不公平？」佛像石頭說：「老弟啊，你就只記得三年前我們是一模一樣，卻忘了三年前來了一個雕刻家。當時你怕疼怕苦，就告訴他：『你隨便把我刻一下算了』。而那個時候，我想到了我的未來，50年後，100年後的我，所以我告訴他：『不管我多疼多苦，你也要盡力把我雕成精品。』所以呢，你我今天的區別是理所當然啊！」

善於投資就像是自己願意塑造自己一樣，如果你不願意雕刻自己而成為精品的話，你就會永遠都是一塊石頭。那麼，我們應該如何來雕刻自己呢？

為了使自己長盛不衰，獲取更大的利潤和更大的成功，一定要充分利用思想，這是千真萬確的真理，是財富、成功和幸福的祕訣。很多人在出發的時候都是同樣的起點，但是有的人很快就能脫穎而出，這是因為他們對原有的模式、觀念有自己的判斷，並根據實際情況形成了自己的理念。

世界首富比爾・蓋茲在哈佛大學還沒有畢業的時候就退學自己辦公司，可以說是一個善於破和立的典型。他當初之所以考上哈佛大學就是因為他覺得哈佛大學的學習和教育能夠幫助他取得成功，按照原來的計畫，他應該等到大學畢業，可是當他發現巨大的商機的時候，就毅然決定退學，他能夠突破原來的觀念，從而才使他成為世界首富。如果他當年留在哈佛繼續學習，那麼等到畢業的時候，可能市場早就已經被別人占領了。

要謹記：你的腦袋是你致富的關鍵。你是否能夠獲得財富，就在於你能否充分地利用你的智慧。

潛意識：內在最偉大的力量

在人的大腦這個「工具箱」中包括意識和潛意識這兩種「工具」。所有的成功者，都懂得如何利用這兩種工具去應付每天發生的問題。成功者不但知道如何使用潛意識，還知道使用的經驗越多，工作就越順利。遺憾的是，這世上沒有幾個人能將潛意識的功用發揮到極致。原因在於，大部分的人都不知道：這種工具功能何在？該怎麼用？而事實上，想獲得財富的人都必須先懂得如何利用潛意識做富於創意的思考或解決問題。

當你將全部精神集中在某個問題上時，潛意識便開始發揮作用，在本人毫無覺察之時處理問題，並在有了決定之後，將決定輸送到意識部分。然後由意識部分再做進一步的加工處理。

實際上，人內心裡的意識是進行推理和思考的場所，只有它才會分析各種資訊和資料，並且導引通往潛意識之路。而潛意識則不會思考和推理，它只會本能地對基本情緒做出反應。

人與人之間之所以有差別的原因，就在於每個人訓練意識的方法有所不同。但我們的潛意識卻是非常類似的。

如果把潛意識比喻成一輛汽車的話，那麼意識就是駕駛員，汽車的動力在車內而不是在駕駛員身上，要使汽車開動就必須學習導引這股力量。

意識在強烈情緒激盪下，會將各種影像傳給潛意識並被接收，就好像照相機一樣：意識扮演著鏡頭的角色，對準你的欲望影像，並意識它照在潛意識的底片上。如果想要用這架照相機照出美麗的照片，同樣也必須遵

守一般的照相原理：焦距必須對準，曝光必須良好，時間必須拿捏準確。

　　以潛意識對著欲望影像一再曝光，是很重要的一個步驟，你必須反覆進行同樣的過程，直到正確的影像被傳送到潛意識為止。

　　當你將影像映照到潛意識時，不要害怕使自己處於情緒高昂的狀態。如果你的目標值得追求的話，就不要害怕這種自我暗示現象，你將欲望映照在潛意識上的強度，直接影響到潛意識激勵你採取正確步驟邁向成功的速度。

　　潛意識的創造力是驚人的，它激勵個人的力量也是不容忽視的。

　　如果你認為潛意識是存在的，並知道它是把你的欲望轉化為財富的媒介，你就會明白「欲望」對獲取財富的重要性。

　　如果你不把你的欲望種植到你的潛意識中，你的潛意識可能就會接受任何思想。所以不要疏懶，要及時地為你的潛意識注入新的欲望，不然，它會順從你的懶，會容納別的思想。

　　人的每一天都有各種欲望和衝動，這些欲望和衝動被悄悄地傳遞給潛意識。任何所需要的東西，都是以一種思想為開端的，只有在思想中存在的東西，人才能有能力創造出來的。人們藉助想像力，把思想變成計畫，並透過積極思考把計畫變成現實。

　　有些意念是消極的，你要努力抑制消極的衝動，當做到這一點時，你就把握了開啟潛意識之門的鑰匙。

　　人創造任何東西都是要靠意念的作用，意念能夠在想像力的幫助下生成計畫。想像力能夠創造計畫和目標，使你在事業和其他方面獲得成功。

　　要刺激潛意識，你就要學會利用積極情感。

　　與情感或情感相結合的意念衝動，比單獨由理性產生的意念衝動更容易影響潛意識。事實上，「只有被賦予情感的意念，才能對潛意識產生行

動的影響力」。對這一理論的例證比比皆是。情緒或情感可以控制大多數人，這是大家所熟知的事實。如果潛意識真對融合了情緒的意念衝動有較快的回應的話，就有必要瞭解這些重要的情感。主要的積極情感有7種，消極情感也有7種。消極情感會自動注入意念衝動中，而那正是確保進入潛意識的通道。積極情感則需透過「自我暗示」原則才能注入個人希望傳給潛意識的意念衝動。

這些情緒或情感或情感衝動就像麵包中的發粉，因為它們構成了行動要素，可將意念衝動由被動化為主動狀態。所以，我們不難理解，與情感相結合的意念衝動會比「冷靜理智」產生的意念衝動更容易發揮作用。

現在，你正準備影響和控制潛意識的「內在聽眾」，以便能將那股對金錢的欲望傳達給潛意識。因此，你必須瞭解接近這個「內在聽眾」的方式，必須說它能懂的語言，否則它就不會注意到你的召喚。它最瞭解的語言就是情緒或情感的語言。我們在此列出7種主要積極情感和7種主要消極情感。這樣，你在下達命令給潛意識時，就可以利用積極情感而避免消極情感了。

7大積極情感包括欲望、信心、愛、性、熱情、依戀、希望。當然還有其他情感，但以上這些是最強大的7種，也是創造性工作應用最普遍的七種。掌控這7種情感（唯有透過使用才能掌控它們），其他積極情感就會在需要時為你所用。

7大消極情感包括恐懼、嫉妒、怨恨、報復、貪婪、迷信、憤怒。積極情感和消極情感不會同時存在於心，一定只有一種占據主導地位。你有責任讓積極情感成為內心的主宰力量。在此能幫助你的是「習慣法則」。養成利用積極情感的習慣，最後它們將完全支配你的內心，將消極情感拒之門外。

只有刻意且持續地遵循這些指示，才能獲得掌握潛意識的力量。只要意識中出現一種消極情感，就足以摧毀所有來自潛意識的建設性機會。那麼，這些可以刺激潛意識的指示都包括哪些內容呢？如下所示：

（1）找一個安靜的地方，晚上可以在床上，閉上眼睛，反覆地大聲說出，使自己能夠聽見：你想要獲得的財富的數目、獲得的時間以及為之願意付出的代價。當你這樣做時，你彷彿已看到自己擁有了這筆財富。

（2）每天早上和晚上，反覆背誦這個聲明，直到在想像中看到這筆錢歸你所有為止。

（3）將這個聲明放在你在早上和晚上都很容易看到的地方。

請記住，當你這樣做時，你是在應用自我暗示的原則，也就是在對你的潛意識下達指示。同時你還要明白的一點是：你的潛意識只有對情感化的指示才能做出反應，並在充滿「激情」的時候，才能按照指示去行動。而在所有的情感中，信心具有最強大的力量，因而也能產生最大的效果。

財富就像是害羞的少女，必須靠追求才能得到它。其實，追求金錢就和追求少女沒有太大的區別，要想成功地追求財富，就要有欲望、有信心、有毅力，還要有計劃、有行動。把計畫變為行動，那麼你的腳步距離財富就更近了。

我們可以把財富比喻為河流，當大筆的財富到來時，就會像波濤一樣湧向財富的創造者。然而，我們也要看到，這條河流有兩個方向：河流的一端能夠載著人逆流而上，流向更廣闊的財富之地；另一端則能讓進入其中的人深陷漩渦，並將其載向墮落、悲慘的另一個方向，最終導致貧窮。

每一個積累了巨大財富的人都知道這樣的巨流。它是由個人的思想過程決定的。積極的思想情感會使人走向幸福的一端，消極的思想情感則會使人走向貧窮、墮落的一端。對於積累財富的人而言，千萬不要小看這

樣的理念。假如你是流向貧窮的一端，那麼上面所寫的三點內容就是你的槳。藉助這支槳你便可以劃向另一端。

貧窮與富裕不是一成不變的，你可以利用的潛意識來改變你的貧窮境遇。財富的獲得是需要計畫的，而貧窮則不需要，也不需要任何幫助便會不期而至。貧窮是大膽和魯莽的；而財富則是害羞的，它需要你的智慧和力量的吸引，才能來到你的身邊。潛意識就是你內在的偉大力量，你完全可以依靠它來獲得你所企盼的財富。

第六感：培養一份財富的靈敏度

我們追求財富已經到了最後的時刻了，透過第六感，你能夠自動與智慧相溝通，而無須用其他的追求。

第六感是無法說明和解釋的，只有運用心靈感應和沉思的方法，才能夠產生第六感。

第六感是和奇蹟的比較接近。在人的腦細胞的某個地方，存在著一種功能，它能接收預感的微波。到現在為止，科學家們還沒有研究出那個地方在哪裡，但這並不重要，重要的是，事實上，人們確實可以藉由五官以外的地方來接受外界給我們的資訊。通常，這都是在心靈受到強烈的刺激下產生的。任何帶來強烈刺激的事件，只要能引起心臟強烈的跳動，就會促使第六感發生作用。許多經歷過車禍的人都有這種經驗，在車禍發生的一瞬間，第六感往往能夠挽回一個人的生命。

既然第六感具有如此神奇的作用，那麼它在致富的道路有何功效呢？拿破崙・希爾曾經說過：「**如果你想走上致富之路，那麼你最好能夠培養一份靈敏的第六感。**」

在商業史上，第六感也有著非同凡響的作用。「石油大亨」保羅・蓋帝是怎樣致富的？事實證明，是靈敏的第六感成就了保羅・蓋帝。

第二次世界大戰結束以後，據說中東有豐富的石油，蓋帝決定到中東的「中立區」去發展。

要打入這個所有石油大公司都垂涎三尺的新市場，是一件很不容易的

事。他花了很多錢，才簽到合約，在許多人眼裡，蓋帝簽這麼一個合約實在是很愚蠢的決定，許多人甚至預言他會丟掉所有的錢。在經營的第四年裡，似乎這些人說得不錯，因為他一滴油也沒鑽出來。這種狀況一直延續到1952年，但蓋帝一點兒也沒有洩氣。

蓋帝的直覺告訴他，這裡有石油，這裡的石油在等著他，這些石油遲早會被發現。他的堅持終於得到回報，1953年，他鑽出了石油。後來，蓋帝對「中立區」進行縱深鑽探，發現這個地區確實有非常豐富的石油。蓋帝不墨守成規，不肯聽信也必定失敗的預言，他能一而再，再而三地堅持鑽探，就是因為他有膽識篤信自己的第六感。

在美國電影業也有一位擁有強大敏銳感的導演，他就是連續數年都被《富比士》列為全美收入最高的史蒂芬‧史匹伯，他那些譽滿全球的影片的誕生，幾乎都是他第六感的產物。拍《大白鯊》使他聲名大噪，電影公司催他快拍續集，可是，他憑著他那超乎異常的第六感斷然拒絕，要先拍一部自己喜歡的「獨特」電影：這就是後來他力排眾議拍成的《第三類接觸》。史匹伯說，這不是一部科幻片，也不是未來片。這部電影所說的是人們相信正在發生的事情，六千萬美國人相信外星人正訪問我們，我們受到他們仔細的調查，而且，這種調查已進行了許多年。我要借這部影片告訴世人這樣一個事實。

當這部電影在1977年11月發行之時，評論家紛紛著文批評。《紐約》雜誌評論家威廉‧弗拉納很簡潔地寫道：「這部電影將是個巨大的失敗。」這個評論家的預告引起了恐慌，哥倫比亞電影公司的股票大幅下跌。然而，《第三類接觸》一上映即成為最受歡迎的電影，其成功大於《大白鯊》，所有直接或間接參加拍攝的人均因此片名揚四海。該片上映僅一個月，便成為1977年第九部成功的電影。後來，史匹伯拍了另一部驚

人之作——《E.T.外星人》，這是他最偉大的傑作之一。在一次記者招待會上，記者問他是如何攝製《E.T.外星人》的，他簡潔地答道：「出於直覺。」他說：「我想這部影片是我所導演的所有影片中較好的一部。它比任何一部影片都更接近我的心……」《E.T.外星人》取得了空前的成效——其票房收入是其他影片年最佳票房收入的三倍。它是電影史上最偉大的傑作。法國《觀點》雜誌甚至說：「外星人體現得極度溫柔。」《E.T.外星人》的創作者也正是這樣想的。僅僅在四十四天裡，這部電影便成為電影史上第五部最有影響力的影片。

科學家們的研究顯示，第六感越敏銳的人越容易成功。近二十年來的心理學研究發現，第六感主要靠人的右腦控制。有的心理學家一針見血地指出，單靠左腦的分析力，我們的潛能只有50％可用；如果同時將右腦的第六感應用，則我們有100％的潛能可供利用。那麼，怎樣才能擁有獲得財富的第六感呢？我們應該相信，方法肯定是很多的。

第六感並不是一件神祕的東西，它和人對右腦的長期訓練有關。現代人的教育方式與生活方式都直接或間接地促進了左腦的發達，而只有使右腦發達，才能使人的腦真正臻於成熟和睿智。實際上，摩根這位金融霸主與現代的金融界鉅子李嘉誠等人一樣，都是靠神奇的第六感去感受股票市場的脈搏，然後進入金融市場，做出人所不能、人所不敢的交易，他們幾乎完全掌握了市場的脈動。

雖然第六感並不神祕，但它並不是每個人都能隨意使用的。使用這種偉大力量的能力是緩緩而來的，它要藉助於你的其他能力。

有一個方法可以使你有效地運用第六感：把你想要解決的問題，或想要達到的目標清楚而具體地寫下來。每天像念祈禱詞一樣，重複念數次。如此可以使你產生強烈的信念，你甚至會看到自己彷彿已經如願以償。如

果一時之間並未產生預期的結果，就繼續嘗試。每一次都要表示感恩，正如你已經達到目標一樣。

記住，一個人只要對自己的信念堅定不移，就沒有做不到的事情。成功的關鍵在於你相信自己會成功。

我們相信，只要你有信心，只要你相信自己的能力，並綜合運用欲望、自我暗示、專業知識、想像力、計畫、決心、毅力、腦袋、潛意識和第六感等潛能，你就一定會獲得你所期望的財富。

羊皮卷

《鑽石寶地》

　　《鑽石寶地》其實是康維爾舉辦的一次廣受歡迎的演講的文字記錄。他在書中講述了現實生活中的類似故事：你的財富就在自家後院裡或者近在你眼前，你卻傻乎乎地長途跋涉去尋找它。他認為，大多數人「與他們的潛在自我相比是微不足道的」，因為他們不願承認（或者沒有想到）自己具有尚未發掘的偉大力量。康維爾說：「人們誇讚別人具有種種能力，卻沒有發現自己也具有這些能力。鄉鎮和城市遭人厭惡，因為本地的居民對它們大加詆毀。」

　　康維爾的主旨是，我們不應認為所有的偉人和傑出企業都存在於別的地方。想想看，亨利·福特在自家的農場裡開始設計並製造汽車，在他長大的地方建起了著名的福特工廠。偉大的投資家華倫·巴菲特決定不把家搬到華爾街去。他留在內布拉斯加州的奧馬哈，在那裡賺取了巨額財富。

心悅：金錢用之有道可以帶來幸福

金錢可以做壞事，也可以做好事，關鍵在於用之有道，金錢除了滿足基本生活花費外，還可用於慈善事業。

在19、20世紀之交，許多曾使美國工業蓬勃發展的大人物陸續離開人世，他們的龐大家產將落在誰的手中，不少人都極為關心。人們預料那些繼承人大多數將難守父業，會白白地把遺產揮霍掉。

人們以極大的熱情關注著「石油大王」洛克菲勒的兒子小洛克菲勒。1905年《世界主義者》雜誌發表了一組題為《他將怎麼安排它？》的論點，開場白這樣寫道：

人們對於世界上最大的一筆財產，即約翰・D.洛克菲勒先生的財產今後的安排倍感興趣。這筆財產在幾年之中將由他的兒子小約翰・戴・洛克菲勒來繼承。不言而喻，這筆錢影響所及的範圍是如此廣泛，以致繼承這樣一筆財產的人完全能夠施展自己的財力去澈底改革這個世界……要不，就用它去做壞事，使文明推遲四分之一個世紀。

此時，在老洛克菲勒晚年最信任的朋友牧師蓋茲先生的勤奮工作和真心的建議下，他已先後把上億鉅款，分別捐給學校、醫院、研究所等。並建立起龐大的慈善機構，對所建立的慈善機構，老洛克菲勒雖然進行了大量的投資，但在感情上對這種事業，他還是冷漠的。他更看重賺錢這門藝術，怎樣從別人口袋裡把錢賺到自己手中，是他畢生工作，也是他生活的

唯一動力。

這就為小洛克菲勒提供了一個機會，他同時又牢牢地把握住了這一種機會。小洛克菲勒曾回憶說：「蓋茲是位傑出的理想家和創造家，我是個推銷員——不失時機地向我父親推銷的中間人。」在老洛克菲勒「心情愉快」的時刻，譬如飯後或坐汽車出去散心時，小洛克菲勒往往就抓住這些有利時機進言，果然有效，他的一些慈善計畫常常會得到父親同意。

在12年的時間裡，老洛克菲勒投資了4億多元給他的4個大慈善機構：醫學研究所、普通教育委員會、洛克菲勒基金會和蘿拉·斯佩爾曼·洛克菲勒紀念基金會。在投資過程中，他把這些機構交給了小洛克菲勒。在這些機構的董事會裡，小洛克菲勒發揮了積極的作用，遠不只是充當說客而已。他除了幫助進行調查工作，還物色了不少傑出人才來對這些機構進行管理指導。

1973年，美國政府透過一項法律，把資產在500萬元以上的遺產稅率增加到10%，次年又把資產在1000萬及1000萬元以上的遺產稅率增加到20%。即使這樣，老洛克菲勒20年中陸續轉移，交到小洛克菲勒手裡的資產總值仍有近5億美元，小洛克菲勒捐款的數字與他父親差不多。老洛克菲勒只留下2000萬美元左右的股票給自己，以便到股票市場裡去消遣消遣。

這筆龐大的家產落到小洛克菲勒一人身上，大得令他或其他任何人都吃喝不完，大得令意志薄弱者足以成為揮霍之徒，但他向來都把自己看作是這份財產的管家，而不是主人，他只對自己和自己的良心負責。

從走出大學以來的50年中，小洛克菲勒是父親的助手，然後全憑自己對慈善事業的熱情胸懷和眼力花去了82,200萬美元以上，按照他的看法用以改善人類生活。他說：「給予是健康生活的奧祕……金錢可以用來做壞事，也可以是建設社會生活的一項工具。」

價值：體會金錢這個多面體

錢，究竟是什麼？為什麼對人們這麼重要？大多數人想到錢的時候，只想如何賺錢、花錢、存錢，卻很少仔細思考金錢的真正意義。

大多數人認為金錢只不過是紙鈔和硬幣，這完全不正確。紙鈔和硬幣本身沒有任何意義，它們的力量是人類所賦予的。它們只是代表物，表現人們同意的價值。

你可別把錢與日元、英鎊、美元或政府公債混為一談。不同的貨幣，只表示你在使用這種貨幣的國家，可以換取同等價值的食物、衣服或房子。如果你認為錢是貨幣，就誤解它了。

錢不是物體，而是一個觀念、一種想法、一種溝通方式、一種生活物的交換形式，紙鈔和硬幣本身不是錢，它們只是錢的表現。瞭解這層關係後，錢的意義才能彰顯出來。

錢，像個千面女郎，不同的人對錢有不同的感受。下列幾種觀點，是一般人對錢的基本看法：

（1）錢是保障。錢可以使你遠離陰冷、貧窮、殘酷的世界。沒有錢，你將會處於失敗者的陣營；沒有錢，你將無法掌握自己的命運。如果你在銀行有一大筆存款，又有穩定的職業，那你當然覺得有保障。

（2）錢的困擾。有些人一想到錢，就覺得頭痛。如果你擔心如何賺更多的錢，擔心如何保有到手的錢，終日憂心忡忡，那麼，錢對你而言，的確是個困擾。

（3）錢是力量。在現實社會裡，有錢顯然可以獲得尊敬和忠誠。富裕的人較之一般的人，可以輕易滿足物質上和生活中的欲望。

（4）錢是一種承諾。金錢交易包含兩個意義：第一，我們認同交易對象的價值；其次，我們交付的金錢，其價值不會改變，可以由一個人轉移到另一個人手中。從第二個觀點看來，錢可以說是一種承諾。

（5）錢是動力。就某種程度而言，錢可以造成社會上的互動關係。錢並非獨立於社會之外，也不是獨立於你、我之外。一個人是否富有，與他的身分、職業有密切關聯。一個人和錢打交道，正是發揮他生命動力的時刻，就這個觀點而言，一個人所擁有的財富，可以代表他的生命力。

以上這些觀點並非絕對，不是每個觀點對所有人都正確無誤。每個人都可以依據自己的想法，選擇適合自己對金錢的概念。但是有一條極為重要，財富要靠努力去創造，金錢要自己去賺，而不能有其他獲取之道。這是一條不可違背的法則，誰違背了，誰就得付出比金錢還昂貴的代價。

意識：「愛錢如命」

　　無論如何，如果不愛錢，就得不到財富。因為愛錢，視錢如命，錢才會逐日增加。錢怎麼會躲在不愛錢的人的手中？而一個浪費、不懂得愛惜金錢的人，就算錢跑入懷裡，也會很快地逃走。

　　在人際關係中，如果我們討厭某個人，自然不希望與他接觸，對方或許也有這種感覺，也避免和我們交朋友。類似的人際關係不正說明財富的問題嗎？只有我們內心深處真正渴望富有，才能擺脫貧困，也會得到財富。先有喜歡，然後才有接近的機會。就像談戀愛一樣，對於自己心儀的人，我們都會想辦法與他見面，或是想像著彼此見面時的歡樂情景。

　　商場上，有錢經常能使談判順利，事業因而蒸蒸日上。所以，生財之道，就是要先「愛錢」。這是相當重要的。

　　喬‧坎多爾弗出生在美國肯塔基州的瑞查孟德鎮，1960年，當他的第一個孩子米切爾降生時，每週56美元的收入使這位數學教師的家庭生活出現了困難，他開始覺得錢是多麼重要了。

　　在坎多爾弗就讀於邁阿密大學時，一家人壽保險公司曾向他出售過保險；現在，這家公司希望他向大學生們推銷各種保險。在通過基本資格測驗後，保險公司錄用了他，並答應每月付給他450美元，條件是他必須在未來的三個月中出售10份保險或賺取10萬美元的保險收入。這對於只是個數學教師的坎多爾弗來說，真是太難了，但是，他太需要錢了，同時他的

妻子也很支持他，他努力熟悉每一件與人壽保險有關的事物。為了奮鬥，他以每月35美元租了間小屋，並把妻子送回娘家。他給自己制訂好一份計畫，可是事情與他預料的大不相同，在工作的第一天，他花了16小時與7人談生意，卻沒有一個成功的，他停食一天以示懲罰。但他沒有灰心，不斷的努力使他在第一個星期就獲得了92000美元的銷售額。同年12月，坎多爾弗再次與保險公司簽訂了6個月代理商的合約。同時，作為對坎多爾弗的鼓勵，公司付給他18000美元的酬金和獎勵金。從那時起，坎多爾弗就知道了他這輩子應該做什麼，他找到了終身的職業。

為了做得更好，每天坎多爾弗要比別人多做幾個小時，別人的一年相當於他的一年半。坎多爾弗不僅延長工作時間，還能有效地利用時間。坎多爾弗在他的工作時間內，從不做沒目的的事。就連他每天吃飯均有意義：如果他與某人一起吃飯，則他或許是一位顧客，或許是一位能有助於坎多爾弗賺錢的人；如果他單獨一人吃飯，則他或許在接電話，或許在閱讀與他的經營業務有關的資料。一天之內他對人說的話均與工作有關係，他所閱讀的每本資料都直接或間接地與他的經營業務有關。他把自己的經驗告訴一位曾向他詢問如何使銷售額提高的年輕人，結果，那個年輕人的銷售額增加了3倍。

坎多爾弗恨不得把吃飯、睡覺的時間都用來工作，他說：「我覺得人們在吃睡方面花費的時間太多了，我最大的願望是不吃飯，不睡覺。對我來說，一頓飯若超過15～20分鐘，就是浪費。」皇天不負苦心人，1976年，坎多爾弗的推銷額達10億美元。

坎多爾弗在談到自己的成功時說：「我成功的祕密相當簡單，為了賺到錢，我可以比別人更努力、更吃苦，而多數人不願意這樣做。」坎多爾弗的故事，足以說明問題，只有你需要錢，愛錢，對財富充滿強烈的欲

望，你就會為了實現你的欲望而比別人更努力、更吃苦，最終擁有別人意想不到的財富。

美國紐約醫學院精神病學教授山姆・詹納斯，曾對數百名不靠家庭而致富的百萬富翁進行調查。結果發現，這些白手起家的富翁們，在某些性格上均有共同性。於是，他認為，任何人只要能夠培養成這種「通性」，他們都可以賺取大筆金錢。

他概括出來的這種「通性」包括四個方面：其一，就是你必須對金錢充滿濃厚的興趣，甚至有一種強烈的欲望。其二，必須一心一意為工作賣力，每星期做滿7天，每月30天，每年365天。其三，必須要有極大的忍耐性和堅毅精神，不因工作偶遇挫折而氣餒，永遠堅持自己既定的信念。其四，必須不因為工作的貴賤而取捨，只要有錢賺又不是為非作歹的，一般人不屑做的工作，都樂於接受。

因此，如果你真的想獲取財富，那麼就讓你的金錢欲望強烈起來，就從「愛錢」開始吧！

創新：財富始於生活的靈感

財富就在眼前

許多人都夢想創立自己的事業，但卻苦於找不到突破口，不知道從何入手或該做什麼。其實機遇就在你的手中，金子就在自家門口。我們從麥凱布的創業經驗，就可以得到證實。

當吉姆・麥凱布作為一個心理學家的生活結束時，他和他的律師妻子決定開創一項新的事業。麥凱布喜歡看電影，因而辦一家錄影帶出租商店便成了第一選擇。但是，在他們所居住的地區大部分商店也有出租電影錄影帶的業務，他們特意去查找電影目錄以看看到底出租什麼好，結果發現許多商店都在出租奧斯卡獲獎電影及世界各地的優秀影片，其中也有一些不同尋常的電影，即許多人眼中的「爛片」。這對夫妻喜歡這些在一般商店裡看不到的電影錄影帶，並認為別人也可能喜歡。

當他們的「錄影天地」在維吉尼亞開張時，除了在櫃檯上擺放了常見的好萊塢電影外，還儲備了許多稀奇古怪的電影，並打出了「保證供應城內最糟的電影」的招牌。結果，生意出奇之好，顧客蜂擁而至，均聞名來租一般電影院不願上演的影片。

由於市場反應良好。麥凱布夫婦又開闢一項新業務，利用免費電話向全美出租「最糟電影」錄影帶，一年生意達50萬美元。吉姆・麥凱布說：「我們發現了一個活動空間，並在競爭中獲勝，我們的經驗是，小經營者

必須使自己與別人有所不同。」

安全刀片大王吉利，未發明刀片以前是一家瓶蓋公司的推銷員。他從20多歲時就開始節衣縮食，把省下來的錢全用在發明研究中。過了近20年，他仍舊一事無成。

1985年夏天，吉利到保斯頓市去出差。在返回的前一天買了火車票。翌晨，他起床遲了一點，正匆匆地用刀刮鬍子，旅館的服務員急匆匆地走進來喊道：「再5分鐘，火車就要開了。」吉利聽到後，一緊張，不小心把嘴巴刮傷了。吉利一邊用紙擦血一邊想：「如果能發明一種不容易傷皮膚的刀子，一定大受歡迎。」這樣，他就埋頭鑽研。經過千辛萬苦之後，吉利終於發明發明了現在我們每天所用的安全刀片。他搖身一變成為世界安全刀片大王。

有許多成功的範例，都是由現實生活中小事所觸發的靈感引起的。

克魯姆是位美國印第安人，他是炸馬鈴薯片的發明者。1853年，克魯姆在薩拉托加市高級餐館中擔任廚師。一天晚上，來了位客人，他吹毛求疵的挑剔克魯姆的菜不好，特別是油炸食品太厚，無法下嚥。

克魯姆氣憤之餘，隨手拿起一個馬鈴薯，切成極薄的片，罵了一句便扔進了沸油中，結果好吃極了。不久，這種金黃色、具有特殊風味的油炸薯片，就成了美國特有的風味小吃，至今仍是風靡全球的食品之一。

千萬別小看你自己無意中的小主意

美國大西洋城有一位名叫潘伯頓的藥劑師，煞費苦心研製了一種用來治療頭痛、頭暈的糖漿。配方研究出來後，他囑咐店員用水沖化，製成糖漿。有一天，一位店員因為粗心出了差錯，把放在桌上的蘇打水當做白開水，沒想到一沖下去，「糖漿」冒氣泡了。這讓老闆知道可不好辦，店員

想把它喝掉，先嘗一下味道，還挺不錯的，越嘗越感到夠味。由此，聞名世界、年銷量驚人的可口可樂就被發明出來了。有時候，機遇會自己找上門來，就看你能不能發現。

日本大阪的豪富鴻池善右是全國十大財閥之一。然而當初他不過是個東走西串的小商販。

有一天，鴻池與他的傭人發生摩擦。傭人一氣之下將火爐中的灰拋入濁酒桶裡（當時日本酒都是混濁的），然後慌張地逃跑。

第二天，鴻池查看酒時，驚訝不已地發現，桶底有一層沉澱物，上面的酒竟異常清澈。嘗一口，味道相當不錯，真是奇妙。後來他經過不懈的研究，知道了石灰有過濾濁酒的作用。

經過十幾年的鑽研，鴻池製成了清酒，這是他成為大富翁的開端，而鴻池的傭人永遠不知道：是他給了鴻池致富的機會。

這樣的例子還有很多，只要你善於觀察，勤於思考，就會發現身邊的機會很多。

住在紐約郊外的札克，是一個碌碌無為的公務員，他唯一的嗜好便是滑冰，別無其他。

紐約的近郊，冬天到處會結冰。冬天一到，他一有空就到湖上滑冰自娛，然而夏天就沒有辦法了。但是去室內冰場是需要錢的，一個紐約公務員收入有限，不便常去，但待在家裡也不是辦法，深感日子難受。

有一天，他百無聊賴時，一個靈感湧上來，「鞋子底面安裝輪子，就可以代替冰鞋了。普通的路就可以當做冰場。」

幾個月之後，他跟人合作開了一家製造這種鞋子的小工廠。做夢也想不到，產品一問世，立即就成為世界性的商品。沒幾年工夫，他就賺進一大筆錢。

機遇只垂青於那些勤於思考的人。不然，有那麼多人刮鬍子、用鉛筆，而發明安全刀片、帶橡皮頭鉛筆的卻只有一個。

事事洞悉皆學問，人情練達即文章。金子就在自家門口，你只須勤於思考，勤於尋求，你的未來就不是夢。

財富需要合理理財

在善於觀察市場的商人看來，隨處都是財富，都可加以充分發揮，從中挖掘資源。清朝著名商人胡雪巖的眼中就到處是財富，因為他把出人頭地的過程看作是財富的積累。

胡雪巖為生絲生意逗留上海，他在上海的基地是裕記絲棧。這天他到裕記絲棧處理生意上的事務，順便在絲棧客房小歇。他躺在客房藤躺椅上，本想考慮一下自己生意上的事情，無意中卻聽到了隔壁房中兩個人的一段關於上海地產的談話。

這兩個人對於洋人情況及上海地產開發方式都相當熟悉，他們談到洋人的城市開發方式與中國人極不相同，中國人常常是先開發商圈再行修路，商圈起來了，走的人多了，便有了路。

但以這種方式進行開發，有一個很大的缺點：往往等到要修築道路、擴充商圈的時候，自然形成的道路兩旁已經被攤販擠占，無法擴展。而洋人的辦法是先開路，有了路便有人到，商圈自然就起來了。如今上海的市面開發就是這種辦法。在談到上面情況之後，其中一人說道：「照上海灘的情形看，大馬路，二馬路，這樣開下去，南北方面的熱鬧是看得到的，其實，向西一帶，更有可為。眼光遠的，趁這時候，不管它葦蕩、水田，儘量買下來，等洋人的路一開到那裡，乖乖，坐在家裡就能發財。」

兩個不相識的人的這一番談話，使胡雪巖一下就躺不住了。他立即雇

了一輛馬車，拉上陳世龍一起，由泥城牆往西，去實地查勘，而且在查勘的路上，就擬出了兩個可供選擇的方案；第一，在獎金允許的情況下，趁地價便宜，先買下一片，等地價上漲之後轉手賺錢；第二，透過古應春的關係，先摸清洋人開發商圈的計畫，搶先買下洋人準備修路的地界附近的地皮，轉眼之間，就可發財。

不用說，胡雪巖眼睛盯到上海的地產生意上，又是一下子為自己發現了一個絕對可以大發其財的資源。

胡雪巖說：「**凡事總要動腦筋。說到理財，到處都是財源。**」這應該是他的經驗之談。不用說，做生意離不開理財。生意人的理財，大體應該包含兩個方面的內容：一方面是指資金的合理使用和管理，以求達到增加企業盈利、提高經營效率的理財，比如定期進行必要的財務審計和財務分析、研究庫存結構和資金周轉情況、精打細算減少開支、壓縮非經營性資金的占用，等等，都屬於這一方面的理財，就是不斷為自己開拓財源，用現代經濟學術語來說，就是準確發現投資熱點，擴大投資範圍。

在現實生活中，不光是生意人，就連普通人如果能夠在居家過日子的過程中理好財，那麼他所具有的財富就可以增值。

求索：財富需要尋找

窮人和富人的差別就是，窮人不善於尋找財富，而富人之所以能夠致富，就在於他們終生都在孜孜不倦地在尋找財富。

窮人之所以貧窮，不是因為所有的財富已被瓜分完畢，這個世界上沒有了任何財富的機會。

不錯，現在要想進入某些行業確實已經很困難，你可能被拒之門外。但是，東方不亮西方亮，總會有另外的行業帶給你機會。

的確，如果你工作了許多年仍然是一個大集團中的一名普通職員，也許就很難再圓自己的老闆夢。但是，同樣肯定的是，如果你開始按照正確方式做事，就會不再局限於這份工作，相反地，你會更加積極地進取，走上適合自己的致富道路。比如，你可以去開一家小店，零售經營。身處不斷發展的社會中給從事零售行業的個體經營者提供了非常好的機會，致富並不是一件困難的事情。但你可能會說，我沒有資金。請不要用這種消極的想法束縛自己。今天也許是這樣，但明天呢？我們已經說過，只要你能夠動用好選擇的力量，就必定能夠得到自己希望的。

人類社會一直在發展，我們的需求也在不斷變化。不同階段、不同時期，機會的浪潮會向不同方向湧動。

如果你能夠順勢而為，而不是逆機遇的潮流而動，你就會發現，機會總是無處不在。

現如今，我們能夠看見的供應已經相當富足，我們尚未看見的供應

更是取之不竭。所以絲毫不必擔憂，沒有人會因為大自然資源的匱乏而受窮，也沒有人會因為供應的短缺而受窮。

大自然確實是取之不盡的財富寶庫，財富的供給永遠不會枯竭。當原有的建築材料消耗殆盡時，更多的新材料就會被生產出來；當土地漸漸貧瘠、農作物難以生長時，更多的土壤會被改良和開發。即便有一天，如果地球上所有的金銀礦藏都開發窮盡，你也不必擔心。人類社會發展到那時，很可能已經不再大規模需要這類東西。如果不是這樣，那麼我們也應該堅信，更多的金銀將會以新的形式從被創造出來，並蘊藏於宇宙的某個角落，等待人類去開發。

人類作為整體亦符合致富的規律。人類，作為生物界的一個物種，其整體總是越來越富裕；而個體的貧窮，完全是因為他沒有努力地去尋找。

生命固有的內在動力總是驅使自身不斷追求更加豐富多彩的生活。智慧的天性就是尋求自我的擴張，內在的意識總會尋求充分展示的機會。宇宙並非靜止，它是巨大的活體，它不斷追求永恆的進化與發展。

大自然正是為生命的進化而形成，亦為生命的豐富多彩而存在。因此，大自然中蘊藏著生命所需的充足資源。我們相信，自然界的真諦不可能自相矛盾，自然界也不可能使自己的規律失效。因此，我們更有理由相信，宇宙中資源的供應永遠不會短缺。

記住這個事實：誰也不會因大自然的短缺而受窮。財富的權力就掌握在你的手中，只要你肯努力地去尋找，終將得到屬於你的財富。

力量：自信就能自富

財富之本在於自信

一個人的成就，決不會超出他自信所能達到的高度。如果拿破崙在率領軍隊越過阿爾卑斯山的時候，只是坐著說：「這件事太困難了。」無疑拿破崙的軍隊永遠不會越過那座高山。所以，無論做什麼事，堅定不移的自信心，都是達到成功所必需的和最重要的因素。

如果有堅強的自信，往往能使平凡的男男女女開創出驚人的事業來。膽怯和意志不堅定的人即使有出眾的才幹、優良的天賦、高尚的性格，也終難成就偉大的事業。

堅強的自信，便是偉大成功的源泉。不論才幹大小，天資高低，成功都取決於堅定的自信。

相信能做成的事，一定能夠成功。

有許多人這樣想，世界上最好的東西，不是他這一輩子所應享有的。他認為，生活上的一切快樂，都是留給一些命運的寵兒來享受的。有了這種自卑的心理後，當然就不會有出人頭地的觀念。許多青年男女，本來可以做大事、立大業，但實際上竟做著小事，過著平庸的生活，原因就在於他們自暴自棄，他們胸無大志，缺乏自信。

曾有人對一家著名保險公司的業務員進行過調查和統計，結果發現：老業務員中自信樂觀的人其業績比起那些缺乏自信的人要多出37％；新業

務員中自信樂觀之人的業績，也要比那些缺乏自信的新業務員多20%。後來，美國大都會人壽保險公司根據這一情況，在招聘業務員時，有意任用那些業務能力測試未必非常出色，但在樂觀自信測試中成績較好的人。他們的這種做法後來真的收到了極好的效果，公司的業績因此而提高了10%以上。

拉塞爾‧康維爾曾經在演講中這樣說道：**信心是生命和力量；信心是奇蹟。**

信心是創立事業之本。只要有信心，你就能移動一座山。只要你相信會成功，你就一定能贏得成功。這是因為：信心是心靈的第一號化學家。當信心融合在思想裡，潛意識會立即感受到這種震撼，把它變為等量的精神力量，再轉送到無限的智慧的領域之中促成成功思想的物質化。

與金錢、勢力、出身、親友相比，自信是更有力量的東西，是人們從事任何事業最可靠的資本。自信能排除各種障礙、克服種種困難，能使事業獲得完滿的成功。唯有自信，才是財富之本。

要得財，先自信

紅頂商人胡雪巖有句名言：「立志在我，成事在人。」這跟帶有宿命論色彩的「謀事在人，成事在天」有本質的差別，一個成功的商人必然有「立志在我，成事在人」的大自信。胡雪巖正是具備了這種非凡的自信。

胡雪巖創辦阜康錢莊，從外部環境來說，由於當時太平天國起義，國家正處於戰亂之中，而且太平天國活動的主要區域，也正是長江中下游地區的東南一帶。而當時國內的金融業主要還是山西「票號」天下，在東南地區後起的寧紹幫、鎮江幫經營的錢莊業，無論業務經營範圍，還是在商界的影響，都遠遜於山西票號。從自身條件看，胡雪巖此時除了在錢莊學

徒的經驗外，實際上是一無所有。但他踏入商界之初第一件為自己考慮的事情就是創辦自己的錢莊——即使此時還是兩手空空，也要熱熱鬧鬧先把招牌打出去。此時的胡雪巖所憑藉的就是他的那份大自信。他相信憑自己錢莊學徒的經驗，憑自己對於世事人情的瞭解，憑自己精到的眼光和過人的手腕，當然也憑藉已入官場可做靠山的王有齡的幫助，他足以支撐起一個第一流的，可以與山西票號分庭抗禮的錢莊。就憑著這股子自信，他開錢莊的願望實現了。

在他的生意面臨全面倒閉的最危急的時刻，他卻不肯做坑害客戶隱匿私產的事情。因為他相信自己雖敗不倒，胡雪巖曾經豪邁地說過：「我是一雙空手起來的，到頭來仍舊一雙空手，不輸啥。不僅不輸，吃過、用過、鬧過，都是賺頭。只要我不死，我照樣一雙空手再翻過來。」這更是一種能成大事者的大自信。

一個有大成就者必須具有這樣的大自信。當然，我們並不能以為只要有了自信就一定能夠成功，有大自信就必定有大成功。能不能真正獲得成功，確實還需要許多方面的條件，比如是否真正具備能成就大事業的能力，比如是否具備某種人們常說的地利、天時或時勢、機遇。但是，不可否認，相信自己能夠成就一番事業的自信，才是一個人能否成就一番事業的必不可少的前提條件。

自信方能自強。能自信，才能有知難而進的鬥士勇氣，才能有臨淵不驚、臨危不懼的英雄本色。說到底，一個人的自信心，實際上是他能為某個高遠的人生目標發憤忘食、奮力拚搏的內在支撐。

成功的大商人在掌控商道的過程中，都是欲望強烈且十分自信的人，靠實力證明自己的才能。一個人活在世上，就是要在主要場合顯得自信，才能讓人佩服。這是胡雪巖要做一流大商賈的性格特點。的確，人有大自

信才會有大志向，才可能有大成功。這是一個方面。與此相連的，除立志自信之外，還要有認準方向就不畏艱難、鍥而不捨地幹下去的決心和毅力。換句話說，也就是做事要有恆心，要有韌性。任何事要麼不做，看准了，決定做而且開始做了，就一定要堅持不懈地做下去，一定要做出個樣子來。這也是一個渴望有大成功的人必備的素質之一。

自信者自富

如果我們展示給人的是一種自信、勇敢和無所畏懼的印象，如果我們具有那種震懾人心的自信，那麼，我們的事業就可能會獲得巨大的成功。

如果我們養成了一種必勝的習慣，那麼在別人看來，我們就會比那些喪失信心或那些給人以軟弱無能、自卑膽怯印象的人更有可能贏得未來，更有可能成為一代富有者。換句話說，自信和他信幾乎同等重要，而要使他人相信我們，我們自身首先必須展現自信和必勝的精神。

某研究曾以「孩子們眼中的錢」為題做了一項調查，孩子們的金錢夢令人震驚。在「你這輩子想賺多少錢」的問題上，14.58%的人想賺億元以上，16.67%的人想賺1000萬以上，27.08%的人在100萬以上。

該調查結果公佈後，有人認為這是世風日下的表現：連小小的孩子也看重金錢了；有人認為現在的小孩過於狂妄，說話做事不切實際。誰能說孩子的夢想不能實現呢？

從全球範圍內財富擁有者最多的美國來看，過去15年來美國造就的億萬富翁比有史以來的總和還要多。

這不是畫餅充飢，不是望梅止渴。充分的自信和堅韌不拔的意志，是事業取得成功的一個重要條件。生活在機遇和挑戰無處不在的21世紀的今天，欲有所作為，有所建樹，堅定的自信心更是不可或缺的重要因素。

規則：掌握法則，獲得財富

致富其實是一門精確的學問，它就像數學和物理學一樣。致富的學問中包含著基本的定律和法則。任何人，一旦掌握並遵循了這些法則，就能獲得致富的技巧，就能擁有金錢和財富。

只要你這麼做了，即使出於無意，你都能致富；相反地，那些不能掌握這些法則的人，無論他們多麼能幹和努力，也擺脫不開貧窮。

那麼這些法則到底是什麼呢？下面我們將從若干不同角度加以說明，從中你便能進一步理解這條至關重要的法則。

（1）致富不依賴於你周圍的環境。否則，富翁的鄰居也應該成為大亨。如果環境產生決定性的作用，我們就應該看到：要嘛是全城、全國皆富；要嘛是全城、全國皆貧。而事實卻是，在現實社會中我們處處能夠看到，環境相同、職業相同的人意見天上地下。即使是比鄰而居的兩人，也會處境迥異。同處一地同操一業的兩人，一人富裕另一人卻貧窮。這些都說明環境並非問題關鍵所在。雖然環境可能造成一些優劣差別，但是，做著同樣工作的人，也會有窮有富。這完全是因為，不同的做事方式，才是導致貧富不同的真正原因。富裕是按照正確方式做事的結果。

（2）致富並不取決於一個人天賦的高低，而是依賴於他是否能夠以正確的方式做事。世界上有許多才華橫溢的人依然貧窮，相反地，資質平庸的富人並不鮮見。仔細研究那些富裕的人，我們不難發現，他們的天資與才學其實沒有多少超乎尋常之處，不過就是平均的水準。這足以表明，

是否能夠致富並不取決於這些人天賦的高低。尋常人也能以正確的方式做事，並且，只要你這麼做了，無論有意無意，你都會成為一個富有的人。

（3）致富不是勤儉節約的結果。許多省吃儉用的人依然貧窮，而出手闊綽的人也常常能夠致富。

（4）致富不在於你是否能做一些別人無法去做的事情。職業相同的人常常做著幾乎相同的事情，但有人能夠致富，有人卻貧困一生，甚至負債累累。致富的真正原因究竟是什麼？其實，這些現象和事實，都在證明我們反覆指出的一條基本法則：致富是按照正確的方式做事的結果。

既然致富就是一個人按照正確的方式做事的必然結果，那麼任何人，無論男女，只要按照正確的方式做事就能致富。所以我們說，致富之道是一門精確的科學，內含自身嚴謹的邏輯。可能有人會問：這種正確的方式是否非常難以掌握，以至於只有少數人才能熟練運用？

其實不然，只要你擁有普通人的智力水準，就可以掌握並運用它。天資聰慧的能發財，遲鈍木訥的也能發財；學識淵博的能賺錢，才疏學淺的也能賺錢；身強體健的能致富，體弱力單的也能致富。當然，要想致富，你不能沒有基本的學習和思考能力。我們說過，致富並不依賴於環境。但是，雖然環境不是問題的關鍵所在，它對致富的過程還是具有一定的影響。比如，顯然你不要指望在撒哈拉沙漠的深處能夠成功地經營生意，那裡荒無人煙，自然也就不會有客戶。致富需要與人打交道，需要在有人聚集的地方進行。如果人們樂於以你期望的方式進行交易，事情就好辦得多。這就是環境對致富過程所具有的影響，但也僅此而已。

所以，如果在你居住的城市裡有人發了財，你為什麼就不能發財呢？如果在你生活的國家裡有人致富了，你為什麼就不能致富呢？在這裡要再一次強調，致富與你選擇什麼行業或是職業並無多大關係。各行各業都有

富人，各行各業也都有窮人。關鍵在於你是否以正確的方式做事。

當然，從事喜歡的行業或是做一份適合自己的工作，更便於你有最佳的表現。所以，如果你具有某種才能，那麼最好去從事需要這種才能的工作，這對你當然是最有利的。

（5）你所具有的資金的多寡並不能決定你是否能夠致富，當然如果你具備了一定的資金，財富的增加確實會變得比較容易和迅速。但是，資金的多寡同樣不是影響致富的關鍵問題，沒有人會因為缺乏資金就不能致富。致富過程本身就是由窮變富，一個窮人，不太可能擁有什麼資金。相反地，一個擁有資金的人，其實已經不再是窮人，他應該更多考慮的問題是如何運用資金，而不是如何致富。

所以，無論你現在多麼貧窮，即使沒有任何資金，也不必擔心富裕與你無緣。關鍵是你要按照正確的方式做事。如果你這麼做了，今天沒有資金，明天也會擁有。其實，獲得資金的過程就是整個致富過程的一部分，也是按照正確的方式做事的必然結果之一。

即使你是這個世界上最窮的人：沒有朋友、沒有資源，不能對任何人產生影響，還背負著巨額債務；即使如此，如果你學會遵循以下所述的法則行事，同樣能夠獲得富裕的結果。這不是什麼奇蹟，因為致富是一門精確的科學，因與果如影隨形般自然。

風險：財富要分而投之

　　有一個聰明的農夫，要進城去賣雞蛋，但進城的路非常顛簸難走，為了不讓雞蛋在路上打破，於是他將雞蛋分裝在很多個籃子裡。結果到達城裡之後，打開籃子，發現只有一個籃子的雞蛋破了，其餘都完好無損。

　　這個小故事告訴了我們一個道理，就是將我們的財富分裝在不同的籃子裡，投資在不同的領域，以尋求最大的回報。

　　美國超級富豪霍華‧休斯是一個精明的生意人。他在50年間，個人擁有的財產竟增長了20億美元以上。他能如此發達，來自他那獨特的經營方法——化整為零的多方面分散經營法。換句話說，就是他不只局限於經營一個企業，而是同時經營多個企業；不採取「高度集中」的經營方式，而是採取極其分散的經營方式。對於他這種方式，當時許多人認為太危險，因為資金太分散，沒有那麼多時間和精力去照顧全部事業，將會有一些事業崩潰。然而，休斯的頭腦與眾不同，他有自己的行事方式。他認為，多種企業同時進行，就能使「平均率」為我所用。在這種方式下，也許有一項事業可能失敗，但其他事業得到機會就可能成功。那麼，整體成功率仍然要高得多。

　　他在經營休斯機床公司的同時，開始向好萊塢的各個公司投資，雖然開始拍的第一部電影虧了本，但他接著拍的三部電影卻大賺其錢，因此他取得了一家好萊塢製片公司的全部控股權。與此同時，他的注意力又轉移

到商業中的另一個領域——開設飛機修理廠，進而變成飛機製造廠，後來發展成為休斯飛機公司，再後來又變為環球航空公司，成為世界上有名的航空公司。休斯的成功，無不藉助於他分而治之的制勝之術。

聯合利華創建於1885年，由英國和荷蘭的2家企業共同經營，總部設在倫敦與鹿特丹，其子公司與分支機搆遍佈全球，擁有員工3萬餘名，擁有各種各樣的產品，包括食用油脂、乳製品、速凍食品、化學製品、塑膠、紙張及食品等，它的產品幾乎觸及全球各個角落，20世紀90年代，在世界排名第10位，是僅次於瑞士雀巢公司的第二大食品公司。

聯合利華是一家有著100多年歷史的老牌公司，它之所以能夠經久不衰並成為「世界食品工業之王」，這是與它的經營方針和管理體制是分不開的。商品多樣化和商標多樣化是聯合利華經營管理上的一大顯著特點，也是它最巧妙的經營之道。聯合利華的許多名牌產品走俏世界，但沒有冠以統一的聯合利華商標，都以獨立的形象出現在消費者面前。這樣，商品、商標的多樣化避免了單一、呆板的形象，給消費者以豐富多彩的感覺，滿足了人們好奇的心理。同時，也避免了一種商品品牌牽連公司其他商品的風險，它的每一類產品，都有幾種到幾十種的不同品牌。使公司始終處於「東方不亮西方亮」的有利位置。

由此可見，這種策劃財富，將財富分而投之，進行分散經營的戰略是非常可行的。

契約：會借錢才會賺錢

西方生意場上有句名言：只有傻瓜才拿自己的錢去發財。

美國億萬富翁馬克·哈樂德森說：「別人的錢是我成功的鑰匙。把別人的錢和別人的努力結合起來，再加上你自己的夢想和一套奇特而行之有效的方案，然後，你再走上舞臺，盡情地指揮你那奇妙的經濟管弦樂隊。其結果是，在你自己的眼裡，會認為不過是雕蟲小技，或者說不過是借別人的雞下了蛋。然而，世人卻認為你出奇制勝，大獲成功。因為，人們根本沒有想到，竟能用別人的錢為自己做買賣賺錢。」

在現代社會，許多巨額財富的起源，都是建立在借貸基礎上的。就是說，要發大財先借貸。沒有本錢怎樣發大財呢？借貸是行之有效相當成功的手段。當然，借錢就得付出利息，但你不要害怕，你利用別人的錢來賺錢，你贏得的部分，可能遠遠超出了你所付的利息。

美國船王丹尼爾·洛維格的第一桶金，乃至他後來數十億美元的資產，都是借雞生的「金蛋」。可以說，他整個事業的發展是和銀行分不開的。

當他第一次跨進銀行的大門，人家看了看他那磨破了的襯衫領子，又見他沒有什麼抵押品，自然拒絕了他的申請。但是他並沒有就此灰心喪氣。他又來到大通銀行，千方百計總算見到了該銀行的總裁。他對總裁說明了他的構想，他把貨輪買到後，立即改裝成油輪，他已把這艘尚未買下

的船租給了一家石油公司。石油公司每月付給的租金，就用來分期還他要借的這筆貸款。

他說他可以把租契交給銀行，由銀行去跟那家石油公司收租金，這樣就等於在分期付了。

許多銀行聽了洛維格的想法，都覺得荒唐可笑，且無信用可言。大通銀行的總裁卻不那麼認為。他想：洛維格一文不名，也許沒有什麼信用可言，但是那家石油公司的信用卻是可靠的。拿著他的租契去石油公司按月收錢，這自然會十分穩妥。

洛維格終於貸到了第一筆款。他買下了他所要的舊貨輪，把它改成油輪，租給了石油公司。然後又利用這艘船作抵押，借了另一筆款，從而又買了一艘船。洛維格的精明之處就在於，他利用那家石油公司的信用來增強自己的信用，從而成功地借到了錢。

這種情形繼續了幾年，當這筆貸款付清後，他就成了這條船的主人，租金不再被銀行拿走，而是完整進了自己的腰包。

當洛維格的事業發展到一個時期以後，他嫌這樣貸款賺錢的速度太慢了，於是又構思出了更加絕妙的借貸方式。他設計一艘油輪，在還沒有開工建造，還處在圖紙階段時，他就找好一位顧主，與他簽約，答應在船完工後把它租給他們。然後洛維格再拿著船租契約，到銀行去貸款造船。

當他的這種貸款「發明」暢通後，他先後租借別人的碼頭和船塢，繼而借銀行的錢建造自己的船。他有了自己的造船公司。就這樣，洛維格靠著銀行的貸款，爬上了自己事業的巔峰。

最精明的商人當數像洛維格這樣，能夠借別人的錢來謀取自己財富的智者。

發現：財富靠機遇，也靠膽識

機遇與我們的生活，與我們的事業密切相關。在商業活動中，時機的把握甚至完全可以決定你的成就。而膽識卻是把握時機的一種手段，是讓機遇變為財富的一種方法。哈默與威士忌的故事，就是機遇與膽識創造巨額財富的故事。

哈默一生中最活躍的25年是1931年從俄國回來後開始的。在這25年裡，他得心應手，在他發生興趣的任何行業裡都取得了成功。除了從事藝術品的買賣外，他還做過威士忌和牛的生意，從事過無線電廣播業、黃金買賣以及慈善事業。

當富蘭克林·羅斯福正在逐漸走近白宮總統寶座的時候，哈默的眼睛雖然盯在銷售自己的藝術品上面，可是他的耳朵卻在傾聽著四面八方，他聽到一個清晰的信號，一旦「新政」得勢，禁酒法令就會被廢除，為了解決全國對啤酒和威士忌的需要，那時將需要數量龐大的空酒桶，而當時市場上沒有酒桶。

自從1920年實行禁酒法以來，市面上很少需要酒桶。可是現在情況不同了，到處都嚷嚷著要酒桶，特別是要用經過處理的白橡木製成的酒桶供裝啤酒和威士忌使用。哈默博士非常清楚什麼地方可以找到製作酒桶用的桶板。

除了俄國還能到哪裡去找呢？他在俄國住了多年，清清楚楚知道蘇聯

人有什麼東西可供出口。他訂購幾船桶板，當貨輪抵達時，他發現對方沒有執行訂貨合約，他們運來的不是成型的桶板，而是一塊塊風乾的白橡木木料，需要加工才能製成桶板。但哈默只是短時間裡感到有些沮喪，他在紐約碼頭俄國貨輪靠岸的泊位上設立了一個臨時性的桶板加工廠。酒桶從生產線上滾滾而出之時，恰好趕上廢除禁酒法令帶來的好處。這些酒桶被那些最大的威士忌和牌酒製造廠以高價搶購一空。

然而他的財富之路也並不是一帆風順的。時逢戰爭期間全國對酒的需求量很大，使得他所有的釀酒廠在穀物開放期間都加班生產，而此時政府卻宣布禁止用穀物生產酒。哈默只好改為生產用馬鈴薯酒摻和的各種牌子的混合酒。

但後來政府對用穀物釀酒又開禁了，市場上再也沒有人買他的新牌混合酒了。顧客要的是名牌純威士忌，至少要窖存四年以上的陳酒。在這表面看來是災難性的時刻。多虧他哥哥哈利的一個電話，也多虧他弟弟維克托採取與時代不符的辦法，才使他在災難中得救。

哈利電話中講的是酒的價格問題。他剛剛光臨過一家紐約的酒店，這次光臨使他開了眼界。

他在酒店裡以典型的維護他兄弟利益的態度要買一瓶丹特牌酒。酒保說他們不經營這個牌子的酒，實際上，在開始時，哈默的這種產品也只限於在肯塔基州和伊利諾州出售。於是，哈利就改買一瓶老祖父牌威士忌，價格是一樣的，當時賣7美元，這種酒也是肯塔基州生產的酸麥芽漿做的。但是酒保並未從貨架上取下一瓶老祖父牌，而是做了一件令他訝異的事情：他把手伸到櫃檯底下，從下面拿出一瓶1/5加侖裝的貼有天山牌商標的酒來，他把這種未經許可非法生產的私酒滿滿斟上一杯。「你嘗嘗這個，」他對哈利說，「我們不能把這酒放在貨架上，我們把它存放在櫃檯

底下，只賣給我們的老顧客。我們一般要顧客買幾瓶別的酒，才給他搭一瓶天山牌酒。」

哈利品嘗了一下，覺得味道和丹特及其他最高級的陳年威士忌不相上下。

「你這酒賣多少錢？」哈利問酒保。

「4.49美元。」酒保壓低聲音推心置腹地說。

哈利隨即把這個情況打電話告訴了哈默，這消息無異像是在賣酒業裡爆炸了一顆炸彈。也真是巧合，哈默老早就準備在陳年威士忌業裡搞個大的突破。他已經決心把1/5加侖裝的四年威士忌陳酒的價格每瓶低到4.95美元，這個價格至少會使愛喝烈性威士忌的人感到高興。

當時零售價1/5加侖裝每瓶7美元，他每年賣2萬箱，每箱賺不到20美元。他決定把酒的價格大幅度降低，降到每箱只賺很少的錢，但他的目的是幾年之內把銷售量增加到每年100萬箱。他的這一決定把那些一心想把哈默排擠出釀酒行業的競爭對手們弄得目瞪口呆，非常沮喪。

正在此時哈利的電話來了，告訴他當時市場上已經有一種品質相當好的烈性威士忌，偷偷摸摸地只賣4.49美元，這個價格是摻有35％穀物酒精的威士忌價格。哈默打電話給他的副總經理庫克，這時庫克正準備要發動一場廣告宣傳，那是哈默和他事先商量好的「把所有的廣告都改一下，」哈默指示說，「新價應改變4.45美元。」

「那可不行。」庫克爭辯說。

「誰說不行。」哈默反問。

「我說不行，」庫克說，「沒有人用混合酒的價格賣過純威士忌，這沒有先例。」

「生意經恰恰就在這裡，」哈默解釋說，「這正是我們要這麼做的原

因，酒客們會自己對自己說：『嘿，我既然可以用買一瓶混合酒的價格買一瓶純威士忌，我還買混合酒幹什麼？』花同樣的錢可以喝到真正的陳年老酒，為什麼還要去喝含有65％酒精的貨色呢？」

就這樣，酒瓶上有凸起字跡「肯塔基威士忌的皇冠寶石」的特製丹特牌酒就開始全面推銷了。

而這時，哈默的弟弟又耍了一套富有藝術性的把戲：他購買了杜哈布斯堡王朝的皇冠和珠寶（後來在哈默藝廊出售），舉行了一次巡迴展覽。這實際上是一次為推銷丹特牌酒而做的廣告。他邀請當地的名媛在各種義賣集會上戴上這些珠寶做表演。報刊的專欄裡常常出現觸目驚心的畫像：奧地利哈布斯堡王室的一只冕狀頭飾歪戴在只值4.49元的威士忌瓶上。

只用了兩年工夫，丹特牌酒就從地區性的名牌貨一躍而成為美國全國第一流的名酒。每年銷售100萬箱的目標也同時達到了。哈默無疑也成了首屈一指的富翁。

總結起來，哈默的富有得益於他非凡的膽識，也具有獨到的眼光，善於捕捉到機遇，同時加上他敢為別人先的膽識，從而才使他獲得了巨額財富。

羊皮卷

《思考的人》

　　本書作者詹姆斯·艾倫（1864—1912）是英格蘭著名作家，被譽為「人生哲學之父」。由於家境逆轉，他15歲時便輟學回家，38歲時辭掉一切工作，來到英格蘭西南部海邊的農莊。受托爾斯泰的啟發，詹姆斯·艾倫過著一種清貧、自律的簡單生活，並在此時寫下了一些不朽的著作。48歲時，他神祕地去世，成為英國文學史上的不解之謎。

　　這本書的邏輯是無懈可擊的：偉大的思想創造偉大的人物，消極的思想誕生痛苦的人物。對一個沉溺於消極、無力自拔的人來說，世界看起來就好像充滿了混亂和恐懼。另一方面，艾倫注意到，當我們抑制自己的消極和具有破壞性的思想時，「整個世界就對我們溫柔起來，準備向我們伸出援助之手」。

靜魅：體味平靜之美

平靜，你注意到了嗎？單是看著這兩個字，就足以讓你開始有放鬆的感覺；平靜，單是聽到這兩個字，就能緩和你的情緒，感覺平靜一點；平靜，單是想著這兩個字，就可以開始讓你解放。你準備好了嗎？平靜，是蘊含巨大力量的字眼，就算不去解釋它的意義，都可以馬上對人們發揮明顯的作用。

這就是文字本身的力量，那麼平靜本身是否具有力量呢？我們真的需要平靜這個東西嗎？它對我們有好處嗎？它可以讓我們的生命更豐富嗎？

在我們瞭解平靜可以帶來的一些好處之前，必須先說明「平靜」的定義。平靜並不是一種懶散、沒有生氣的狀態；而是一種內在平靜的心靈狀態。這種狀態，可能出現在比賽前的傑出運動員、激烈比賽中的武術選手，以及其他各行各業的人身上，包括：演員、拳擊手、音樂家、外科醫生、商業人士與心理學家，這些人在投入自己的專業領域時，會努力讓自己達到這種平靜狀態。

這就是平靜的意義。也就是在從事日常生活的活動時，只要保持平靜的感覺，就可以擁有控制、維持秩序的能力，還可以讓你從忙碌的生活中得到更多滿足感與成就感。

一旦你知道如何達到平靜，就可以幫助你在遭遇困難時重新找回幸福的感覺，也可以讓你更能從容面對生活中的壓力和挫折，還可以讓你欣賞到生活中的美好。即使你處在一個充斥世界性經濟問題、人口爆炸、隕石

可能撞上地球、恐怖分子、臭氧層出現破洞等各種問題中，你都能夠坦然面對。

這樣看似完美心靈狀態，只要你學會如何隨時隨地達到並維持內在平靜，就可以得到。

平靜的最大好處往往被許多想盡辦法消除壓力的人忽略，那就是，達到平靜的過程本身就是一種樂趣。

我們生活在一個過度刺激的社會，廣告與消費者至上的觀念，使我們誤以為生命中最大的價值在於刺激。那些廣告、行銷手法與媒體使我們相信，如果沒有刺激，我們就會覺得人生不完整。

我們的生活在「刺激」與「放鬆」這兩種狀態之間來回變換，而多數人都在尋找這兩者的平衡之道。而今日，多數人的生活重心普遍集中在刺激的一面，人們竟然是藉著尋求刺激來達到放鬆，這不是很荒謬嗎？他們之所以這樣做，是因為有越來越多的說法聲稱刺激的活動是一種放鬆形式——這個邏輯簡直是怪異到家，而且扭曲了事實！

沒錯，這是一種矛盾的說法。刺激應該是放鬆的反面，只有真正的放鬆才算是放鬆，刺激是用來讓感官與神經系統興奮高亢的東西；相反的，放鬆卻是用來讓這些感官和神經系統平靜的東西。你看出這其中的差別了嗎？我們在日常生活中追求的刺激程度已經有越來越高的趨勢，一早起來你會打開收音機，在慢跑時聽隨身聽，時刻關注手機螢幕的訊息，口味辛辣的午餐，搭車回家時看雜誌，晚上收看電視節目，睡覺前聽音樂。我們完全忘記人類生活中的另一面向——我們不是人類，而是包著人皮的機器。同時由於追求刺激的風氣大盛，導致在現代社會裡，沒有刺激的生活反而被視為較差的生活環境。

我們過著忙碌不歇的生活，難道也要將這種觀念傳授給自己的子女

嗎？現在，讓我們給自己一段可以放慢腳步的時間，享受放鬆時的美好與快樂。讓自己放鬆，你就會覺得很舒服。

你是否時常回顧過去輕鬆休閒、沒有刺激的經驗？當時你是否會想：我真的很喜歡這種感覺。你是否時常單獨在空曠的海灘或安靜的公園裡散步。是否曾經回想這個星期內所做過最快樂、最有意義的活動？你是否曾經在派對上或電視節目進行到一半時離開而來到花園裡的樹下？

只要你開始回想這些事，就會發現，讓自己平靜的過程本身就是一種樂趣，它不是娛樂，也不是一種感官刺激，但是，它確實是一種樂趣。

因此，你應該讓自己保持這樣的一個觀念：達到平靜本身就是一種樂趣。它不是一件繁瑣的差事，也不是義務，更不是你必須時時謹記在心的格言或規則，它就是一種樂趣，一種單純且無罪的樂趣。確實是這樣，完全放鬆與安詳的狀態是一個人所能夠擁有最有收穫、最能激勵人心的經驗。

你應該開始瞭解——就算意識上還沒有瞭解，潛意識應該也能夠體會——達到平靜是讓你快樂的最簡單、有效的方法。當你快樂時，當然不會覺得有壓力或是焦慮不安，如果你早就知道這件事，現在的你感覺不知會有多麼輕鬆。

修養：寧靜平和，用心思考

平靜也是一種修行

「平靜」對人有極大的益處，心靈的平靜是世間的珍寶，它是自我控制的傑出體現。要想心境安寧，就需要靈魂純潔，這就意味著歷盡世事後的淡泊以及對事物看法的成熟改變。

人在碰到棘手事情時的鎮定程度，與他的內涵息息相關的，驚訝、生氣、發怒，所有這一切都於事無補，只有永遠保持安靜祥和的態度，才能使你有一副正常的頭腦來思考怎樣解決問題。當一件大事發生時，懂得控制自己的人會在暗中傳送精神力量，周圍的人會依靠他的力量站立，這樣的人將會成為人們眼中的英雄。處事不驚的人總給人以大氣的感覺，總是受到人們的尊敬。他就像是海邊的礁岩，對海水的沖刷毫不抱怨；他就像是佇立風中的白楊，挺拔俊朗。

「平靜」是人們體念人生修養的最重要的一課，它是春天裡清朗的歌聲，是成長後收穫的果實。平靜和其他道德一樣珍貴，它的價值遠遠勝過財富。在名利場裡勾心鬥角，或為幾塊金幣；幾畝田地與別人爭白了頭髮，到頭來也只不過是一日三餐和最後的七尺墳地。與平靜的生活相比，這種生活是多麼讓人不屑一顧。

有人曾這樣說過：「我們會結識這麼一些人，他們勤奮、努力地工作，但是脾氣暴躁，生活也因此而變得混亂不堪，他們無法欣賞美好的事

物，通常只顧匆匆趕路，卻忘了欣賞路邊的風景，從而葬送了自己幸福平靜的生活：破壞了他本該擁有的幸福。在我們身邊，我們所能碰到的真正能享受平和寧靜生活的人真是越來越少了。」

是的，在當今這個忙碌的社會裡，人們會因各種各樣的鼓動而狂躁不安，會因自我控制能力的弱化而情緒波動，會因焦慮和多疑而飽經風霜。只有那些明智的人，才會掌控並引領自己朝他原本需求的方向走去。

經歷了滄桑世事的人們，無論你們在哪裡，在做什麼，要往哪裡去，都請你們記住：在生活的沙漠中，總會有一片綠洲等你去發現，總會有一些花朵在為你綻放，請你偶爾放慢腳步，好好欣賞吧。因為更多的時候，幸福是躲在平靜背後的一道風景。

控制浮躁，以靜制動

如果你想贏，那麼你就先贏了一半。不能控制自己，不能贏得自己，那怎麼能贏別人呢？強者總是試圖永遠保持自我控制能力，這種能力顯示出真正的人格和心力。

平靜的心態在關鍵時刻甚為重要，所謂鎮定白若，就是平靜心態的最佳境界。

詹姆斯·艾倫曾經這樣說：「我發現，凡是一個情緒比較浮躁的人，在關鍵時刻都不能作出正確的決定，因為成功人士基本上都比較理智。所以，我認為一個人要獲得成功，首先就是要控制自己浮躁的情緒，使自己變得平靜下來。」

境界：不讓性格成為絆腳石

　　成功是每個人從事任何一項活動乃至人生所希望達到的境地，成功地做一件事、成功地度過人生是每個人的願望。

　　成功地做事、成功地度過人生固然跟我們付出的努力有重大關係，但很多時候，我們付出了巨大的努力，但事實上，我們並沒有成功。其中的原因可能有很多：會有客觀的原因，諸如遇到了困難；也會有主觀的原因，比如我們的性格。

　　對任何人而言，做任何事情都與性格有關，是性格在決定著我們對事對人的態度，是性格在決定著我們為人處事的方向，是性格在決定著我們是否能爭取到新的機會等等，以至於有人認為「性格就是命運」。性格何以對成功如此重要呢？這是因為它和德、識、才、學等因素一樣，同是構成一個人內在因素的重要組成部分。

　　一般來說：德，反映著一個人的思想品格和道德風貌，決定著個人的發展方向。識，反映著個人判斷事物、分析事物的準確性和深刻程度。才，反映著個人在能力素質上的強弱程度。學，反映著一個人知識的廣度和深度。而性格，則反映著個人的胸襟、度量、意志、脾氣和性情，影響著個人的精神狀態，決定著個人的行為特徵。這五方面的因素，共同組成一個人的內在素質。而任何人對自己行為的指導和支配，都是由其整個內在素質共同發揮作用的，其中任何一方面的缺陷都會使整個內在素質遭到削弱。

現代許多科學家認為，只要充分發揮每個人自身的才能潛力，大部分人都有可能成為科學家和發明家。然而事實上，能夠有所發現、有所發明、有所創造的人太少了。造成人們才能埋沒的，有多方面的原因，而不良性格就是其中的一項。

　　一個人要把自己的才能充分發掘出來，必須具備一定的優良性格。研究發現，這些人都具有不同常人的性格特徵，這些性格特徵表現為：

　　（1）具有恆心、韌勁和能力的持續性。他們都能長期從事極為艱苦的工作，甚至在看來希望渺茫的情況下，仍然堅持到底。

　　（2）兒童時代就具有頑強追求知識的欲望。他們幼小時常常對難以想像的新奇東西看得著了迷。不管要挨多麼嚴厲的訓斥但受好奇心的驅使，總想去試試。

　　（3）具有鮮明的自立、自主的獨立傾向和獨創性格。留心周圍的事物和見解，但不輕易相信，凡事有主見，不以別人指示的方法，作為自己工作的準則。

　　（4）有雄心，肯努力，不甘虛度一生。

　　（5）充滿自信。敢於堅持自己的意見，同時和他人開展熱烈的爭論，而且在爭論中常常居有支配地位的傾向。

　　（6）精力充沛，幹勁大。工作中始終充滿著力量。

　　凡是在科學上有所造就，智力、才能得到充分發揮的人，都有其一定的性格方面的條件。優良的性格，是保證我們的智力、才能得到充分發揮的必不可少的條件。如果忽視性格修養，讓許多不良性格支配著自己，即使有較高的智力和才能，也會被不良性格所壓抑而發揮不出來。在日常生活中，在我們的周圍，因性格的缺陷而導致才能被壓抑的人和事，是相當普遍地存在著的。

沒有雄心抱負，甘願隨波逐流，追求現實的安樂和享受，是壓抑智力、才能的性格特徵之一。許多人未能獲以成功，往往並不是沒能力，而是不想行動。他們思想懶惰，追求舒適，寧願在安閒中過日子，而不願作長期的艱苦努力。這樣，他們的智力、才能就被懶惰這把鏽鎖鎖住了，天賦再高，智力再好，也因得不到充分發掘而被白白浪費掉。

嚴重的自卑感，是壓抑智力、才能的性格特徵之二。有的人本來在某些方面很有發展潛力，但由於不相信自己，瞧不起自己，因而認識不了自己的才能潛力，即使露出了具有真知灼見的思想萌芽，也因為自我懷疑而遭到自我否定。一個對自己的能力缺乏自信的人，永遠不會提出大膽的設想和獨到的見解。

依賴和順從，易受暗示，容易接受現成結論，是壓抑智力、才能的性格特徵之三。有的人天賦智力素質不錯，如果把自己的思想機器充分開動起來，獨立思考，就可以提出許多自己的獨到發現和見解，但由於性格易受暗示，容易順從，有了現成的觀點和結論，就全盤接受，不願再去動腦筋想，使自己的思想機器很少有充分開動的時候，當然也就提不出多少自己的獨到發現和見解。

缺乏毅力，意志薄弱，也是壓抑智力、才能的一種不良性格。有的人在從事某項研究之初，曾表現出很大的熱情和才華，但若遇到十幾次、幾十次的挫折和失敗，便心灰意冷，不想再努力了，結果也造成了自己智慧和才能的埋沒。

其他如興趣容易轉移，注意力不能長久地集中於一個目標；虛榮心強、目光短淺，總想在細小事情上勝過別人而忽視對事業的追求，等等，也都是壓抑智力、才能的不良性格特徵。顯然，不認真進行性格修養，克服上述妨礙聰明才智充分發揮的不良性格，就會增加成功的阻力和困難。

選擇：性格、品質與思考

「良好」還是「抑制」，在於人的選擇

人們認為所謂的性格是一種神祕的東西，但事實上並非如此。我們平時所說的某人有「良好的性格」，實際上是指他已經抒發出他自己創造性的潛力，並且能夠表達他「真正的自我」。

「良好的性格」與「抑制的性格」是一體兩面。有不良性格的人不會表達出創造性的自己，他抑制了自己，銬住了自己，上了鎖並且將鑰匙丟掉。「抑制」這個詞，字面上的意思是指停止、避免、禁止、約束。「抑制的性格」會約束真正自我的表達；基於某種理由，他害怕表達自己，害怕成為真正的自己，而將「真正的自我」囚禁在內心的監牢裡。

抑制的症候有很多，種類也很繁雜，例如：害羞、膽怯、敵意、神經過敏、過分罪惡感、失眠、緊張、易怒、無法與人交往等等。

困擾是抑制性格的人在各方面活動的特徵，而他真正的基本的困擾是在於他無法「成為自己」，在於他無法適當地表達自己。但是這個基本的困擾很可能滲入他所做的每一件事情裡面。

「抑制的性格」會阻礙人們獲得成功，「良好的性格」則能促使人們走向成功。而性格不是深藏於人體內不可改變的天性，這關鍵要看人們是否具備堅強的決心與毅力。

深入思考，塑造性格

詹姆斯·艾倫曾說過：「當一個人在思考時，他就因此而存在。」這句話不僅指出人所存在的全部意義，也指出人在生活中所面臨的環境和條件。毫不誇張地說，人應該是在思考中挺立起來的。人的性格其實就應該是他思想的集中。

如同植物從種子裡萌芽一般，人的行為也都是發自內心的。行為的出現和思維是難以分開的。不僅是那些精心策劃實施的行為，就連那些無意識或自發性的行為，也是和思想分不開的。

如果說思考像一棵樹的話，那麼行為就是它的花，而歡樂和痛苦就是它的果實。人們所收穫的果實都是他們自己培植的，雖然有的甘甜、有的苦澀。

思考塑造了我們。我們的存在是建立在思考基礎上。假如一個人心存不善，那麼痛苦就會伴隨著他，就如同車子下面的輪子。假如一個人的思想純潔高尚，那麼他必將與歡樂共存。

在思維的世界中，因與果是並存的，有因就有果，如同我們所看見的一樣：高貴的品德應該是長期堅持神聖思考的產物；同樣的道理，卑鄙下流的性格也是類似行為的產物，是長期進行卑鄙思考的最終結果。

人類所有的發明和毀滅都是自己完成的。人們能在自己思想的兵工廠裡創造或毀滅自己的武器，也能創造或毀滅為自己帶來快樂和幸福的武器。透過誠實的思考，人們能做出正確的選擇，從而走向完美和神聖，而不正確的思考往往會給人帶來沒有理性的行動。還有更多的不同性格在這兩個極端之間，而人正是這些性格的主人和締造者。

對一個擁有愛和理性的生命來說，他是自己思想的主人，他完全有權力決定自己該進入哪種境遇。人類本身就具備創造和改變的力量，因此，

他有能力使自己成為自己想要的形象。

　　人類永遠都是自己的主人，無論是在孤立無援或虛弱不堪的時候，他們都能主宰自己。事實上，當一個人處於墮落和頹廢的時候，他就相當於一個對家庭不負責任的愚蠢的主人。當他開始醒悟並浪子回頭的時候，他就會辛勤地去尋找生命的意義，他就能成為機智聰明的人，並且會理智地思考，引導自己為充滿希望的事業而奮鬥，這時他就成了清醒的主人。要想做到這一切，你必須找到自己思想的規律，而發現思想規律的基礎是必須去不斷地實踐探索，對經歷的事情進行分析。

　　人們只有經由不懈的努力，才有希望發現鑽石和金子。同樣的道理，人們也只有肯對自己的內心深處進行挖掘，才有希望找到與自己的生命有關的真理。他會意識到他就是自己性格的主宰，是自己生活的主宰，是自己命運的主宰。要證明這一點很簡單，只要有意識地對自己的思想進行觀察、控制和改造，同時仔細分析自己的思想對自己和他人生活環境的影響，然後再耐心地把實踐與分析結果聯結起來，去印證生活中的每一件小事，哪怕是一些經常發生的瑣事，就可以不斷地學習知識。透過這種途徑學到的知識是理解、智慧和權力。人們經常說：「大門只會對那些勇敢叩門的人敞開，只有努力探索的人才能找到真理。」實踐告訴我們，只有透過堅持不懈的努力，人們才能踏入幸福的大門。

意識：思想所引，健康所在

　　身體是思想的奴僕，它服從於思想的指引，無論想法是特意選擇或是自動表現的。如果一個人有罪惡思想的壓力，他的身體就會迅速地墮落至疾病與腐朽。如果一個人有愉快、美好思想的指揮，也會受到青春與美麗的祝福。

　　疾病與健康像環境一樣，深深地根植於我們的思想之中。有缺陷的思想會透過有疾病的軀體表現出來。眾所周知，恐怖的想法殺死一個人的速度不亞於一顆子彈。事實上，這些想法也一直不停地消磨著成千上萬人的生命。那些生活在對疾病的恐懼中的人，是心理上有疾病的人。焦慮會迅速地侵蝕身體的銳氣，從而使身體無法抵禦疾病的入侵。不純潔的思想會很快破壞人的神經系統，即使這些想法並未變成實際行動。

　　堅強、純潔和快樂的思想會使身體充滿活力與魅力。身體是一種精緻可塑的器具，它會非常迅速地對思想做出反應。已成習慣的思想會對身體產生一定影響，可能是好的，也可能是壞的。堅強、純潔與快樂的思想，還會把活力與優雅注入身體。我們的身體是一架結構精巧、反應靈敏的儀器，對心裡產生的欲望能夠迅速做出反應，而這欲望將會影響到身體。好的思想產生好的影響，壞的思想自然會傷害身體。

　　只要心裡存在雜念，人們血管裡就會流淌污穢的、有毒的血液。健康的生活和強健的身體來自於純淨的心靈；齷齪的生活與身體則源於不潔的思想。所以，思想是人們言行、外表乃至整個人生的源頭。源頭純淨，那

麼它所產生的一切也會是純淨的。

思想的純潔可以使人養成潔淨的習慣，被稱為聖人卻不能養成淨身的習慣算不得聖人，而能夠經常淨化自己思想的人根本不會受疾病的侵害。如果想讓身體健康起來，就應該美化和純淨自己的思想。心中的怨恨、嫉妒、失望、沮喪，會使你的健康遭到損害，你的快樂將會消失。愁苦的面容並不是偶然出現的，而是思想焦躁憂慮導致的。滿臉的皺紋都是因怨恨、暴怒與自大而生出的。

就如同只有自由的空氣和燦爛的陽光充斥在你的房間裡，你才擁有一個甜蜜、舒爽的家一樣。只有那些充滿歡愉、美好和寧靜的思想，才會讓你擁有強健的體魄和明朗、快樂、會心的笑容。有的人臉上刻畫出堅定的信念，有的人臉上則寫滿怒氣……誰都能看出這些皺紋的差別。那些光明磊落的人，光陰寧靜而平和地在他們身上流逝，歲月在自然而然中成熟老去，如同一輪西斜的落日。

在驅除身體病痛方面，愉悅的思想能達到一個好醫生所能夠提供的效果；在趕走悲哀與傷心的陰影方面，良好的祝願和真實的幸福能起到最好的安撫效果。長期處於邪惡、憤世嫉俗、懷疑與妒忌的思想環境裡，就好比把自己禁錮在自己建立的牢籠裡。如果能夠快樂地面對人生，凡事往好的方面想，用積極愉快的態度對待一切，耐心地去發現別人優點，這些無私的想法會幫你打開通向幸福的大門的。心中懷著平和的思想看待一切事物，將會為你帶來永恆的安寧。

要謹記：我們的健康是服從我們思想指引的。明白了這一道理，相信你就能夠明白使自己時刻保持積極思想的重要性了。

高揚：成功思想需要不斷錘煉

成功者不允許別人任意否定或侮辱自己，也從不無故自己貶低自己。成功者在任何場合都期望著有一個良好的氣氛。他向在場的每一個人握手問好，向他們說積極向上的話語。問候別人之後，他可能談起他取得的某項成績，或把自己想到的一個鼓舞人心的想法及正在進行的某個新專案提出來徵求大家的意見。成功者不掩蓋事實，樂意把自己的成就介紹給他人，並引以為自豪。那麼，如何才能具有像成功者一般的思想呢？

（1）以成功者的姿態自居。對自身能力抱有信心的人比缺乏這種信心的人更有可能獲得成功，儘管後者很可能比前者更有能力、更加勤奮。重要的是要堅信自己必定會獲得成功。

即使在尚未達到目標之前，也應以成功者的姿態出現。如果你認為自己有朝一日獲得成功後，要讓太太戴鑲有鑽石的耳環或金手鐲，那麼從今天起你就設法戴上這些象徵成功的東西。

它們會使你此時此地就感覺成功，也會使你在別人面前顯得是個成功者。事實上，這是一種增強自信心的方式。

（2）做白日夢想像成功。花點時間想像一下，如果你登上事業高峰，生活將是什麼樣子。不妨做點白日夢，想像你坐在總經理辦公室裡的情景，想像隨之而來的巨額報酬和發號施令的權力。然後，回頭再想想，在通向總經理辦公室的道路上，你經歷過的每一個階段，所有你已經達到並超越的前期目標。在白日夢裡，當想像自己達到某種近期目標，就會有

助於你保持心情舒暢，有助於你在每個階段都充滿信心——強有力的自信心。

還有一種同樣有效的做白日夢的方法，稱為「形象化設想」。這種方法很簡單，每天只花20分鐘時間做一做，就能有所收益。

第一步，想像自己是一個成功者。比如，想像自己坐在豪華的辦公室或會議室裡，正在對手下的一批管理人員訓話。他們專心致志，聆聽著你的每一句話。

第二步，閉上眼睛，全身放鬆，盡可能地在腦子裡構想上述情景，使你的成功者形象進一步具體化或者說視覺化。這樣持續10分鐘，眼睛要始終閉著。如果我們走神，效果就會消失。

但即使這樣也沒關係，只要圖像能再次出現就行了。圖像中的某些細節，可能會發生變化，這意味著你的主司直覺的右半腦正在修正想像中的成功形象，使其更為現實。

經過一星期左右的這種「形象化設想」練習，你會發現自己的某些態度或行為已開始發生變化。可能是變得比較果斷，比較輕鬆或比較熱情了。不管怎麼說，這種變化表明你的直覺正在引導你慢慢地接近你想像中渴望的成功。

（3）貯存積極心態於大腦。每個人都會遇到許多不愉快、令人尷尬、使人洩氣的事情。但成功者與失敗者會以兩種截然不同的態度來處理同一事件。失敗的人常把這些不愉快的事深深地埋在心底，他們不停地想著這些事，怎麼也擺脫不了這些事的糾纏，到了夜晚，他們更是為這些事煩惱。自信的成功者則完全採取另一種方法，他們會強迫自己：「我再也不要想它了。」成功者善於只把積極的想法存入大腦。

存在大腦中的消極、不愉快的思想，會使你感到憂慮、沮喪和情緒低

落。它使你停滯不前，而眼睜睜看著別人奮勇前進。因此，應該拒絕回憶不愉快的情形和事件。你應該這樣做：

當你一個人的時候，回憶愉快、積極的經歷。把好消息全部存入你的大腦，這樣做將提高你的自信心，給你的良好自我感覺，也將幫助你的身體良性運轉。

這裡有一個使你的大腦產生積極作用的極好辦法。每天睡覺前，你把自己的積極思想儲存在大腦裡，數數你幸運的事，想想許多你覺得愉快的事——你的妻子、你的孩子、你的朋友、你良好的健康狀況，回憶你取得的哪怕是小小的成功與勝利，把所有使你愉快的事都回憶一遍。

如果你能夠持之以恆，相信有一天，這些積極的、愉快的、成功的思想終會在你的大腦裡生根、發芽的。

領悟：成功之旅需要不斷反思

在這個世界上，每一個人都會犯錯，可怕的並不是犯錯，而是犯同樣的錯誤。赫拉克利特曾經說過：「人不能兩次踏進同一條河流。」人也不該犯同樣的錯誤。善於反思的人就不會使自己兩次犯相同的錯誤。

如果你不幸犯了錯的話，就必須找出犯錯的原因，這便需要你反思。如果你能找到問題的根源，就能夠真正改善你目前生活的品質，從而大大提高成功的機率。

你應該常常分析，自己做錯的最大的一件事是什麼，當你可以明晰地研究出這個原因的時候，就應該馬上採取改進措施。不管你有多麼成功，你一定要不斷地問你自己，這一次為什麼會成功，成功最大的原因是什麼，記取此次經驗並加以重複運用。

班傑明·富蘭克林是美國歷史上最能幹、最傑出的外交官之一。當富蘭克林還是毛躁的年輕人時，一位教友會的老朋友語重心長地對他說：「你真是無可救藥，你已經打擊了每一位和你意見不同的人。你的意見變得太偏激了，使得沒人承受得起。你的朋友們覺得，如果你不在場，他們會自在得多。你知道得太多了，沒有人能再教你什麼。」這位教友指出了富蘭克林的刻薄、難以容人的個性。而後，富蘭克林漸漸地改正了他的這一缺點，變得成熟、明智。他領會到即將面臨社交失敗的命運，所以一改以前傲慢、粗野的習性。後來，富蘭克林說：「我立下條規矩，決不正面反對別人的意見，也不准自己太武斷。我甚至不準將自己在文字或語言上

措辭太自主。我不說『當然』、『無疑』等，而改用『我想』、『我覺得』或『我想像』一件事該這樣或那樣。」這種方式使他漸漸成為事業的強者。

很多人只能集中精神一天、兩天，或者是一個星期、一個月、一年、兩年，成功者卻能一輩子集中精神，全力以赴。這即是成功者與一般人的差別，他的注意力集中、專注於某事的態度同別人不一樣，對目標的信心、決心、毅力和堅持到底的精神，和別人不一樣。透過對成功者的研究，你會發現，他們都有這樣一個特質——他們都能不斷地分析自己做對的事情，以及做錯的事情，並且不斷地改進。

如果你是對的，就要試著溫和、巧妙地讓對方接受你，如果你是錯的，就要迅速而真誠地承認，這種態度遠比爭執有益得多。一個有勇氣承認自己錯誤的人，可以獲得別人更多的尊重。

艾柏‧赫巴是著名的作家，他的文學風格是很獨特的。他經常用尖酸的筆觸來抨擊那些他不滿的人，這種做法經常鬧得滿城風雨。艾柏‧赫巴也有犯錯的時候，但最為可貴的是他善於處理這種事件，即勇於承認自己的錯誤，這經常使他的敵人變成他的朋友。例如，當一些憤怒的讀者寫信給他，表示對他某些文章不以為然，結尾又痛罵他一頓時，赫巴便如此回覆：「回想起來，我也不完全同意自己。我昨天所寫的東西，今天就不見得滿意，我很高興地知道你對這件事的看法。如果我真的有些地方出錯的話，請你下次在附近時，光臨我處，我們可以互相交換意見，遙致誠意。赫巴呈上。」赫巴用這樣一種方式，避免了不少爭鬥，而且往往使那些激憤者成為要好的朋友，使一時的爭鬥變成了永久的友誼。

如果你能夠及時發現你的錯誤，並及時總結經驗，避免下次再犯同樣錯誤的話，當你可以這樣做的時候，下一個成功的人士，一定是你。

打磨：成功過程需要正確的思考

詹姆斯・艾倫說：「一個人的思想往往決定他所能取得的成就和所能達到的高度。」在一個公正規範的世界裡，如果沒有平衡那就意味著毀滅。人們應該加強對這個世界的責任心。怯懦或勇敢，純潔或不純潔都是人們自己選擇的而非別人強加到頭上的，所以也只有人們自己才可能改變自己。人們所處的環境也是由自身選擇的而不是別人決定的，所以也只有自己才能把握住自己的幸福。

一個人即使非常強壯但他也不能改變一個虛弱的人，除非虛弱的人自己決定要改變。弱者只有透過自己的不懈努力，才有可能使自己由虛弱變得強壯，使自己也擁有曾經非常羨慕且只有強者才有的力量。只有自己才能改變自己所處的環境。

人若想出人頭地，飛黃騰達，那麼他就必須先使自己的思想昇華到更高的境界，如果拒絕對自己的思想進行提高，他將永遠在怯懦和悲觀的境界裡徘徊。

人們想取得成就，哪怕是世俗的物質成就，他都必須使自己的思想脫離低級趣味。成功雖然並不需要他以放棄人的本性作代價，但卻要求他必須犧牲其中的一部分。假如一個人滿腦子全是低級趣味的思想，那麼他將肯定不能清晰地思考，也不能理智地工作。他不可能發現和發揮自身的潛在力量，所以他會處處失敗，最嚴重的是，他還無法像正直的人那樣能控制自己的思想，無法承擔責任或控制局面，沒有能力獨立應付發生的事

情。實際上，他是被自己所選擇的思想拖垮的。

沒有犧牲就沒有進步和成就，衡量世俗中人所取得成就的尺度，應包括他們摒棄的獸性的思想，只有如此，他才能全身心地投入到自己的計畫中去，才能增加自己的毅力和信心。他的思想的境界高了，他的魅力和勇氣也會與日俱增，他的成功才會更偉大，他的成就才會更高。世界對那些貪婪者、虛偽者和惡毒者其實是無比厭惡的，雖然表面上不是這樣的。其實世界青睞高尚者和大公無私者。人類歷史上所有的偉人們都證實了這個觀點。如果個人也想證實這個觀點，那麼他就必須堅持自己正確的思想，使自己的思想越來越高尚。

智力上的成熟是追求知識或探索自然與生命的結果，雖然這些成熟有時候好像與人們的野心和虛榮心有關，但實際上它們並非是野心和虛榮心所致，它們是長期堅持奮鬥、不斷提高個人思想的自然結晶。

精神上取得的成就實際上就是實現理想。思想崇高的人和心地善良純潔的人都會養成高貴無私的品德，而且這種品德還會不斷地昇華提高直到最輝煌。這就像太陽在正午最高，月亮會出現滿月的道理一樣。

無論任何形式的成熟，它都是因為有了正確理想。人透過自我控制和果斷正直積極的思考，才能得到昇華。而低俗無聊、懶散頹化的思考，會使人走向墮落。

一個在世上取得了巨大成就的人，或者在精神領域裡擁有極高地位的人，一旦他放縱自己，允許傲慢、自私、無理的思想再次出現在腦子裡並任其發展，那麼他必將回到失敗的困境中。

所有的成就——不管是商場上的，精神領域裡的，還是智力上的，它都是正確思考的結果，都具有同樣的遊戲規則和行動規律，它們之間唯一的區別是奮鬥的目標各不相同。

果敢：敢想，敢夢，敢成功

這世上有許多人可能從來都未想到過改善自己的生活。

研究人員在一所著名的大學中選了一些運動員做實驗。他們要這群運動員做一些別人無法做到的運動，還告訴他們，由於他們是國內最好的運動員，因此他們會做到的。

這群運動員被分成了兩組，第一組到了體育館後，雖然盡力去做，但還是做不到。第二組到體育館後，研究人員告訴他們第一組失敗了。「但你們這一組不同，」研究人員說，「把這個藥丸吃下去，這是一種新藥，會使你們達到超人的水準。」結果第二組運動員很容易地完成了那些困難的練習。

「那是什麼藥丸？」第二組的運動員事後問道。

「不過是些普通的維他命而已。」研究人員回答。

第二組之所以完成不可能的運動是因為他們相信自己能夠做到。如果你相信自己能做到，那麼你就真的能夠做到。

許多人的通病是夢想過於平淡，喜歡選擇低標準。但是，如果一個人缺乏精益求精的精神，那他想要取得高層次的成功便會很困難。

伯尼·馬科斯是紐澤西州一個貧窮的俄羅斯人的兒子。亞瑟·布蘭克生長在紐約的貧民區，在那裡，他曾與少年犯為伍。在他15歲時，父親去世。布蘭克說：「在我的成長過程中，我一直確信生活不是一帆風順的。」

1978年，布蘭克和馬科斯在洛杉磯一家五金零售店工作時，雙雙被新來的老闆解雇了。第二天，一位從事商業投資的朋友建議他們自己創業成立公司。馬科斯說：「一旦我不再沉浸在痛苦中，我便發現這個主意並不是妄想。」

　　現在，馬科斯和布蘭克經營的家庭設備，在美國迅猛發展的家用設備行業中處於領先地位。馬科斯說：「當你絕望時，你有人生目標嗎？我問了55名成功的企業家，40名都肯定地回答：有！」

　　你周圍許多人都明白自己在人生中應該做些什麼事，可就是遲遲不拿出行動來。根本原因就是他們缺少一些能吸引他們的夢想。若你就是其中之一，那麼，從現在開始就應該去學會怎麼挖掘出從未想到的機會，進而付諸行動，以實現那些從來不敢想的大夢。

　　有這樣一則令人難忘的真實的故事，主人公是一個生長於舊金山貧民區的小男孩，從小因為營養不良而患有軟骨症，在六歲時雙腿變成「弓」字型，小腿更是嚴重的萎縮。然而在他幼小的心靈中一直藏著一個除了他自己沒人相信會實現的夢——那就是有一天他要成為美式橄欖球的球員。

　　他是橄欖球傳奇人物吉姆・布朗的球迷，每當吉姆所在的克里夫蘭布朗斯隊和舊金山四九人隊在舊金山比賽時，這個男孩便不顧雙腿的不便，一跛一跛地到球場去為心中的偶像加油。

　　由於他窮得買不起票，所以只有等到全場比賽快結束時，從工作人員打開的大門溜進去，欣賞最後剩下的幾分鐘。

　　13歲時，有一次他在布朗斯隊和四九人隊比賽之後，終於在一家霜淇淋店裡有機會和心中的偶像面對面地接觸，那是他多年來最期望的一刻。他大大方方地走到這位大明星的面前，朗聲說道：「布朗先生，我是你最忠實的球迷！」

吉姆‧布朗和氣地向他說了聲謝謝。這個小男孩接著又說道：「布朗先生，你曉得一件事嗎？」

吉姆轉過頭來問過：「小朋友，請問是什麼事呢？」

男孩一副自若的神態說道：「我記得你所創下的每一項紀錄，每一次的佈陣。」

吉姆‧布朗十分開心地笑了，然後說道：「真不簡單。」

這時小男孩挺了挺胸膛，眼睛閃爍著光芒，充滿自信地說道：「布朗先生，有一天我要打破你所創下的每一項紀錄！」

聽完小男孩的話，這位美式橄欖球明星微笑著對他說道；「好大的口氣！孩子，你叫什麼名字？」

小男孩得意地笑了，說：「我的名字叫奧倫索‧辛浦森，大家都叫我奧倫索。」

奧倫索‧辛浦森日後的確如他少年時所說的話那樣，在美式橄欖球場上打破了吉姆‧布朗創下的所有紀錄，同時更創下一些新的紀錄。

何以夢想能激發出令人難以置信的能力，改變一個人的命運？又何以夢想能夠使一個行走不便的人成為傳奇人物？要想把看不見的夢想變成看得見的事實，首要做的事便是制定目標，這是人生中一切成功的基礎。目標會導引你的一切想法，而你的想法便決定了你的人生。

詹姆斯‧艾倫說：「我們會成為什麼樣的人，會有什麼樣的成就，就在於先做什麼樣的夢。」

轉變：給夢想一個自由的空間

我們每個有志向的人都會有自己的夢想，並會為實現夢想而不斷努力。而我們往往會遇到這樣一個問題：在追求夢想的過程中，發現自己真正追求的是另一個夢想。如果遇到這種情況，該怎麼辦呢？

一個夢想常常會引導出另一個夢想，你必須允許自己轉變。我們都聽說過某個人在某個領域內達到巔峰之後，繼續在另一個不相關的夢想上追求另一個高峰。這樣做很棒，同時希望你也能接受這種轉變，因為他既然能成就這個夢想，那麼他很可能也會在另一個夢想上有出色的表現。

假如一個大公司裡經理級的人才，決定轉行自己經營一份小生意、或一間民宿呢？無論他決定做什麼，都很可能成功。

成功的定義與方向在於你想要什麼，而這個願望隨時可能改變，因此你對成功的定義也可能會有所不同。

同時，你必須認清一件事：你可以比你想像中擁有更多選擇。人們常常陷入抉擇的困擾中，誤以為自己只有1、2、3三種選擇、或僅能在自己所想的選項中做出決定。但事實上，在任何情況下，我們都有無數的選擇，包括我們未曾想過、或從來沒有人想到過的各種可能，不要錯過更新、更好的夢想。

那麼，你該如何辨別這個新夢想究竟是個潛在的危機，還是一個值得追求的新方向呢？檢查一下你對它的企圖心有多強烈？這真的是你想要的嗎？它是不是此刻你生命中最渴求的事情呢？這個新的夢想能持續多久？

它會不會增長、還是幾天之後就會消失的一個念頭呢？你對這個夢想看得比上一個更清楚嗎？接著再客觀地審視這個夢想。它是不是符合你對自我以及你與生俱來的使命的認識？它是否違背了你所信仰的真理？如果這個新的夢想和你的價值觀背道而馳，那麼這個夢想也不會長久。給你的夢想一點時間，它可能會有新的發展。

夢想和目標都需要時間慢慢培養。如果你能讓夢想自由發展，給它更多的空間，它就更有可能帶領你走到一個你不曾預期的方向。

不要太快抓住你的夢想，給夢想一點時間，讓它在你心中沉澱。當你發現它再度出現時，跟著你的夢想一起前進。

我們可以將自己的夢想和目標寫在紙上，但是一個真正符合我們人生使命感的夢想，則不需要靠白紙黑字來聲明。這個夢想和目標會成為我們的一部分，我們會無時無刻地想著、思索著它們。我們無法躲藏、也不能逃避，我們永遠不能脫離這個夢想。夢想永遠在那裡，它是我們的生活重心，也是我們活力的源泉。

精進：讓夢想照進現實

只有心懷夢想的人，才可能在現實生活中實現他的夢想。

「我不行！」這三個字是否已經幫你推開了無數的任務和挑戰？但它同樣也帶走了機遇。今天，請你告訴你自己「我可以！」只要相信自己能行，你就能夠做好別人交給你的事，能夠達到期望的高度。當然，生活中沒有什麼是可以隨隨便便得到的，如果你不努力，你永遠不會知道成功是什麼滋味。

平淡的夢想很容易實現，但我們要把目光放得長遠點。這個世界上最堅不可摧的就是自己的意志以及追尋夢想的信心。「我可以！」是一句含有無限力量的話，人們相信自己能做到什麼，重要的是他一定要相信自己能行。在這一點上，或許安利公司總裁查德·德渥司先生的經歷可以告訴我們一些什麼。

德渥司小時候就有創業和闖出一番天地的理想，讀高中時，他認識了一位朋友——傑·梵·安德爾，他們經常在一起討論對人生的看法。

「二戰」結束後，他和安德爾回到家鄉。他們眼光敏銳，很快就發現航空業是未來的熱門行業。

於是他們借了一架飛機，準備開一家航空學校，但那時他們兩個都不會飛行，而更麻煩的是，在學員招滿的時候，小機場的跑道還沒有完工。這些都沒有打消他們的信心，他們很快僱用了有經驗的飛行員來當教員，

又買了些浮筒，還架了一個浮動碼頭，讓飛機在水上起飛，在浮動碼頭上降落。

這個小航空公司非常成功，收入也很不錯，這為他們帶來了極大的信心。後來他們又買了十幾架飛機，逐漸拓展業務，最後他們的公司成了鎮上最大的航空公司。正是那麼一個小小的開始，成就了以後的安利在全世界發展的基礎。

這些都說明了一個基本的問題：只要努力嘗試，就會有所收穫。要想讓夢想成為現實，就得給夢想一個機會，你不去嘗試怎麼知道你不行呢？戰爭的炮聲還沒有打響的時候就當逃兵，這實在是太悲哀了。只要瞭解了自己的怯懦，就無須再怯懦任何事情，力量和經驗只有透過不斷的實踐才能得到增長。其實，在我們的內心深處，我們也知道自己能夠做到，因而行動的渴望也會時時催促著你去開始，那麼你還等什麼呢？開始行動吧。記住：不要去在意別人說什麼，不要讓別人的口水澆滅了你夢想的火苗！

一個人有了一份新工作時，他會開心地覺得自己身上有一股力量正在激蕩，好像年輕了許多，有了更多更好的精力，看到了更好的掙錢機會，於是他拾起原本丟失的夢想，振奮精神，準備迎接更高的挑戰，而這時，他的周圍卻刮起了一片冷言冷語：「這樣是不行的！」「都不看看自己多大歲數了，還是安分點好！」

每個人都想把自己認為最安逸最保險的方法告訴你，但是，那些都不是你想要的生活，別聽他們的。只要你有夢想，你就還年輕。只要你勇敢地去嘗試，你就給了自己一個夢想成真的機會。別讓那個每天只躺在沙發裡翻翻報紙的傢伙打消你對自己的期望和信心，別讓那個整天窩在家裡、每月等著救濟金的人告訴你生活是怎麼回事。如果你心中已經燃起了夢想的火苗，那就馬上行動吧。

The Scroll

羊皮卷

《君主論》

　　馬基維利帶著忠誠苦心鑽研歷史，著成了這部享譽世界的書籍獻給他所忠於的君主。他的觀點是：作為一個君主，想要獲得成功，就必須懂得如何積蓄自己的實力，並依靠自己的實力和手段取得地位。他認為，君主需要效法狐狸與獅子，有狐狸的狡猾、獅子的勇猛。

　　因為書中一再提到不擇手段，《君主論》曾一度被稱為毀譽參半的作品。書中的確為人們提供了一些生活的本領和智慧，但它或許有極端或厚黑之處，但批判地閱讀《君主論》，人們所得絕不會比所失少。

財富：歷史是現實的哲學

　　歷史是一筆寶貴的財富，它如同一面鏡子，映照出前人的是非成敗、對錯恩怨，後人從中可以汲取許多經驗和教訓，藉以指導現實生活中的所作所為，使人們不再重蹈覆轍。把歷史視為現實的指導，可以幫助人們規避很多前人所犯的錯誤，更有利於人們生活和做事。

　　據說，馬其頓的亞歷山大大帝就是效法古希臘神話中偉大的英雄阿基里斯，凱撒大帝效法亞歷山大，羅馬軍隊統帥西庇阿效法居魯士。聽過亞歷山大、凱撒的大名者遍地皆是，但是人們對普布利烏斯・西庇阿可能並不瞭解。

　　西庇阿是羅馬非常有名的將軍，他曾經戰勝過北非古國迦太基著名軍事家獨眼漢尼拔。漢尼拔的威名響徹歐洲，曾令人聞風喪膽，但他還是輸給了西庇阿。

　　西庇阿的偶像是居魯士，他對後者的人格和行為極力推崇，同時在純潔、和藹、仁慈、寬宏大量方面，西庇阿也與居魯士非常相似，他的賢明簡直讓人目瞪口呆。他一生寬容到令人甚至覺得他懦弱無能，如果不是元老院一直在保護他，也許西庇阿很快就會成為軍事傀儡。不過，西庇阿從不為自己的仁慈而感到後悔，即便遭人非議，因為他覺得，如果不能好好地愛護臣民，他也許就無法做一個出色的統帥，歷史告訴他，唯有如此才能廣受愛戴。

　　把歷史作為自己的指導，或者以歷史作為教訓，來幫助自己成事，這

是明智者通常的選擇。大到治國，小到立人，歷史都可以作為鏡子，觀照人的行為對錯，幫助人們進行正確的抉擇。

1937年10月11日，羅斯福總統的私人顧問亞歷山大‧薩克斯受愛因斯坦等科學家的委託，在白宮與羅斯福進行了一次會談。會談的主要目的是，要求總統重視原子能的研究，搶在德國之前造出原子彈。

薩克斯先向羅斯福面呈了愛因斯坦的長信，接著讀了科學家們關於發現核裂變的備忘錄。然而，總統對這些枯燥、深奧的科學論述不感興趣，雖然薩克斯竭盡全力地勸說總統，但羅斯福最後還是說了一句：「這些都很有趣，不過政府若在現階段干預此事，似乎還為時過早。」這一次交談，薩克斯失敗了。

第二天，羅斯福邀請薩克斯共進早餐。薩克斯十分珍惜這個機會，決定再嘗試一次。

一見面，薩克斯尚未開口，羅斯福便以守為攻地說：「今天我們吃飯，不許再談愛因斯坦的信，一句也不許談，明白嗎？」

薩克斯望著總統含笑的面容說：「行，不過我想談一點歷史。」因為他知道，總統雖不懂得物理，對歷史卻十分精通。

「英法戰爭期間，」薩克斯接著說：「在歐洲大陸一往無前的拿破崙，在海戰中卻不順利。這時，一位年輕的美國發明家羅伯特‧富爾頓來到這位偉人面前，建議把法國戰艦上的桅杆砍斷，裝上蒸汽機，把木板換成鋼板，並保證這樣便可所向無敵，很快拿下英倫三島。但是，拿破崙卻想，船沒有帆就不能航行，把木板換成鋼板船就會沉沒。他認為富爾頓是個瘋子，把他趕了出去。歷史學家在評價這段歷史時認為，如果拿破崙當時採取富爾頓的建議，19世紀的歷史將會重寫。」

薩克斯講完後，目光深沉地注視著總統。他發現總統已陷入了沉思。

過了一會兒，羅斯福平靜地對薩克斯說：「你勝利了！」

薩克斯激動得熱淚盈眶，他明白勝利一定會屬於盟軍。

薩克斯的借古諫君術大功告成。

熟讀歷史，就能透過過去總結出現實當中切實可行的理論思想，從某種方面來說，歷史是指導人們經營現實的哲學，當我們瞭解了這一點，就會意識到沉湎於腦海中關於過去的記憶庫，不僅僅是讓我們想起某些人或某些事，它還是我們成功的契機。

掌控：學會駕馭命運

把握命運就像面對一條喜怒不定的河流，它雖然不易馴服，卻有跡可循。至少我們憑藉著種種經驗和不懈努力，可以化害為利，可以化腐朽為神奇。就像一個出身貧困至極的人，一開始他可能無法改變自己的命運，因為他尚未長大成人，不足以對抗生活的壓力，但這並不等於他不會成事。人們常說：五代才能造就一個貴族。那麼一個貴族的產生就必須經過五代的努力。除非你身分特殊，否則沒人一生下來就能永享富貴，命運就在你手中，要讓它向哪個方向行走，得看你自己的選擇。

有這樣一個故事，可以說明命運的神奇和平凡之處。

英國的一個城市公開招聘市長助理，條件：必須是男人。當然，這裡所說的男人並不僅僅從生理上界定，它指的是精神上的男人，每一個應聘的人都理解。

經過多次文化和綜合素質的角逐，有一部分人獲得了參加最後一項特殊考試的權利，這也是最關鍵的一項。那天，他們輪流去一個辦公室應考，這最後一關的考官就是市長本人。

第一個男人走進來，只見他一頭金髮熠熠閃光，天庭飽滿，高大魁梧，儀表堂堂。市長帶他來到一個特別的房間，房間的地板上灑滿了碎玻璃，尖銳鋒利，望之令人心驚膽戰。市長以萬分威嚴的口氣說：「脫下你的鞋子，將裡面桌子上的一份登記表取出來，填好交給我！」男人毫不猶

豫地將鞋子脫掉，踩著尖銳的碎玻璃，取出登記表填好，交給了市長。他強忍著疼痛，依然鎮定自若，表情泰然，靜靜地望著市長。市長指著一個大廳淡淡地說：「你可以去那裡等候了。」男人非常激動。

市長帶著第二個男人來到另一間特殊的屋子，屋子的門緊緊地關閉著。市長冷冷地說：「裡邊有一張桌子，桌子上有一張登記表，你進去將表取出來填好交給我！」男人推門，門是鎖著的。「用腦袋把門撞開！」市長命令道。男人低頭硬撞，一下、兩下、三下……足足有半個小時，頭破血流，門終於開了。他取出表認真地填好交給了市長，市長說：「你可以去大廳等候了。」男人非常高興。

就這樣，一個接一個，那些身強體壯的男人都用意志和勇氣證明了自己。市長表情有些沉重。他帶最後一個男人來到一個房間，指著站在房間裡的一個瘦弱的老人對男人說：「他手裡有一張登記表，去把它拿過來填好交給我！不過他不會輕易給你的，你必須用你剛硬的鐵拳將他打倒……」男人嚴肅的目光射向市長：「為什麼？你得讓我有足夠的理由！」「不為什麼，這是命令！」「你簡直是個瘋子，我憑什麼打人家？何況他是弱小的老人！」

市長又帶他分別去了那個有碎玻璃的房間和緊鎖著的房間，同樣遭到了他的反對和拒絕。市長對他大發雷霆……

男人氣憤地轉身就走，被市長叫住了。市長將這些應考的人都召集在一起，告訴他們只有最後一個男人被選中了。

那些無一不傷筋動骨的人都捂著自己的傷口審視著被宣布選中的人，當發現他身上一點傷也沒有時，都驚愕地張大了嘴巴，非常不服氣，異口同聲地問：「為什麼？」

市長說：「你們都不是真正的男人。」

「為什麼？」

市長語重心長地說：「真正的男人懂得反抗，是敢於為正義和真理獻身的人，而不是選擇唯命是從，作出沒有道理的犧牲的人。」

男人們對行事原則的態度，其實就像我們對命運的態度。你對命運唯命是從，就可能一無所有或頭破血流，但當你堅持自己的原則，自己來掌控命運的時候，你的成就之路便有跡可循。

我們應當意識到一點：迅猛勝於小心謹慎。因為命運之神是一個女子，你想要壓倒她，就必須衝擊她。人們可以看到，她寧願讓那些行動的人們去征服她，勝過那些冷冰冰地進行工作的人們。

你不能大膽地掌握命運，無疑只能被命運所左右，但當你把握了它的規律，在與它的不斷協調中掌握駕馭它的方法，你便可以走向成功。

愛戴：理解與尊重

一個君主為了受人尊敬，應當成為什麼樣的人，被人愛戴，還是被人畏懼？當然，最好是兩者兼得。但兼得的前提條件就是，臣民與君主必須互相瞭解和理解，否則此君主必顯昏聵。

在現實生活當中，人們想要真心交幾個知己，就必須坦然，讓彼此瞭解。互相瞭解的人才能保持輕鬆愉快的交際氛圍，由於瞭解而產生互助性行為，在彼此的合作中更容易成事。

人們時刻提倡在集體當中要互相瞭解，事實上，互相瞭解不僅在人際、團隊、組織中適用，也同樣適用於家庭生活。溫馨美好的家庭生活，最需要的就是家人之間彼此理解並認同，如果總是相互計較和指責，家庭形同墳墓。

俄國大文豪托爾斯泰和他的夫人都出身名門望族，原本家庭的優越應是每個人都感到自豪的事情，而這恰恰成為使托爾斯泰與夫人之間產生難以逾越鴻溝的罪魁禍首。托爾斯泰是歷史上最著名的小說家之一，他備受人們愛戴，他的讚賞者甚至於終日追隨在他身邊，將他所說的每一句話都快速地記錄下來。

除了美好的聲譽外，托爾斯泰和他的夫人有財產、有地位、有孩子。他們的結合，似乎很美滿，所以他們跪在地上，禱告上帝，希望能夠繼續賜給他們這樣的快樂。然而托爾斯泰漸漸地改變了，他變成了另外一個

人，他對自己過去的作品竟然感到羞愧。從那時候開始，他把剩餘的生命貢獻於寫宣傳和平、消弭戰爭和解除貧困的小冊子。他曾經替自己懺悔，自己在年輕時候，犯過各種不可想像的罪惡和過錯。他把所有的田地給了別人，自己過著貧苦的生活。他去田間工作、砍木、堆草，自己做鞋、自己掃屋，用木碗盛飯，而且嘗試去愛他的仇敵。

托爾斯泰的一生是一幕悲劇，而拉開這幕悲劇的便是他不幸的婚姻。他的妻子喜愛奢侈、虛榮，他卻輕視、鄙棄這些。她渴望著顯赫、名譽和社會上的讚美，可是托爾斯泰對這些卻不屑一顧。她希望有金錢和財產，而他卻認為財富和私產是一種罪惡。

妻子時常吵鬧、謾罵、哭叫，因為托爾斯泰堅持放棄他所有作品的出版權，不收任何稿費、版稅，她卻希望得到那方面的財富。當托爾斯泰反對她時，她就會像瘋了似的大喊大叫，在地板上打滾。也曾要吞服鴉片煙膏自殺或恫嚇丈夫，說要跳井。

本來托爾斯泰的家庭是非常美滿的，然而從妻子開始吵鬧的那一刻起，他的心靈從沒一刻獲得安靜。經過48年的婚姻生活後，他已無法忍受再看到自己妻子一眼。在某一天的晚上，這個年老傷心的妻子渴望著愛情。她跪在丈夫膝前，央求他朗誦50年前他為她所寫的美麗愛情詩章。當他讀到那些描述以往美麗、甜蜜日子的語句，想到現在一切已成了逝去的回憶時，他們都痛哭起來。

在托爾斯泰82歲的時候，他再也忍受不住家庭折磨的痛苦，在1910年10月的一個大雪紛飛的夜晚，脫離他的妻子，逃出家門，走向酷寒、黑暗，不知去向。11天後，托爾斯泰患肺炎，倒在一個車站裡。他臨死前的請求是，不允許他的妻子來看他。

托爾斯泰的妻子這時才對自己當初的行為感到深深的悔恨。在臨死

前，她向女兒懺悔說：「你父親的去世，是我的過錯。」她的女兒們沒有回答，失聲痛哭起來，她們知道母親說的是實話，她們的父親是在母親不斷的抱怨、長久的批評中去世的。

　　如果托爾斯泰的妻子能夠更理解丈夫的苦心，那麼偉大的文豪也就不會有如此悲慘的結局。人們總是感到生活充滿不幸，卻從未意識到大多時候不幸都是因為人們的心胸不夠開闊而產生。瞭解是彼此理解的前提，而理解能增加人們之間的瞭解程度，繼而使人們相處得更加和諧和溫馨。讓我們敞開心扉，去瞭解那些真心待我們的人，他們也一樣不會吝嗇對我們的撫慰。

自強：自己擁有的才是最好的

別人的實力是虛幻的，自己的實力才是可靠的。自強、自立似乎已經作為真理存在下去，滲透人們的生活、事業。假如君主們總是希冀別人的幫忙，他們將自毀前程。

16世紀著名教皇儒略二世也曾犯過這樣致命的錯誤。1508年，為了從威尼斯那裡奪回被搶占的土地，曾經受威尼斯侵犯的強國成立了康布雷聯盟，聯盟成員包括法國、西班牙、教廷（儒略二世）和費拉拉等。儒略繼位之後，他認為教廷的實力足夠統治眾多地區，於是四處征戰，但在對費拉拉用兵的時候，他手下懶散的雇傭軍讓他吃盡了苦頭，他不得不轉而求助於外國援軍。當時，他同西班牙國王斐迪南多約定，借用他的軍隊援助自己。雖然斐迪南的軍隊很厲害，但是對於儒略二世來說並非好事，因為一旦西班牙軍隊失敗，儒略二世將萬劫不復，而一旦西班牙軍隊贏了，儒略二世也容易成為傀儡。好在儒略二世比較幸運，費拉拉被征服之後，西班牙軍隊繼續前進，遭到了瑞典人的奮起抗擊，結果西班牙人被打跑了，儒略二世也得到了自己想要的。

不能不說，儒略二世的運氣很好。然而歷史上大多數君主，如果沒有自己的軍隊、沒有強大雄厚的實力，想從別人那裡借兵使自己強大，絕無可能。所以馬氏才說：誰不想勝利，就利用援軍吧！他們帶來的危險比雇傭軍多得多，因為援軍到來也就造成了毀滅的條件，他們全體團結一致，

而且完全聽從外國人的命令，而雇傭軍大不了不打，當他們想反叛時，想要加害於你還沒那麼容易。

英明的君主總是謝絕使用他人的軍隊而依靠自己的軍事實力。他寧可憑自己的實力而敗，也不願意憑他人的實力獲勝，因為後者根本就不能叫做真正的勝利。自己取得的成就，光環也才能套在自己的頭上。

在現實生活中，人只有依靠自己，自強自立，才可能散發最大的光輝。誰有不如自己有，誰得不如自己得。世上唯有依靠自己的能力得來的東西，才既能讓我們心安理得，又可使我們以之為依靠。這就需要我們擁有獨立心態。

老洛克菲勒特別主張培養個人的獨立性。有一次，他帶著他的小孫子爬梯子玩，可是當小孫子爬到不至於摔傷的高度時，他原本扶著小孫子的雙手立即鬆開了，於是小孫子就摔了下來。這不是洛克菲勒失手，更不是他在惡作劇，而是他要小孫子的幼小心靈感受到：做什麼事都要靠自己，就是連親爺爺的幫助有時也是靠不住的。

人，要靠自己活著，而且必須靠自己活著。在人生的不同階段，都應竭盡全力達到理應達到的自立水準，擁有與之相適應的自立精神。這是當代人立足社會的基礎，也是形成自身「生存支援系統」的基石。缺乏獨立自主個性和自立能力的人，連自己都管不了，還能談發展、成功嗎？

所以，唯有自立，擁有足以支撐自己生存的實力，我們所得到的一切才是可靠的、有把握的和持久的。

容納：愛從不需要吝嗇

我們不妨回顧世界歷史上明君是如何統治他的天下的。

波斯的始皇帝居魯士南征北戰，得到了大半的中亞和西亞，甚至直至埃及。他所經之國盡數被荼毒殆盡，但居魯士每次歇戰時，都大赦臣民、安撫難民，並拯救那些被其他民族壓迫的西亞各民族。

印度史上最傑出的皇帝之一阿育王，在統一南亞次大陸時造成了數十萬人屍橫遍野的慘狀。但在那之後，他以佛教的慈悲治國，免除賦稅，消除等級制度，恢復印度經濟。

中國的唐朝皇帝李世民，北取突厥，南平蠻夷，東定邊海，令周邊國家均成為唐朝的附屬國，年年朝貢。但他為使天下太平，十餘年減免賦稅，治國有方，為唐朝的繁榮奠定了深厚的經濟基礎。

思古種種，不能不說仁慈成就君主是有深厚的歷史憑據的。仁善的確是易於獲得他人尊敬的品格，高高在上的人擁有慈悲和善念，會得到臣民的普遍信賴。就像這些古代的明君，即便曾經有過大肆屠殺和侵略的行為，但是當他們轉為仁慈，愛護臣民時，他們就能得到無限的敬仰。撇開君主愛戴臣子這種思想不談，仁慈的善行也是人世間普遍需要的。常人若所作所為表現出仁慈，既會突顯人性的美好，也會為人間帶來一份溫情，增加人與人的融洽程度。許多在民間大得人心的人物，畢生都在施行此種作為。

2006年年初，一個舉世震驚的消息出現在各大媒體的頭版上：「我不

會將財產留給自己的孩子。」

　　說這句話的人就是當時已76歲高齡的「股神」巴菲特先生，他當時的個人資產有400多億美元。所有聽到這個消息的人都感慨不已，難道他瘋了嗎？這麼多的財富不留給自己的孩子，他想給誰呢？難道還能帶進墳墓裡不成？

　　重重迷霧，在2006年6月25日那天被撥開——巴菲特再次向媒體宣布，他準備將自己80%的財產捐贈給比爾及梅琳達・蓋茲基金會，用於為貧困學生提供獎學金以及為計劃生育方面的醫學研究提供資金。

　　瞭解巴菲特的人對他的這種做法並不感到十分意外，因為他們知道，在幾十年的投資生涯中，巴菲特對財富的渴望並非來自享受。毫不誇張地說，有時候巴菲特甚至是在扮演著一位「救世主」的角色，他的多項投資其實也是在力挽那些處於暫時發展困境的實力企業。比如當時的吉列公司，因為市場競爭負債累累，差一點就被經濟大潮湮沒，如果沒有巴菲特的及時支持，也許今天我們再也看不到吉列品牌的產品了。

　　巴菲特本人也曾多次說過：「我賺的錢並不是想去買別墅、買跑車，我只是在以自己擅長的方式做自己喜歡做的事而已。」一罐櫻桃可樂、一個多汁漢堡，偶爾來點牛排，這就是巴菲特平常的工作餐，他恐怕是這個世界上最窮酸的億萬富翁了。與好朋友比爾・蓋茲一樣，「錢」在他的眼裡也許只是財富的一個象徵符號而已，他更看重財富為社會帶來的巨大推動力，比如對慈善事業的巨額投入，推動社會進步和文明進程。

　　我們不是巴菲特，無法做出與他一樣的善行，我們也沒辦法像佛祖一樣，連一滴水裡的「四萬八千蟲」都不忘愛惜，更沒辦法做到佛祖割肉餵鷹的那般偉大，但我們只要有一點愛心，用這份仁慈的美德來溫暖冰冷的人間，我們就會漸漸發現，人們常常沐浴在春風之中，嘴邊掛著歡聲笑

語，而周圍的世界也會充滿融洽與和諧，幸福感會不斷地盈滿自己的心。有時候，我們苦苦追求各種想要的東西，但回過頭來才發現自己所需要的正是這種甜美、溫馨的生活。我們萬勿吝嗇自己小小的愛心，它將帶給我們意想不到的收穫。

恩惠：不要吝惜舉手之勞

君主的施恩是帶有功利性的，而我們應當正確地理解如何施恩與接受恩惠。恩惠是一種奇妙的事物和行為，我們不要小看一個小小的恩惠，無論是他人之於自己，還是自己之於他人，也許這個小小的恩惠就能改變我們的一生。

1995年的耶誕節前夕，16歲的比利一直忙著扮演幫聖誕老人與小朋友合照的一個小精靈，以便湊足自己的學費。隨著耶誕節的來臨，工作越發繁重，但經理瑪麗總在適當的時候給他一個鼓舞的微笑，使他取得了很好的業績。為了感謝經理瑪麗，比利決定在聖誕夜送一份禮物給她。但下班的時候已經6點了，當他衝出去時，發現周圍幾乎所有的店都關門了。但比利實在想買個小禮物送給瑪麗，雖然他沒有多少錢。

回去的路上，比利竟然看到斯特龍百貨公司還開著門，於是他以最快的速度衝了進去，來到禮品區。等衝進去後，比利才發現自己跟這裡格格不入，因為這個店是有錢人光顧的地方，其他顧客都穿得很漂亮，又有錢，在這個店裡，比利怎麼指望會有價錢低於15元的東西呢？

這時，一位女店員向比利走過來，親切地詢問能否幫他。此時，周圍的人都轉過頭來看他。

比利盡可能低聲說：「謝謝，不用了，你去幫別人吧！」女店員看著他，笑了笑，堅持道：「我就是想幫你。」於是，比利只好告訴她他想買

東西給誰，以及為什麼買給她，最後羞怯地承認自己只有15元。女店員似乎很開心，思考了一會兒，就開始動手幫他選。然而百貨公司的禮物也所剩無幾了，她仔細地挑著，很快就擺好了一個禮物籃，一共花了14.9元。

當時，比利站在那裡遲疑了一會兒，思考回家怎麼能包裝得更漂亮點。女店員似乎猜到比利在想什麼，問他：「需要包裝好嗎？」「是。」比利回答。此時，店門已經關了，一個聲音在詢問是否還有顧客在店裡。女店員沒有絲毫的猶豫，就走進後場，過一會兒她回來了，帶著一個用金色緞帶包裹得非常精美的籃子。比利簡直不敢相信自己的眼睛，當他向女店員道謝時，她笑著說：「你們小精靈在購物中心為人們散播快樂，我只是想給你一點小小的快樂而已。」

「聖誕快樂！」當他把禮物送到瑪麗的面前時，她竟歡喜地哭了，比利感到很開心！

一個假期，比利腦海中不斷浮現出那個女店員微笑的面容，一想到她的善良以及帶給自己和瑪麗的快樂，比利總想為她做點什麼。能做什麼呢？比利唯一能做的就是給百貨公司寫一封感謝信。

比利原以為這件事就這麼過去了，但一個月後，他突然接到芬妮，也就是那個女店員的電話，請他吃午餐。當碰面時，芬妮給了比利一個擁抱、一份禮物，還講了一個故事。

原來，因為比利的信，芬妮成了斯特龍百貨的服務之星。當宣布芬妮得獎時，芬妮很興奮，也很迷惑，直到她上臺領獎，經理朗讀了比利的信時，她才恍然大悟，人們報以熱烈的掌聲。

芬妮的照片被放在大廳，而且還得到一個14K金的別針和100元獎金。更棒的是，當她把這個好消息告訴父親時，父親定睛地看著她說：「芬妮，我真為你驕傲。」芬妮激動地握著比利的手，說：「你知道嗎？我長

這麼大，父親從來沒對我說過這句話！」

　　那個時刻，比利一輩子都記得。它讓比利瞭解到一個微不足道的幫助將會給他人帶來多大的改變。芬妮漂亮的籃子，瑪麗的快樂，比利的信，斯特龍百貨的獎勵，芬妮父親的驕傲，整件事至少改變了3個人。

　　不要吝惜你的舉手之勞，當你小小的善舉為別人帶去幫助時，你的心靈會產生前所未有的滿足感，在你遇到困難時，他人也會向你伸出援手。點滴恩惠，即可滋潤人間。

謙虛：做一個耐心的傾聽者

　　時常徵詢他人的意見，做一個耐心的聆聽者，這不僅適用於君主，更適用於生活中的每一個人。在日常生活中，我們常常能見到一些人在面對地位和權勢不如自己的人面前擺出一副盛氣凌人的架勢，頤指氣使，自以為高高在上，不可一世，其實這恰恰是一種淺薄、庸俗、心虛的表現。一個人無論有多大的成就，他總有不足之處，懂得尊重別人，聽取他人良好的意見，可以使人及時發覺自身的弱點，不斷充實自我。那些自傲得眼高於頂者，最容易讓人誤以為不知所謂之輩。而平易近人，拋開「貴族思想」，與人平和相處，時刻聆聽他人的意見，非但不失身分，反而更能得到大家的尊重。

　　瑞典前首相帕爾梅便是位十分受人尊敬的領導人。他當時雖貴為政府首相，仍住在平民公寓裡。他生活十分簡樸，平易近人，與平民百姓毫無二致。帕爾梅的信條是：「我是人民的一員。」

　　除了正式出訪或特別重要的國務活動外，帕爾梅去國內外參加會議、訪問、視察和私人活動，一向很少帶隨行人員和保衛人員，只是在參加重要國務活動時才乘坐防彈汽車，並由兩名員警保護。

　　1984年3月，帕爾梅去維也納參加奧地利社會黨代表大會，竟獨自前往。當他走入會場的時候，還沒有人注意到他，直到他在插有瑞典國旗的座位上坐下來，人們才發現他。對他的舉動，與會者都嘖嘖稱讚。

　　帕爾梅喜歡獨自微服私訪，去商店、學校、工廠等地，與店員、學

生、工人進行平等融洽的交流，同時虛心聽取他們的意見。他從沒有首相的架子，談吐文雅、態度誠懇，也從不營造前呼後擁的威嚴場面。這些都使他深得瑞典人民的愛戴。

帕爾梅一家經常到法羅島去度假，和那裡的居民建立了密切的關係，那裡的人都將他看做朋友。他常常在閒暇時獨自騎車閒逛、鋤草打水、劈柴生火、幫助房東做些雜活，以此來接觸群眾，使彼此之間親如家人。

帕爾梅從家到首相府，每天都堅持步行，在這一刻鐘左右的時間裡，他不時與路上的行人打招呼，有時甚至與路人閒聊幾句。

帕爾梅平易近人，他與許多普通人透過信件建立了友誼。他在位時平均每年收到超過15萬封來信，其中三分之一來自國外，為此他專門僱用了4名工作人員及時拆閱、處理和答覆，做到來者皆閱，來者均覆。對於助手起草的回信，他要親自過目，然後才能簽發。這一切都使他的形象在人民心目中日益高大。帕爾梅首相府的大門也永遠向廣大人民開放，永遠是人民的服務處。在瑞典人民的心目中，帕爾梅是首相，又是平民；是領導人，又是兄弟、朋友，他是人們心目中的偶像。

身分高貴的人，沒有架子並不會變得卑微，反倒更能增加周圍的人對他的尊敬之情，同時也能夠使每個人心悅誠服地愛戴他，以他為榜樣，向他學習。這樣的人把自己的生命之根深深扎在大眾這塊沃土之中，怎能不流芳百世，令人敬重！

就像美國著名的平民總統林肯，以平易隨和、善於聆聽意見著稱於世。林肯經常接待民眾的來訪，平時他在白宮辦公室的門總是開著，任何人想進來談談都受歡迎，他不管多忙也不會拒絕。林肯曾把這種行為稱為「民意浴」，他說：「因為我很少有時間去讀報紙，所以用這種方法搜集民意。雖然民眾意見並不是時時處處令人愉快，但整體來說，還是具有新

意、令人鼓舞的。」

林肯的「民意浴」縮短了他與下屬和人民的距離，加深了彼此之間的感情，激發了人民參與國事的主動性和積極性，利民又利國。

身居高位的人常常為眾人所仰視、所矚目，他們的一言一行會得到更多人的關注、議論和評判。如果此時能以平易隨和的態度對待眾人，勤於納諫，華而不顯、貴而不炫，一定會贏得眾人的擁戴、人心的歸附。對於普通人來說，常常聆聽別人的苦口良言也能幫助自己有所提高。對於那些於我們有益的事情，我們又何必懼怕呢？

美德：謙遜就是安全

　　作為一個高高在上的君主，謙遜有禮是必要的，這有利於令臣民的心傾向於他。就像作為一個領導者，如果總是對下屬頤指氣使，將大失人心，會破壞整個團隊的合作氣氛。而對於普通人來說，謙遜則是美德之一，有利於人與人之間和諧的交往和互相學習。

　　謙遜的品性可以產生美好的人際效應，因為謙和、溫恭常常會使別人難以拒絕你的要求，並且為你帶來名譽和幫助。正如亞里斯多德所說：「對上級謙恭是本分，對平輩謙遜是和善，對下級謙遜是高貴，對所有的人謙遜是安全。」

　　謙遜就像蹺蹺板，你在這頭，對方在那頭。只要你謙遜地壓低自己這頭，對方就高了起來，而這最終會為你打開成功之門。

　　有人曾經問蘇格拉底是不是生來就是超人，他回答說：「我並不是什麼超人，我和平常人一樣。有一點不同的是，我知道自己無知。」這就是一種謙卑。無怪乎，古羅馬政治家和哲學家西塞羅會說：「沒有什麼能比謙虛和容忍更適合一位偉人。」

　　一顆謙遜的心是自覺成長的開始，就是說：在我們承認自己並不知道一切之前，不會學到新東西。許多年輕人都有這種通病：掌握一點常自認掌握一切，繼而犯著各種各樣可笑和愚蠢的錯誤而不自知。

　　西方哲學家卡萊爾說：「人生最大的缺點，就是茫然不知自己還有缺點。」因為人們只知道自我陶醉，一副自以為是、唯我獨尊的態度，殊不

知這種態度會遭到多數人的排斥，使自己處於不利地位。

中國的道學始祖老子曾用「水」來敘述處世的哲學：「上善若水，水善利萬物而不爭。」意思是說：上善的人，就好比水一樣，水總是利萬物的，而且水最不善爭。水總是往下流，處在眾人最厭惡的地方，注入最卑微之處，站在卑下的地方去支持一切。它與天道一樣恩澤萬物，所以水沒有形狀，在圓形的器皿中，它是圓形；放入方形的容器，則是方形。它可以是液體，也可以是氣體、固體。這正是水所體現的「謙遜」精神，而人類也應當效仿水的可方可圓、能容能大，只有低下頭來不斷學習、不斷汲取，才能使自己的內涵更飽滿。

心理學家班傑明・艾維特曾指出，平時動不動就說「我知道」的人，頭腦遲鈍，易受約束，不善與他人交往。迅速和現成的回答，表現的是一種一成不變的舊觀念；而敢於說「我不知道」所顯示的則是一種富有想像力和創造性的精神。艾維特還說，如果我們承認對這個或那個問題也需要思索或老實地承認自己的無知，那麼我們自己的生活方式就會大大地改善。這就是他竭力宣導的態度和人們可以從中得到的益處。

每個人都有自己無所知的領域，硬是打腫臉充胖子，只會暴露自己的鄙陋。不如承認自己「不知道」，讓無知不斷激勵自己上進。

謙虛不僅使人進步，還能為人們贏得尊重和敬佩。在第二次世界大戰中，邱吉爾因為有卓越功勳，戰後他退位時，英國國會打算透過提案，塑造一尊他的銅像放在公園裡供遊人景仰。

邱吉爾卻拒絕了，他說：「多謝大家的好意，我怕鳥兒在我的銅像上拉糞，那是多麼煞風景啊！所以我看還是免了吧！」

湯瑪斯・傑佛遜是美國第3任總統。1785年他曾擔任美國駐法大使。一天，他去法國外長的公寓拜訪。

「您代替了富蘭克林先生？」法國外長問。

「是接替他，沒有人能夠代替得了富蘭克林先生。」傑佛遜謙遜地回答。

傑佛遜的謙遜讓法國外長留下了深刻印象。

進化論的創始人達爾文是一個十分謙虛的科學家。達爾文與別人談話時，總是耐心聽別人說話，無論對年長的或年輕的科學家，他都表現得很謙虛，就好像別人都是他的教師，而他是個好學的學生。1877年，當他收到德國和荷蘭一些科學家送給他的生日賀詞時，他在感謝信中寫了一段感人肺腑的話：「我很清楚，要是沒有為數眾多的可敬觀察家們辛勤搜集到的豐富材料，我的著作根本不可能完成，即使寫成了也不會在人們心中留下任何印象。所以我認為榮譽主要應歸於他們。」

每一位因謙虛贏得美名的大人物，都會讓人們留下深刻的印象，人們將一生銘記，並且會作為教育下一代的範本。

人們經常保持謙虛的態度，所為的不是美名，也不是為得此美德而刻意為之，而是把謙虛作為充實自己的前提條件。因為謙虛而變得無比優秀的你，定然比驕傲自滿的你所得更多，這一點毋庸置疑。

中庸：適中是人人都想要的

蘿蔔加大棒的行事方式，是君主和能者常為之法，這既能顯現他們的威嚴，又能表現他們對臣民的負責。

15世紀中葉，羅馬教皇亞歷山大六世在位期間，當時有一個費爾莫的市民叫奧利佛羅托，他是一個無父的孤兒，由他的舅父喬凡尼・福利亞尼撫養。童年時代，舅父就把他送到將軍保羅・維泰利部下當兵，希望他能出人頭地。

保羅死後，奧利佛羅托在保羅的兄弟維泰洛佐部下從軍。由於機智和身強體壯，他在極短的時間內就成為維泰洛佐軍隊中的第一號人物。但他為自己卑賤的地位感到不滿，他要成為控制費爾莫的大人物。他寫信給舅父福利亞尼說，為了使費爾莫的市民同胞知道自己並沒有虛度光陰，他希望由他的朋友和侍從組成一百名騎兵伴送榮歸故里。奧利佛羅托希望舅父能夠安排這些事情，使他受到費爾莫市民榮譽的接待，這也將給舅父帶來無上的榮譽。

福利亞尼立刻對外甥的要求做出回應，使他受到費爾莫市民榮耀的接待，並請他住到自己的家裡。而事實上，奧利佛羅托正在籌畫陰謀詭計。他舉行一個盛大的宴會，邀請了福利亞尼和費爾莫市的一些重要人物出席。宴會完畢之後，奧利佛羅托裝模作樣地開始發表某種重要講話，大說特說教皇亞歷山大和他的兒子切薩雷的偉大，以及他們的宏圖偉業。當所

有人都哈哈大笑，非常愉快的時候，他表示要跟眾人分享一些祕密，需要到較為隱祕的地方討論。

然而，就在所有人跟他進到內室的時候，他的那一百名衛兵一擁而進，將所有的人都殺死，控制了當地的大部分貴族。隨後，奧利佛羅托命人把宮廷中的最高長官圍困起來，使他們不得不聽從奧利佛羅托的安排，讓奧利佛羅托做了君主。一年之後，為了保證自己的名聲，奧利佛羅托甚至把自己的老師絞死了。

奧利佛羅托這樣狡詐、殘暴的君主，卻使整個國家安穩地生活下去，令敵人始終不敢侵害，而且本國的國民從未有背叛他的想法，不得不說奧利佛羅托的個人魅力極強。而一個殘暴的人能有極強的魅力，證明他在治國當中將自己的殘暴盡數斂去，因為他想要的是臣民的愛戴，而絕不是懼怕。因為如此，費爾莫極為團結，所以難以攻克。

非常時期運用非常手段，是成大事者必做之事，中國的一些君主也同樣做過。宋、明兩代的開國君主趙匡胤和朱元璋，都曾採取過暴力或狡猾手段，最終才穩定江山。不過兩人有所不同的是，趙匡胤在施展各種手段穩固政權之後，便開始以仁愛治國，而朱元璋則屠戮功臣、剷除異己。因此，兩人雖然都是一個持續數百年朝代的開啟者，但其在歷史上的名聲卻迥然不同。

從古代回歸到現代生活，懂得如何恩威並施的領導者遠比手段殘酷的領導者要適合現代社會。厲行、嚴肅的作風固然是好，卻會招來激進的罵名，而運用狡猾甚至殘酷的手段做事，卻使跟隨自己的人受到恩惠，這才是聰明的領導者。別讓自己「太過分」，適中才是人人想要的結果。

果斷：過於仁慈是對自己的傷害

對於仁慈、善良等詞彙，大概沒有人敢說馬基維利是崇尚的。在他看來，仁慈和善良是君主籠絡人心的手段。但大多數時候，過於仁慈和善良就是對自己的傷害。

「如果沒有那些惡行，就難以挽救自己的國家，那麼君主也不必因那些對惡行的責備而感到不安，因為如果好好地考慮一下每一件事情，就會察覺某些事情看來好像是好事，可是如果君主照著辦就會自取滅亡，而另一些事情看來是惡行，可是如果照辦了卻會給他帶來安全與福祉。」

其實仔細品味這番話，也並非沒有道理，一個過分仁慈的人，每做一件事情看似對他人很好，卻損害了自己和身邊的人，那麼他的仁慈和善良就成了毒素。

亞歷山大大帝的偉大是毋庸置疑的，但他卻死在了善良和隱忍的美德當中。亞歷山大曾是歐洲歷史上最偉大的軍事天才之一，馬其頓帝國最負盛名的征服者。他雄才偉略，足智多謀，驍勇善戰，領軍馳騁歐亞非大陸，征波斯、西亞、北非、印度，建立起了一個西起希臘、馬其頓，東到印度恆河流域，南臨尼羅河第一瀑布，北至藥殺水（中亞，位於鹹海的錫爾河），以巴比倫為首都的龐大帝國，使得古希臘文明得以廣泛傳播。

這樣一個無比厲害的君王，卻有顆非常善良公正的心，據說在亞歷山大統治的14年中，不曾有一個人未經審判而被他處死。在親人和戰友面前，他總是寬容、隱忍，甚至後來一度被母親所支配，毫無威嚴。漸漸

的，軍隊裡的野心家們認為亞歷山大不足為患，最後策劃了一場毒殺案，令亞歷山大死於非命，其母親和妻子也遭遇慘死。雖說亞歷山大具體死亡原因尚無定論，但因過於善良、仁慈而導致他失去君主的威信，這不能不說是一個悲劇。

善良是一種美德，但過分善良就是一種任人欺侮的軟弱品性。生活中總有一些善良的「羔羊」，一心想對任何人、任何事做到不偏不倚，面面俱到，取悅所有的人，即使栽了跟頭亦無怨無悔。他們對世界沒有一絲一毫的敵意，妄圖承受一切，讓周圍所有的人因為自己的存在而得益，這種想法是美好的，甚至堪稱偉大，但越是這樣的人越容易被世界所拋棄。

有一個耐人尋味的故事，講述的是一位女士結婚不久就離婚了，離婚的原因聽起來像天方夜譚。用她丈夫的話說：「你對我們太好了，我們都覺得受不了。」原來這位女士非常喜歡照顧別人，甚至到了狂熱的地步。每天除了正常的工作外，所有的家務，包括買菜、做飯、洗衣服、擦地板等，都由她一個人包辦，別人絕不能插手，弄得丈夫、公公、婆婆覺得像住在別人家裡一樣，所有的事幾乎都被她做盡了。久而久之，全家人對其忍無可忍，終於提出要她離開這個家庭，因為他們都感到心理不平衡。

善良過分、施恩過多，一則會使人對你的善行習以為常，輕視你，再者就是對於你的過分美好而感到心理有負擔。無論是高高在上的君主亞歷山大，還是小小的貧民女子，他們的行為皆不可取。

如果一個人好事做盡，常會使人感到無法回報或沒有機會回報的時候，愧疚感就會讓受惠的一方選擇疏遠，又或者一個人沒有選擇、不看地點地讓自己的善良氾濫成災，一旦身處鉤心鬥角的窘境時，首先受到欺壓和被淘汰的，必將是自己無疑。善良和寬容並不總是最好的選擇，每個人都不要因為太美好而使人人視你為聖人，或不敢靠近，或對你予取予求。

適應：靈活地遵守和運用原則

古希臘哲學家蘇格拉底曾與人辯駁關於誠信的話題。

這一天，蘇格拉底像平常一樣，來到雅典市場。他拉住一個過路人說道：「對不起！我有一個問題弄不明白，向您請教。人人都說要做一個有道德的人，但道德究竟是什麼？」

那人回答說：「忠誠老實，不欺騙別人，才是有道德的。」

蘇格拉底又問：「但為什麼和敵人作戰時，我軍將領卻千方百計地去欺騙敵人呢？」

「欺騙敵人是符合道德的，但欺騙自己人就不道德了。」

蘇格拉底反駁道：「當我軍被敵軍包圍時，為了鼓舞士氣，將領就欺騙士兵說，我們的援軍已經到了，大家奮力突圍出去，結果果然成功突圍了。這種欺騙也不道德嗎？」

那人說：「那是戰爭中出於無奈才這樣做的，日常生活中這樣做是不道德的。」

蘇格拉底又追問：「假如你的兒子生病了，又不肯吃藥，作為父親，你欺騙他說，這不是藥，而是一種很好吃的東西，這也不道德嗎？」

那人只好承認：「這種欺騙也是符合道德的。」

蘇格拉底又問道：「不騙人是道德的，騙人也可以說是道德的，那就是說，道德不能用騙不騙人來說明。那麼究竟用什麼來說明它呢？還是請

你告訴我吧！」

那人想了想，說：「不知道道德就不能做到道德，知道了道德才能做到道德。」

蘇格拉底拉著那個人的手說：「您真是一個偉大的哲學家！您告訴了我關於道德的知識，使我明白一個長期困惑不解的問題，我衷心地感謝您！」

蘇格拉底向人們展示了一個很明顯的道理。道德並不是墨守成規的，也並無絕對的界限。人們很難把握住它的尺度，因為它會根據時機、地點和事情性質不同而發生變化，所以人們在遵守某一方面道德時，必須因人而異、因時而異、因事而異。就好比真誠這種品格，你對有些人真誠，對有些人，例如小人、壞人就必須運用謊言來欺騙他們以自保；又或者當有些事情不利於你時，真誠更容易讓你陷入困境，此時誠懇便不可取了。

從前，有一個愛說實話的人，什麼事情他都照實說，所以，不管到哪裡，他總是被人趕走。這樣，他變得一貧如洗，無處棲身。最後，他來到一座修道院，指望著能被收容。修道院長見過他，問明原因以後，認為應該尊重「熱愛真理，說實話」的人，於是把他留在修道院裡安頓下來。

修道院裡有幾頭牲畜，已經不中用了，修道院長想把它們賣掉，可是他不敢派手下的人到集市去，怕他們把賣牲口的錢私藏腰包。於是，他就叫這個人把兩頭驢和一頭騾子牽到集市上去賣。

這人在買主面前只講實話，說：「尾巴斷了的這頭驢很懶，喜歡躺在稀泥裡，有一次，長工們想把牠從泥裡拽起來，太過用力，才拽斷了尾巴；這頭禿驢特別倔，一步路也不想走，他們就抽牠，因為抽得太多，毛都禿了；這頭騾子呢，是又老又瘸。如果不是如此，修道院長為何要把牠們賣掉啊？」

結果買主們聽了這些話就走了。這些話在集市上一傳開，誰也不來買這些牲口了。於是，這人到晚上又把它們趕回了修道院。

院長問是怎麼回事，這個人將他在集市上的話說了一遍。修道院長發著火對這人說：「朋友，那些把你趕走的人是對的，不應該留你這樣的人。我雖然喜歡實話，可是，我卻不喜歡那些跟我的腰包作對的實話！所以，老兄，你滾吧，你愛上哪裡就上哪裡去吧！」

就這樣，這人又被趕走了。

其實，故事中「誠實人」的遭遇並不是偶然的，現實生活中也有很多類似的例子。我們必須意識到，人們實際上怎樣生活和人們應當怎樣生活有很大的距離。如果一個人為了他應該做的而放棄了一般人所做的事情，那麼他就不是在保存自己，而是在毀滅自己。所以，遵守一些道德的時候，如果於己於人都有益處便要遵守，如果毫無意義，甚至會損害到更多的人，抱守原則、信奉永恆的道德就不可取。適當地改弦易轍才是生活之道。

手腕：如何使用小人

中國有句古語：養虎為患。既可以將其解釋為縱容敵人而招致禍患，也可以理解為縱容自己身邊的野心家和小人，導致自我毀滅。無論前者還是後者，都無疑是自取滅亡的一種形式。翻開歷史的畫卷，在一幕幕開疆大業和亡國劇幕起落跌宕之中，我們可以看到為人君者和上位之人的各種用人方法，幾乎都有一個規律，唯恙養小人、野心家，成了亡國的禍端。

凡是誤信且寵愛小人和奸臣的君主，無一得善終，小人、奸臣比明裡就犯的敵人更為可怕，防不勝防。小人表面甜言蜜語，背地裡實則刀劍相向，在你稍一不慎時落井下石，而野心家更是時刻在圖謀你所擁有的一切。

在這個世界上，處處都有著善良的人，亦到處存在內心邪惡之徒。防範小人應當是人人自危的意識，而防範野心家則是那些領導者該時刻想到的。

埃及女法老克麗奧帕特拉天生麗質、聰明伶俐，18歲時就精通7種外語。當聰慧者一旦與邪惡為伍，就會變得更加惡毒，她慢慢地變成了一個迷人、殘忍的婦人。西元前51年，其父托勒密十二世臨終前，讓她遵照古埃及傳統與其異母弟托勒密十四世成婚，兩人共同接替王位，聯合執政。十四世當時才8歲，年紀尚輕，懦弱無能。克麗奧帕特拉獨斷專行，放蕩無比。後來在與其弟爭奪王位中被打敗，投奔敘利亞國王，深得恩寵。但她

一心想打回埃及，東山再起，正好凱撒的政敵敗逃歸埃及，克麗奧帕特拉決心投靠凱撒這棵大樹。

克麗奧帕特拉知道，自己的美色可以征服這個強悍的羅馬人，在此之前就想好了施美色的主意。她脫光了衣服，用一幅巨大精美的毛毯裹住自己，差人透過祕密通道把她抬到凱撒的門前，正當凱撒不知何故之時，只見毛毯慢慢地打開了，一個傾國傾城的裸體美女緩緩地展現在凱撒眼前。他被打動了，陷入她精心設計的美人計之中。

果然，她的努力沒有白費，她教唆凱撒幫她除掉政敵托勒密十四世，成為埃及真正的統治者。

克麗奧帕特拉對她的情夫兼保護人凱撒百般逢迎。凱撒在埃及的日子裡，兩人形影不離，凱撒忘掉了一切，整日心醉神迷。她為了保持自己和凱撒的關係，多次挽留凱撒。西元前49年末，她生下了她和凱撒的兒子，並且讓凱撒承認這個兒子是他的繼承人，並向人們表明，他準備正式與她結婚。

4年以後，就在她準備與凱撒在羅馬結婚的前三天，凱撒被刺身亡。凱撒的手下勇將安東尼成了繼承人。這時，克麗奧帕特拉妄圖做羅馬第一夫人的野心膨脹起來。為了達到目的，她施展一切魅力向安東尼發起了愛的攻勢。在她的誘惑下，安東尼屈服了，成了她最忠實的奴僕，與她來到埃及。

從西元前42年至西元前40年的兩年多時間裡，安東尼一直住在埃及，幫助克麗奧帕特拉毒死了托勒密十四世，立她和凱撒所生之子為托勒密十五世，繼而又殺害了她的政治對手——異母妹雅西娜，清除了反對勢力，坐穩了女王的寶座。

任何人看到美豔的克麗奧帕特拉都不會對她設防，但是，誰又有想

到，這麼漂亮的克麗奧帕特拉竟有如此大的野心呢？誰又能想到這般漂亮的女子實際上心如蛇蠍呢？小人和野心家真是防不勝防。

當代著名的管理學家杜拉克為領導者提供了對付野心家和小人的方法，或許能夠給人們一些啟示：「要知道任何人都必定有許多缺點和短處，而缺點和短處幾乎是不可能改變的，但是我們可以設法使其不發生作用。」貪財的人不能使其管理財務，性格孤傲的人不能管理公關，但這還只是處理小人的第一步。杜拉克還進一步說：「一位管理者如果僅能見人之短而不能識人之長，刻意避其所短，而非著眼於發揮其所長，則這位管理者本身就是一位弱者。」

小人和野心家也有他的長處，一個善於管理他人的領導者，會利用小人自身的行為來反將其一局，會利用野心家為自己成事，以保障自己的利益。

所以，一旦我們認清了一些人心懷不軌，也不要懼怕他們，我們應當相信，事實上那些野心家和小人更怕我們的明智。

羊皮卷

《沉思錄》

　　《沉思錄》，是古羅馬唯一一位哲學家皇帝馬可・奧里略留・安東尼所著。對此書，費迪曼曾這樣評價：「《沉思錄》有一種不可思議的魅力，它甜美、憂鬱和高貴。這部黃金之書以莊嚴不屈的精神負起做人的重荷，直接幫助人們去過更加美好的生活。」下面就讓我們看看《沉思錄》是怎樣幫助人們去過幸福生活的吧。

真實：拋棄虛榮，找回自我

不管別人怎麼說怎麼做，我們都一定要做個好人，就像一塊翡翠或者黃金總是認為：「無論別人怎麼說怎麼做，我始終是一塊珍寶，我要保持我的光彩。」

一個能夠保持寧靜心靈，並保持理性自我的人，永遠不會自己產生恐懼或欲望，除非是別人讓它產生恐懼、陷入欲望。這時，靈魂往往會因為貪慕一時的虛榮而喪失自我。讓肉體去體驗這種經歷吧，如果它有能力，或許可以使自身免於傷害；我們的靈魂是能感受恐懼和痛苦的，並且能對恐懼和痛苦作出判斷；但是靈魂不會受到損害，因為它不會這樣認為。靈魂是一無所求的，除非它自己創造出需要，同樣，沒有什麼能夠打擾它、妨礙它，除非它自己打擾自己、妨礙自己。

每個人都有不同程度的虛榮心理，它像一隻默默地啃噬自己內心的小蟲，悄無聲息但卻讓人格外痛苦難熬。而這些貪慕虛榮的人，也必然會為自己的行為付出一些代價。

山雞天生美麗，渾身都披著五顏六色的羽毛，在陽光的照耀下熠熠生輝、鮮豔奪目，叫人讚嘆不已。山雞也很為這身華羽而自豪，非常愛惜自己的美麗。在山間散步的時候，只要來到水邊，瞧見水中自己的影子，就會翩翩起舞，一邊跳舞一邊驕傲地欣賞水中倒映出自己絕世無雙的舞姿。

一位臣子將一隻山雞送給了君主，君主非常高興，召喚有名的樂師吹

起動人的曲子，而山雞卻充耳不聞，既不唱也不跳。君主命人拿來美味的食物放在山雞面前，山雞連看都不看，無精打采地垂著腦袋走來走去。就這樣，任憑大家想盡了辦法，使盡了手段，始終都沒辦法逗得山雞起舞。

這時，一名聰明的臣子叫人搬來一面大鏡子放在山雞面前，山雞慢慢地踱到鏡子跟前，一眼看到了自己無與倫比的麗影，比在水中看到的還要清晰得多。牠先是拍打著翅膀對著鏡子裡的自己激動地鳴叫了半天，然後就扭動身體，舒展步伐，翩翩起舞了。

山雞迷人的舞姿讓君主看得呆了，連連擊掌，讚嘆不已，以至於忘了叫人把鏡子抬走。

可憐的山雞，對影自賞，不知疲倦，無休無止地在鏡子前拼命地又唱又跳。最後，牠終於耗盡了最後一點力氣，倒在地上死去了。

顧影自憐的山雞並沒有找到自己的真正價值所在，牠在強烈的虛榮心的驅使下迷失了自我，當牠追求著虛榮的東西並且沉迷其中時，就漸漸地從虛榮走向了炫耀，以至於喪失了理智，並為此付出了慘重的代價。

虛榮心會使一個人失去心靈的自由，常常使人覺得沒有安全感，不滿足，與其在虛榮心的驅使下追求鶴立雞群、脫穎而出的滿足，不如回歸本我，於寧靜的心靈世界中尋求知足的幸福。

良知：讓善良的光輝閃耀

一家餐館裡，一位老太太買了一碗湯。她在餐桌前坐下後，突然想起忘記取麵包。

她起身取回麵包，重返餐桌。然而令她驚訝的是，自己的座位上坐著一位黑皮膚的男子，正在喝著自己的那碗湯。「這個無賴，他為什麼喝我的湯？」老太太氣呼呼地尋思，「可是，也許他太窮了，太餓了，還是一聲不吭算了，不過，也不能讓他一人把湯全喝了。」

於是，老太太裝著若無其事的樣子，與黑人同桌，面對面地坐下，拿起湯匙，不聲不響地喝起了湯。就這樣，一碗湯被兩個人共同喝著，你喝一口，我喝一口。兩個人互相看看，都默默無語。

這時，黑人突然站起身，端來一大盤麵條，放在老太太面前，麵條上插著兩把叉子。

兩個人繼續吃著，吃完後，各自直起身，準備離去。

「再見！」老太太友好地說。

「再見！」黑人熱情地回答。他顯得特別愉快，感到非常欣慰。因為他自認為今天做了一件好事——幫助了一位窮困的老人。

黑人走後，老太太才發現，旁邊的一張飯桌上放著一碗沒人喝過的湯，正是她自己的那一碗。

在老太太弄清了事情的始末之後，尷尬之餘她一定感受到了一種莫名的感動，這種溫暖的力量來自善良品德的感染。

善良就像是內心一道源源不斷的泉水，它所帶來的感動將會比生命本身更長久。休謨說：「**人類生活最幸福的心靈氣質是品德善良。**」一個心地善良的人，必定是個心靈豐足的人，同時，善良的舉動也會帶給他人內心的感動和震撼。

　　一個愛的字眼，有時能把人從痛苦的深淵中拯救出來，並且帶給他們希望；一個微笑，有時能讓人相信他還有活著的理由；一個關懷的舉動，甚至可以救人一命。有不少人曾經非常認真地考慮過結束自己的生命，而在電梯裡有個陌生人跟他打了個招呼，或接到一個朋友打來的電話說「我心裡正念著你」之後，便打消了自殺的念頭。一個再細小不過的關愛剎那，就足以改變一切。不要低估你心目中善良品德的力量，從而使你喪失很多行善的機會。不要以為你能夠幫助別人的只是滄海一粟，不要以為你的能力不足以救人於水火。

　　不要像彷彿你將活一千年那樣行動。死亡窺伺著你。當你活著時，如果善在你力量範圍之內，那麼就行善吧。人的能力都是有限的，但我們可以在自己的力量範圍之內，盡己所能地行善。相信，一念善起，萬事花開。

友誼：認真選擇你的生活夥伴

古羅馬著名哲學家西塞羅曾經說過：「**人類從無所不能的上帝那裡得到最美好、最珍貴的禮物就是友誼。**」但並不是所有的朋友都能為你的生活增添美麗的色彩，只有對生活有著同樣的信仰，持有同樣原則的人，才能和你一起澆灌出絢爛的友誼之花。

印度傳教士亨利‧馬特恩，小時候身體非常贏弱，性情敏感孤僻，不喜歡參與學校的活動，大一些的男孩常以招惹他為樂。但是有一個男孩向他伸出了友愛之手，幫他補習功課，還為他和小流氓打架。

後來，他們都考上了哈佛大學，這個男孩繼續影響著亨利。亨利成績不穩定，容易激動而且浮躁，有時還忍不住發脾氣，這個男孩卻是一個沉穩、富於耐心而勤奮的學生。他一直呵護、引導、保護著亨利，讓他遠離那些不良影響，鼓勵並建議他發憤圖強。他對亨利說：「努力不是為了贏得別人的讚許，而是為了自己的榮譽、上帝的榮光。」

亨利在他的幫助下學業大有長進，在耶誕節前的期末考試中取得了年級第一的好成績。那個男孩畢業後從事著一項十分有益卻不為人知的事業，但他塑造了亨利的優良品德，用愛心鼓舞了亨利，讓亨利從事高尚的工作，幫助亨利成為一名傑出的傳教士。

經由上述故事，我們可以看出，朋友之間會潛移默化地相互影響，朋友會影響你形成自己的性格、做事的方式、習慣和觀點。所以，擇友一定

要慎重，不是所有人都有亨利一樣好的運氣，能夠遇到如此志同道合又知心的朋友。有時候，恰恰是這些心懷善意的朋友，卻往往用如刀一樣鋒利的語言刺痛你的內心，這時候你應該做出判斷，他是不是和你秉持著同樣的生活原則，或者是不是自己的原則出現了錯誤。

佩利在哈佛上學時，同伴們既喜歡他，又討厭他。佩利天賦極高，但整天無所事事，花錢不知節制，像個浪蕩公子。一天早上，他的一位朋友來到他床前說：「佩利，我一宿沒睡，一直在想你的問題。你真是個大傻瓜！你家裡那麼窮，怎麼承受得起你這麼胡鬧？我要告訴你，你很聰明，是可以有所作為的！我為你的愚蠢痛心，我要嚴肅警告你，如果你再執迷不悟，胡鬧偷懶下去，我就跟你斷絕來往！」

佩利大為震撼，從那一刻起，他變了。他為自己的生活制訂了全新的計畫，勤奮努力、堅持不懈地學習。年底，他成了甲等生。後來，他成為作家、神學家，他的成就廣為人知。

一個人結交什麼樣的朋友，對自己的思想、品德、情操、學識都會有很大的影響。實際上，每個人不管自覺或不自覺，他們交朋友總是有所選擇的，他擇友總是有自己的標準。如果你選擇了那些品德惡劣、不能真誠對人的人做朋友，則是人生的一大障礙，而和品行高尚的人做朋友，你也會在不自覺中得到提高。

自我：尊嚴無價

雅典人在祈雨時，禱告的語言也保持著自己的高貴：「降雨吧，降雨吧，親愛的宙斯，使雨降落到雅典人耕過的土地上，降落到平原上。」縱使祈禱，雅典人也以這種簡單和高貴的方式祈禱，而並非如一個乞丐般出現在祈禱的聖壇之前。

在現實生活中，就有這樣的人——他們自己看不起自己，自己作踐自己，自己願意與人為奴，供人驅使，而且，他們表現得比自卑的人更為嚴重。這樣的人，就是沒有骨氣的人，說得再嚴重一點，就是身上和心裡都有「奴性」。奴性的人喜歡仰人鼻息，看人眼色行事，以奉承為能事。他根本沒有自我意識，根本想不到自己也是個堂堂正正的人。然而，保持著尊嚴的人，即使在祈禱時也能呈現出高貴的氣質。歸根結底，祈禱其實是一種乞求，即便是在「乞求」神靈或者他人的幫助時，自尊自重的人也能夠贏得他人的尊重。

一年冬天，美國加州的一個小鎮上來了一群逃難的流亡者。長途的奔波使他們一個個滿臉風塵，疲憊不堪。善良好客的當地人家裡生火做飯，款待這群逃難者。鎮長約翰為一批又一批的流亡者送去粥食，這些流亡者顯然已好多天沒有吃到這麼好的食物了，他們接到東西，個個狼吞虎嚥，連一句感謝的話也來不及說。

只有一個年輕人例外，當約翰鎮長把食物送到他面前時，這個骨瘦如

柴、飢腸轆轆的年輕人問：「先生，吃您這麼多東西，您有什麼工作需要我做嗎？」約翰鎮長想，給一個流亡者一頓果腹的飯食，每一個善良的人都會這麼做。於是，他說：「不，我沒有什麼工作需要你來做。」

這個年輕人聽了約翰鎮長的話之後顯得很失望，他說：「先生，那我便不能隨便吃您的東西，我不能沒有經過勞動，便憑空享受這些東西。」約翰鎮長想了想又說：「我想起來了，我家確實有一些工作需要你幫忙。不過，等你吃過飯後，我就給你派工作。」

「不，我現在就開始工作，等做完您交代的工作，我再吃這些東西。」那個青年站起來。約翰鎮長十分讚賞地望著這個年輕人，但他知道這個年輕人已經兩天沒有吃東西了，又走了這麼遠的路，可是不給他做些工作，他是不會吃下這些東西的。約翰鎮長思忖片刻說：「年輕人，你願意為我捶背嗎？」那個年輕人便十分認真地給他捶背。捶了幾分鐘，約翰鎮長便站起來說：「好了，年輕人，你捶得棒極了。」說完將食物遞給年輕人，他這才狼吞虎嚥地吃起來。

約翰鎮長微笑地注視著那個青年說：「年輕人，我的莊園太需要人手了，如果你願意留下來的話，那我就太高興了。」

那個年輕人留了下來，並很快成為約翰鎮長莊園的好幫手。兩年後，約翰鎮長把自己的女兒許配給了他，並且對女兒說：「別看他現在一無所有，可是他將來一定會是個富翁，因為他有尊嚴！」

有尊嚴的人比奴性的人更容易接近成功。尊嚴無價。一個人若失掉了尊嚴，做人的價值和樂趣就無從談起。尊嚴是一個人做人的根本，無論在什麼時候，我們都應當挺直做人的脊樑，用行動捍衛自己的尊嚴。自尊，是人的一種美德，是無價的，是人最珍貴、最高尚的東西。

活力：靈魂的青春帶來人性的自由

　　這是一件可怕的事情，當你依然年輕，身體依然強壯，靈魂卻已然白髮蒼蒼。宇宙間的萬物都在變化之中。如果宇宙間萬物確實存在一個確定的歸宿，那麼萬物都會歸於統一；如果這個歸宿並不存在，那麼萬物也許都會被分解開來。總之，不管是統一還是分解，變化是肯定的，就像機體會衰老，靈魂會變化。

　　而一生中最重要的事，莫過於讓靈魂永保青春，不要在身體衰老之前就老去。所以，請保持靈魂的健康與昂揚，請努力去做這樣的人：樸素、善良、嚴肅、高尚，不做作、愛正義、敬神明、溫柔可親、恪盡職守。什麼樣的人是上帝希望的那種人，就請努力成為那樣的人。

　　對神明要心存崇敬，對你的朋友要仁愛並且樂善好施。這樣的人，靈魂就像嬰兒的眼眸一樣清澈，我們應該向他學習，像他一樣精力充沛地按照理性做事，像他一樣胸懷坦蕩，像他一樣虔誠，面容寧靜，待人態度溫柔，像他一樣不追名逐利，像他一樣專注於探究事物的本質。還要記住，在仔細考察並且有了清楚的認知以前，絕不忽視任何一件小事；對於那些無理指責的人，寬容並忍讓他們，而不強調反擊；從容做事，不聽信任何流言誹謗之詞；謹慎觀察人的品性，不因別人的憤怒就輕易作出讓步，遠離阿諛奉承，不過分猜疑，也不要自命不凡；對自己的衣食住行保持簡單的要求，但工作的時候要勤勞，並保持耐心。

　　人生短暫，我們在塵世的生命只有這唯一的果實——虔誠的性格和

仁愛的行為。無論做什麼，都要給靈魂以給養，使它永遠保持旺盛的生命力。若能如此，即使人生並沒有創造出奇蹟，也會擁有屬於自己的精彩。

兩個小桶一同被吊在井口上。

其中一個對另一個說：「你看起來似乎悶悶不樂，有什麼不愉快的事嗎？」

另一個回答：「我常在想，這真是一場徒勞，沒什麼意思。常常是這樣，裝得滿滿地上去，又空著下來。每一天都在虛度之中流逝，彷彿連靈魂都慢慢地枯竭。」

第一個小桶說：「我倒不覺得如此。我一直這樣想：我們空空地來，裝得滿滿地回去，再將這滿滿的幸福送給他人分享，這又是怎樣的快樂！」

每一天，都並非虛度，如果你努力地向充實靠攏；每一天，靈魂都會得到豐富，如果你從來不恣意縱容自我。當那個悲觀的小水桶一日復一日地用空洞的眼神抬頭望天時，天是空的，靈魂也在衰老之中；而另一隻樂觀的小桶，則用快樂填滿了自己的生活，每一天都新鮮生動。

生命是短暫的，在這短暫的生活裡會有許多需要選擇的事情，例如一個事物是善的還是惡的，一個行為是不是應該去做，是走左邊那條路還是右邊的那條？其實，就在這些簡簡單單的選擇中，你的生命軌跡已經逐漸地成形。過早衰老還是永遠保持年輕，都在你的一念之間。

保持虔誠的精神和友善的行為，在生活中汲取營養，在貢獻中快樂，這樣的清醒是多麼難得。在清醒的時候，再看見那些關於衰老或者空虛的煩惱，就會像是在看一場夢，雲煙過眼，天朗風清。

灑脫：不知死，焉知生

　　每一件事物都有其開始、延續和死亡，這些都是被包括在自然界要實現的目標之內的。人生就好比這樣一個過程：一顆球被人擲起，而後又開始下墜，最後落在地上；或者像一個水泡，它逐漸凝結起來，突然被伸到水面的樹枝觸碰了一下，轉瞬間便完全破碎。生命也是這樣一個從出生、成長到衰老、死亡的過程。所有人都會走向同一個歸宿，那就是死亡。

　　面對死亡，我們要把它作為自然的一個活動靜候它。就像你能夠安靜地等待一個孩子從母親的子宮裡娩出一樣，也請你從現在開始就準備著你的靈魂從皮囊中脫離的那個時刻的來臨。這一切，都只不過是自然的正常活動，你不需要恐慌，只要靜靜等候就可以了。

　　日本有位禪師一百多歲高壽時身體還特別健康，耳不聾，眼不花，牙齒還完好無損，總是紅光滿面，滿臉笑容，給人一種氣定神閒的感覺。

　　有位生命學專家想從禪師這裡得到一種長壽祕笈，就專門來尋訪他。第一次尋訪時，老禪師說：「沒有什麼祕訣，連我也沒弄明白我為何如此長壽的。」幾年過後，專家再次拜訪樂天禪師。禪師說：「我知道為什麼了，但是，天機不可洩露。」又是幾年過去了，禪師的身體依然強健，一點也看不出老態，好像違反生命的自然規律。生命學專家再次來拜訪，他對老禪師說：他對生命的探討，不是為了個人，而是為了全人類。

　　這次，禪師終於說出了他的長壽之道，他不無遺憾地說：「我從六十

來歲就盼著圓寂，視圓寂為佛家的最高境界、最大快樂。可是，我的修行一直不夠，一直未能實現早日圓寂的最大夙願。這，也許就是你要探討的長壽的奧祕吧！」

世間有幾個人，能夠用這種泰然自若的態度面對生死？

人們普遍害怕死亡，這種恐懼的情緒是因為對死亡的無知造成的。人類習慣把死亡與衰老、疾病聯繫在一起，因此，在人類看來，死亡是很痛苦的。其實不然，每個人都要經歷一個從年輕到年老，由稚嫩到成熟的過程；每個生物都要經歷春夏秋冬四季的變化；所有的生命都要經歷自然帶來的一切活動。人的死亡只是具體的生命形式的結束，而構成這一生命形式的氣又會回到物質世界中，重新加入宇宙生命的無窮變化。

我們以樹葉為例，春天讓樹上產生樹葉，然後風把樹葉吹落，接著樹木又在落葉的地方長出新的樹葉。人也和這樹葉一樣，不管這個人是被稱頌和讚揚的，還是被詛咒和譴責的，都不過是自然界中的一個短暫的存在。死亡只是讓來自自然造化的生命再次復歸造化。

死亡把你和正在和你一起生活的人分開，把你可憐的靈魂與身體分開，要知道，你與他們的聯繫和結合本來就是自然給予的，現在只不過是自然要把這種結合拆開。

自然將靈魂與身體分開，便是把死亡賦予了你。死亡只不過是讓你脫離目前這種生活轉而進入另一種生活。那麼我們又何必要執著於塵世，希望自己在這裡逗留更長的時間呢？

從生走向死，這是合乎自然的一件事，所以，在世時我們要順應自然行事，死時跟隨造物變化。不欣喜生命的誕生，也不抗拒生命的死亡；明白生死只是忽然而來，忽然而去。不忘記自己的來處，也不探求死後的歸宿；命運來了，欣然接受，事情過後，又恢復平常。

觀念：永遠秉持愛與信仰

世間的一切生靈都是平等的，所有的一切都與我們骨肉相連，我們有什麼理由不以虔誠而仁愛的態度對待造物給予我們的一切呢？每個生命的存在，都是自然界的奇蹟，所以我們要用平等的觀念對待一切。

用平等的觀念對待一切，付出真摯的愛心，才能收穫快樂、收穫希望。只有在別人困難的時候，毫不猶豫地伸出救援的雙手，在你困難時，你才能得到更多的幫助。

一天，一個貧窮的小男孩為了存夠學費挨家挨戶地推銷商品。到了晚上，奔波了一整天的他此時感到十分飢餓，但摸遍全身，只有一角錢了。實在是飢餓難忍，他只好決定向下一戶人家討口飯吃。

當一位美麗的女孩打開房門的時候，這個小男孩卻有點不知所措了。他沒有要飯，只乞求給他一杯水喝。這位女孩看到他很飢餓的樣子，就拿了一大杯牛奶給他。男孩慢慢地喝完牛奶，問道：「我應該付多少錢？」女孩回答道：「一分錢也不用付。媽媽教導我們，施以愛心，不圖回報。」男孩說：「那麼，就請接受我由衷的感謝吧！」說完男孩離開了這戶人家。此時，他不僅感到自己渾身是勁，而且還看到上帝正朝他點頭微笑。

多年之後，那位美麗女孩得了一種罕見的重病，當地的醫生對此束手無策。最後，她被轉到大城市，由專家會診治療。當年的那個小男孩如今

已是大名鼎鼎的霍華德‧凱利醫生了，他也參與了醫治方案的制訂。當看到病歷時，一個奇怪的念頭閃過他的腦際。他馬上起身直奔病房。

來到病房，凱利醫生一眼就認出床上躺著的病人就是那位曾幫助過他的女孩。他回到自己的辦公室，決心竭盡所能來治好女孩的病。從那天起，他就特別地關照這個病人。經過艱苦努力，手術成功了。凱利醫生要求把醫藥費通知單送到他那裡，在通知單的旁邊，他簽了字。

當醫藥費通知單送到女孩手中時，她不敢看，因為她確信，治病的費用將會花去她的全部家當。

最後，她還是鼓起勇氣，翻開了醫藥費通知單，旁邊的小字引起了她的注意，她不禁輕聲讀了出來：「醫藥費——一滿杯牛奶。霍華德‧凱利醫生。」

小女孩並沒有因為那個男孩的貧困和窘迫而拒絕他的請求，她所做的一切，都是源於內心深處對所有平等的生命的熱愛和珍惜。如果當初小女孩拒絕獻出那份愛心，也許這個故事將不會有一個如此圓滿的結果。施與愛心，回報的也一定是一份愛心。

幫助別人，給予別人方便，才會得到別人的幫助，也給自己帶來方便。因為人們都有「相互回報」的心理，你對別人的慷慨付出往往也會得到別人的無償回報。

法國文學家羅曼‧羅蘭說得很精彩：「快樂和幸福不能靠外來的物質和虛榮，而要靠自己內心的高貴和正直。」

只有發自內心地尊重一切生命，熱愛一切生命，才能獲得一顆高貴和正直的心。一件微不足道的小事，一次不經意的善舉，都可以給另一個人帶來溫暖和快樂。在別人最需要的時候，一聲問候、一句話，甚至一個同情的眼神，都可以帶給別人極大的關懷。

所以，不要忽視你所能付出的一點一滴，在這點滴之中付出你的愛心，從身邊小事給別人以關懷，因為所有的生命都是平等的，都值得關心。以平等仁愛之心去思索生命的意義，你就會成為一個善良而富有愛心的人。

破習：沒有什麼永垂不朽

很多人害怕生活發生了變化之後無法適應，所以他們只想墨守成規而不期望發生任何的變化。可是，如果沒有變化，事物怎麼產生呢，社會又怎麼會進步呢？除了變化，還有什麼是與宇宙的本性聯繫更接近、更重要的呢？木柴不經過變化，你能洗熱水澡嗎？食物不經過變化，你能吸收到營養嗎？沒有變化，其他任何有用的東西怎麼實現它們的價值呢？這你還不明白嗎？一個人的變化也是一樣，也是宇宙的本性所必需的。

宇宙的實體就像是一條奔流不息的河，所有軀體都在裡面游過一回；所有人都要按照本性與宇宙合作，就如同我們的四肢相互合作一樣。有多少個希羅多德，多少個蘇格拉底，多少個亞里斯多德，都已經被時間吞噬了！那就用同樣的想法來看待所有的人和事吧。

在時空的河流中，即使我們所認為的那最長久的名聲，其實也不過是滄海一粟，須臾間即會消散，又有什麼是永恆的呢？有多少人在享受赫赫威名之後被人遺忘了，又有多少人在稱頌別人的威名之後與世長辭。所以，宇宙間從來都不存在真正的不朽。在很短的時間內，你會忘記一切，一切也會忘記你。

有一次，一位哲學家帶著幾個學生出行。那時正值中午，天氣非常地熱，他覺得口渴，就告訴一名學生：「我們不久前曾跨過一條小溪，你回去幫我取一些水來。」

這個學生回頭去找那條小溪，但小溪實在太小了，有一些車子經過，溪水被弄得很污濁，水不能喝了。於是他回去告訴哲學家：「那小溪的水已變得很髒而不能喝了，請您允許我繼續走，我知道有一條河離這裡只有幾里路。」

但是哲學家說：「不，你回到同一條小溪那裡。」學生表面遵從，但內心並不服氣，他認為水那麼髒，只會浪費時間白跑一趟。他走到那裡，發現水雖沒有剛才渾濁了，但仍有許多泥沙，還是不可以喝的，又跑回來說：「老師，您為什麼要堅持？」哲學家不加解釋，仍然說：「你再去。」他只好遵從。

當他再走到那條溪流，那些溪水就像它原來那麼清澈、純淨——泥沙已經沉到了河底。這個學生笑了，趕快提著水回來，恭敬地對哲學家說：「老師，您為我上了偉大的一課，無論是林中的小溪還是生命中的河流，沒有什麼東西是永恆的。」

宇宙間的事情總是在不斷地發生著變化，一條河流如此，一座高山亦是，微風拂過，月影躍動，沒有什麼長久不逝的永恆。所以，不要刻意地去追求所謂的永恆，如果你並不能確定這件事對你的意義，那麼，就不要幻想藉著它來改變自己的命運的軌跡，不論是那最長久的名聲，最充實的財富，還是最顯赫的地位。如果沒有變化，那就什麼都不會發生。如果沒有小麥的變化，我們將不會有麵粉，如果沒有燃料的變化，我們就不能喝到熱水。

既然世界都是在不斷變化的，那麼我們就不要總是讓心靈處於被困擾的狀態，讓我們以自己的思想和理性來迎接所有的變化。

寧靜：側耳傾聽心靈的聲音

　　生活中的每一次滄海桑田，每一次悲歡離合，都需要我們用心慢慢地體會、感悟。如果我們的心是暖的，那麼在自己眼前出現的一切都是燦爛的陽光、晶瑩的露珠、五彩繽紛的落英和隨風飄散的白雲，一切都變得那麼愜意和甜美，無論生活有多麼的清苦和艱辛，都會感受到天堂般的快樂。心若冷了，再熾熱的烈火也無法為這個世界帶來一絲的溫暖，我們的眼中也充斥著無邊的黑暗，冰封的雪谷，殘花敗絮般的淒涼。所以，細細地傾聽來自心靈的聲音，就能從心靈的舒展開合中獲取力量。

　　把貪圖錢財看做追尋目標的人，不會讓他人獲得利祿；把追求顯赫看做行為的人，不會與他人分享美好的聲響；迷戀權勢的人，不會授人權柄。掌握了利祿、名聲和權勢，便唯恐喪失而整日惶惶不安，而放棄上述東西又會悲苦不堪，而且心中沒有一點見識，目光只盯住自己所無休止追逐的東西，不肯與他人分享，這樣的人只能算是被大自然所刑戮的人。

　　但如果不因為高官厚祿而喜不自禁，不因為前途無望、窮困貧乏而隨波逐流、趨勢媚俗，榮辱面前一樣達觀，那也就無所謂憂愁。

　　有一個人被苦惱纏身，於是四處尋找解脫苦惱的祕訣。

　　這一天，他來到一個山腳下，看見在一片綠草叢中有一位牧童騎在牛背上，吹著橫笛，逍遙自在。他走上前問道：「你看起來很快樂，能教給我解脫苦惱的方法嗎？」

牧童說：「騎在牛背上，笛子一吹，什麼苦惱也沒有了。」

他試了試，卻無濟於事。於是，他又開始繼續尋找。不久，他來到一個山洞裡，看見有一個老人獨坐在洞中，面帶滿足的微笑。他深深鞠了一個躬，向老人說明來意。

老人問道：「這麼說你是來尋求解脫的？」

他說：「是的！懇請不吝賜教。」

老人笑著問：「有誰捆住你了嗎？」

「沒有。」

「既然沒有人捆住你，何談解脫呢？」

他驀然醒悟。

從來沒有什麼東西能夠束縛住我們的心靈，除了自己。與其在束縛中苦苦尋求心靈的出路，莫不如為心靈鬆綁，在自由之中得到自己的快樂，與他人分享快樂，這才會更加接近幸福。

讓自己的品行像光一樣明亮，但不刻意對人顯耀；行為信守承諾，但不會令人有所祈望。睡覺時不做夢，清醒時無憂慮。活著時好像無心而浮游於世，死亡時則像休息一樣自然寂靜。心神純一精粹，沒有歡樂與悲傷，對外物沒有喜好與厭惡，持守精神的簡潔和永恆，與世事無抵觸，於是，你會發現任何事情都不會違逆心意，獲得心靈的自由與塵世的幸福原來就是如此簡單。

信仰：讓苦難成為生命的養料

我們都知道，火都有一種特性，當火勢小的時候，它很快就會被壓在它上面的東西熄滅。而火勢旺盛的時候，它就會很快點燃它上面的東西，並且藉助這些東西使自己越燒越旺。

所以，每個人的成敗都主要取決於自身力量的強弱，而非加諸在身上的壓力的大小。法國作家杜加爾曾說過這樣一句話：「**不要妥協，要以勇敢的行動，克服生命中的各種障礙。**」法國啟蒙思想家伏爾泰說：「**人生佈滿了荊棘，我們曉得的唯一辦法是從那些荊棘上面迅速踏過。**」人生是不平坦的，這同時也說明生命需要磨煉，面對人生中各種各樣的干擾，你要保持一種滿足而寧靜的態度利用這種障礙，達到錘煉自己的目的。因為唯有障礙才能使你不斷地成長。「燧石受到的敲打越厲害，發出的光就越燦爛。」正是這種敲打才使燧石發出光來。

《沉思錄》的作者馬可‧奧里略留曾說，即使是生命中那些痛苦的事情，也能夠為你的靈魂增添耀眼的色彩。所以，請熱愛那些僅僅發生於你的事情，那些僅僅為你紡的命運之線。因為，有什麼比這更適合於你呢？

哪怕是不好的事情，我們也可以用微笑的靈魂發掘其中蘊含的機遇；哪怕當我們在正確的原則指引下走正直道路的時候，有人阻擋我們，我們也可以像火焰一樣，滿足而寧靜的摒棄那一切干擾，並利用它們來訓練自己。

美國的一所大學曾進行過一個很有意思的實驗。實驗人員用很多鐵圈

將一個小南瓜整個箍住，以觀察它逐漸長大時，能抵抗多大由鐵圈給予它的壓力。最初實驗員估計南瓜最多能夠承受400磅的壓力。

在實驗的第一個月，南瓜就承受了400磅的壓力，實驗到第二個月時，這個南瓜承受了1000磅的壓力。當它承受到2100磅的壓力時，研究人員開始對鐵圈進行加固，以免南瓜將鐵圈撐開。當研究結束時，整個南瓜承受了超過4000磅的壓力，到這時，瓜皮才因為巨大的反作用力產生破裂。

研究人員取下鐵圈，費了很大的力氣才打開南瓜。它已經無法食用，因為試圖突破重重鐵圈的壓迫，南瓜中間充滿了堅韌牢固的層層纖維。為了吸收充足的養分，以便於提供向外膨脹的力量，南瓜的根鬚總長甚至超過了8萬英尺，所有的根不斷地往各個方向伸展，幾乎穿透了整個實驗田的每一寸土壤。

南瓜可以摒除外界的障礙，並充分釋放自己生命的能量，獲得前進的動力從而使自己變得更加茁壯，人生也是如此。許多時候我們誇大了那些強加在我們身上的折磨力量，其實生命還可以承受更大的障礙。生命本身的力量足以把每一障礙扭轉為對它活動的一個援助，以致把一個障礙的東西變成對一個行為的推進。

所以，那些折磨我們的力量往往能夠成為助我們成長的能量，在與我們意願相反的事物中我們也可以獲得前進的手段。當每一個障礙都成為我們的質料時，生命之火就可以熊熊燃燒。

羊皮卷

《智慧書》

　　滿懷入世熱忱的耶穌會教士巴爾塔沙・葛拉西安對人類的種種不智之舉深惡痛絕，是以向世人貢獻了他的思想結晶——《智慧書》。書中極言人有臻於完美的可能，只要佐以技巧，審慎睿智。他提醒人們當警覺、自制、勤奮、有自知之明及其餘明慎之道，所以書中盡是知人觀事、判斷、行動的箴言及策略。拋開書中的神學觀不談，在這些箴言警句中，我們能得到立身處世、周旋塵境的切實可行之法，如果能依其言學其成，則必定會安身立命、有所成就。

容量：寬容是成事者的風度

　　寬宏大量、不斤計較是一種高尚的人格修養，一種成大事的強者風度。世間之大，相對於人來說，難免有形形色色的矛盾、煩惱，如果斤斤計較於每一件事，那對生命來說無疑是枷鎖，不如表現出彬彬有禮的樣子，這樣更容易獲得他人的尊敬和仰慕。

　　有一位著名的作家，以寬容的心胸和主動認錯的氣量贏得了讀者的尊重。在長達20年社會紀實體裁小說寫作之後，這位作家嘗試著變換風格，推出了一部偵案類新作，讓許多讀者無法接受。一名憤怒的讀者寫信給他，言辭非常激烈，指責他根本不該轉型。其中很多話有失偏頗，看得出這位讀者對小說藝術的理解並不深入。但這位作家並沒有惱羞成怒，而是非常認真地寫了一封回信，在信中，他隻字不提這位讀者的不禮貌和認識上的淺薄，只是很誠懇地承認自己並不適合懸疑推理題材的寫作，他很感謝讀者的意見，希望以後能夠經常互相交流看法。

　　作家不去計較讀者的粗魯無禮，是他的容人雅量；敢於承認自身的缺陷，是他的氣量和風度。在這樣的人面前，難題通常都比較容易解決，衝突也能迎刃而解。

　　中國有句俗語說「宰相肚裡能撐船」，形容的正是像這位作家這樣的人。古人常講：人應當與人為善、有成人之美、修身立德，一個人若肚量大，性格豁達，方能縱橫馳騁，若糾纏於雞蟲之爭，斤斤計較，非但有失

儒雅，而且會終日鬱鬱寡歡，神魂不定。所以對世事時時心平氣和、寬容大度，才能處處契機應緣、和諧圓滿。

曾任美國總統的福特在大學裡是一名橄欖球運動員，體質非常好，所以他在62歲入主白宮時，體質仍然非常挺拔結實。當了總統以後，他繼續滑雪、打高爾夫球和網球，而且擅長這幾項運動。

在1975年5月，他到奧地利訪問。當飛機抵達薩爾茲堡，他走下舷梯時，皮鞋碰到一個隆起的地方，腳一滑就跌倒在跑道上。他跳了起來，沒有受傷。記者們把他這次跌倒當成一項大新聞，大肆渲染。在同一天裡，他又在官邸被雨淋滑濕了的長梯上滑倒了兩次，險些跌下來。隨即一個奇妙的傳說散播開了：福特總統笨手笨腳，行動不靈敏。自薩爾茲堡以後，福特每次跌跤或者有些許碰撞，記者們總是添油加醋地把消息向全世界報導。後來，他不跌跤也變成新聞了。哥倫比亞廣播公司曾這樣報導說：「我一直在等待著總統撞傷頭部，或者扭傷小腿，或者受點輕傷之類的來吸引讀者。」記者們如此渲染，似乎想給人形成一種印象：福特總統是個行動笨拙的人。電視節目主持人還在電視中和福特總統開玩笑，喜劇演員吉維·蔡斯甚至在節目裡模仿總統滑倒和跌跤的動作。

福特的新聞祕書朗·轟森對此提出抗議，他對記者們說：「總統是健康而且優雅的，他可以說是我們能記得起的總統中身體最為健壯的一位。」

福特對別人的玩笑總是一笑了之。1976年3月，他還在華盛頓廣播電視記者協會年會上和吉維·蔡斯同臺表演過。節目開始，蔡斯先出場。當樂隊奏起《向總統致敬》的樂曲時，他「絆」了一腳，跌倒在歌舞廳的地板上，從一端滑到另一端，頭部撞到講臺上。此時，每個到場的人都捧腹大笑，福特也跟著笑了。

當輪到福特出場時，蔡斯站了起來，佯裝被餐桌布纏住了，弄得碟子和銀餐具紛紛落地。蔡斯裝出要把演講稿放在樂隊指揮臺上，可是一不留心，稿紙掉了，撒得滿地都是。眾人哄堂大笑，福特卻滿不在乎地說道：「蔡斯先生，你是個非常、非常滑稽的演員。」

在面對別人對於自己的無禮時，福特選擇了一笑置之，可見福特的大度。

有人的地方，總免不了有是非、有衝突，甚至鉤心鬥角。各種突發狀況使人不可能不發生摩擦。有君子，就有小人；有溫情，就有冷漠；有讚譽，就有誹謗。如何在一個複雜的群體當中站穩腳跟，並得到大多數人的支持和讚賞，唯擁有氣量、心胸寬容而已。

「君子賢而能容罷，智而能容愚，博而能容淺，粹而能容雜。」在生活中，我們隨時都會遇到一些對自己不公的人和事，遇到愚蠢、淺薄者的騷擾，遇到尷尬和非議。針鋒相對、以怨報怨只會為自己招來更多的妒恨，心胸寬廣、氣量大者就可與他人保持良好的人際關係。不計較瑣碎之事，不拘泥繁文縟節，不多管閒事，這類的人物能夠得到他人的廣泛尊重，在人際關係的處理上也能游刃有餘。

達觀：收穫豁達的心境

能夠做到事事心平氣和的人，是難得一見的豁達者。豁達也是難得的美德之一。在人生的漫漫旅途中，總會遇到許多不如意，然而失意並不可怕，受挫也無須憂傷，只要心中的信念沒有萎縮，即使外界風淒雨冷、大雪紛飛，人也可以保持一個樂觀的心態，成就許多事情。艱難險阻是命運對你另一種形式的饋贈，坑坑窪窪也是對你意志的磨礪和考驗。

想要收穫豁達的心境，人們可以到萬千世界中尋找靈感，自然界會給人以啟示：落英在晚春凋零，來年又燦爛一片；黃葉在秋風中飄落，春天又煥發出勃勃生機。萬物凋零萬物生，樂生悅死，這何嘗不是一種灑脫、一份成熟、一份練達。人最需要的就是萬物所擁有的達觀之心。

一顆豁達的心靈猶如久旱後的甘霖，使人從瑣碎的煩惱中掙脫，變得坦蕩，變得清靈，變得心胸開闊。正所謂：心無芥蒂，天地自寬。具有豁達性格的人，他們眼睛裡流露出來的光彩會使整個人生都流光溢彩。在這種光彩之下，寒冷會變成溫暖，痛苦會變成舒適。這種性格使智慧更加熠熠生輝，使美德更加迷人燦爛，使人性更加完美。

戴爾・卡內基小時候，有幾年旱災非常嚴重。那時整個美國經濟大蕭條，農民受到更大的煎熬，沒有人知道到底是什麼原因讓春天該來的雨缺席了，新種的玉米和小麥得不到雨水的滋潤。卡內基的父親把他存下來的一點點積蓄都花在做種子用的玉米上。

當卡內基看到父親將家裡最後的一點錢換成種子，他一直在擔心，種子可能會乾枯而一無所獲。於是他問父親：「為什麼要冒這個險呢？」

「不會冒險的人永遠不會成功！」這是父親的哲學。

只要無懼於嘗試，沒有人會澈底失敗。

然而，小河裡的水日趨減少並乾涸，隨後，整個夏季被大旱所折磨著，河流乾枯了，魚兒一條條死去，最可怕的是，穀物全都枯萎了。

到了秋天收穫時，卡內基的父親從這半英畝土地上僅獲得了半輛貨車都不到的玉米，如果這是正常的一年，豐收的玉米一定會裝滿數十輛貨車。

卡內基忘不了父親那晚在餐桌前的一段話：「仁慈的上帝，感謝祢讓我今年什麼都沒有失去，祢把種子還給了我，謝謝祢！」

沒有豁達就沒有寬容。無論你取得多大的成功，無論你爬過多高的山，無論你有多少閒暇，無論你有多少美好的目標，沒有寬容心，你仍然會遭受內心的痛苦。世界上最廣闊的是海洋，比海洋更廣闊的是天空，比天空更廣闊的是人的胸懷。

豁達是一種超脫，是自我精神的解放。豁達是一種寬容、恢弘大度，胸無芥蒂，大肚能容，吐納百川。蜚短流長怎麼樣，黑雲壓城又怎麼樣，心中自有一束不滅的陽光。以風清月明的態度，從容地對待一切，待到廓清雲霧，必定是柳暗花明。

豁達是一種博大的胸懷、超然灑脫的態度。一般說來，豁達開朗之人比較寬容，能夠對別人不同的看法、思想、言論、行為以至他們的宗教信仰、種族觀念等都加以理解和尊重，不輕易把自己認為「正確」或者「錯誤」的東西強加於別人。在不同意別人的觀點或做法的時候，他們會尊重別人的選擇，尊重別人自由思考和生存的權利。

釋然：吃苦是吃補

有人問一位著名的藝術家，跟從他習畫的那個青年將來會不會成為一個大畫家，藝術家一口否認：「不，永遠不會！他沒有生存的苦惱，他每年都會從家裡得到金錢資助。」這位藝術家深深知道，人的本領是從艱苦奮鬥中鍛煉出來的，而在財富的蜜罐中，這種精神很難發揮出來。

翻開歷史可以知道，各行各業的許多成功人士，早年大多是刻苦奮鬥的孩子，從逆境中脫穎而出。那些發明家、科學家、實業家和政治家，大多是為了實現提高自己地位的願望而努力向上、勤奮不懈，他們不僅聰慧，而且樂於付諸實踐。

成功，並不是偶然的結果，往往是排除困難之後而得到的。偉人產生於艱苦的環境，這通常是一個慣性。

古希臘有個叫狄摩西尼的演說家，兒時曾患有口吃病，不善言談，結果常常被別人嘲笑。而他的人生志向恰恰是成為演說家。狄摩西尼不甘心屈服於先天的弱點，於是每天跑到海邊或爬上高山，口含小石子，高聲演講。舌頭和嘴巴常常會被石子磨破，但狄摩西尼從不曾放棄。在不懈努力下，他終於變得能言善道，成為著名演說家而名垂青史。

刻苦者知道必須靠自己才能獲得成功人生，而那些生長於優越的環境中的年輕人，時常依附於他人而無須靠自己的努力的年輕人，因自小被溺愛慣了，習慣躲藏在父輩的羽翼下，這類人成大事者極少。富家子弟與窮苦少年相比，就像溫室中的幼苗和飽受暴風驟雨吹打的松樹一樣，他們不

懂得因勞動而有所得的道理，也很少開動腦筋、勤奮鑽研，他們習慣利用現成的東西，以致漸漸將自身的才華磨滅。

日本教育界有句名言：「除了陽光和空氣是大自然的賜予，其他一切都要透過勞動獲得。」許多日本學生在課餘時間都要去外面打工賺錢，在大學生中這種現象非常普遍，有錢人家的孩子也不例外。他們靠在飯店端盤子、洗碗，在商店售貨，在養老院照顧老人或做家庭教師來賺自己的學費。孩子很小的時候，父母就向他們灌輸一種思想——「不給別人添麻煩」。全家人外出旅行，不論多麼小的孩子都要背上一個小背包。別人問為什麼，父母說：「他們自己的東西，應該自己來背。」

勤奮耐勞，你才不會在困難和逆境面前亂了陣腳，無助哀嘆；學會吃苦，能夠讓你在奮鬥的路上多一份堅韌，多一些從容。

人們既應當善用才智，同時也應該勤奮刻苦，因為光有聰明才智不夠，還要付諸實踐。好運常常眷顧那些主動尋找它的人，但好運也會很快溜走，如果你不在它還伴隨你的時候迅速且實在地利用它，你就只能白白地看著到嘴邊的鴨子飛走了。

趣味：擁有友誼是人生一樂

　　友誼是慷慨和榮譽的最賢慧的母親，是感激和仁慈的姐妹，是憎恨和貪婪的死敵，它時刻都準備捨己為人。

　　友誼的重要性毋庸置疑。首先，誠摯的朋友必將成為你人生的後盾，在你高興時與你分享快樂，在你悲傷時與你分享痛苦，在你得意時衷心地祝福你，在你失意時伸出援手。有人這樣感嘆：人生得一知己足矣！物理學家愛因斯坦說：「世間最美好的東西，莫過於有幾個有頭腦和心地都很正直的朋友。」友誼的珍貴令許多智士為之感慨。

　　歌德與席勒是德國文學史上的兩顆巨星，又是一對良師益友。雖然歌德和席勒年齡差十歲，兩個人的身世和境遇也截然不同，但共同的志向讓兩人的友誼長青。他們相識後，合作出版了文藝刊物《季節女神》，共同出版過諷刺詩集《贈辭》。席勒不斷鼓舞歌德的寫作熱情，歌德深情地對他說：「你使我作為詩人而復活了。」

　　在席勒的鼓舞下，歌德一氣呵成，寫出了敘事長詩《赫爾曼和竇綠蒂亞》，完成了名著《浮士德》第一部。這時，席勒也完成了他最後一部名著《威廉·退爾》。席勒死時，歌德說：「如今我失去了朋友，我的存在也喪失了一半。」27年後，歌德與世長辭，他的遺體和席勒葬在一起。

　　人們為了紀念歌德和席勒以及追念他倆之間的友誼，樹立了一座兩位偉人並肩而立的銅像。這座銅像見證著他們的友誼，也告訴人們：人與人相互依靠、相互扶助時，所擁有的力量將突破時空的界限。

在友誼面前，許多事物都會失色，擁有友誼的人，生活即使過得再苦，也能夠得到快樂。

很久以前，在異鄉漂泊的風雨中，兩個有著相同經歷的窮人相遇了。他們朝夕相處，情同手足，相扶相持。有一天，為了各自的夢想，他們不得不分道揚鑣了。一個窮人對另一個窮人說：「如果現在我有錢，我最想買件禮物給你留作紀念。」另一個窮人也無限感慨地說：「或是我們有一件隨身物品相互交換也好，那麼，我們便可以時時刻刻感覺到對方的存在。」可是他們什麼也沒有。然而就在那個秋意漸濃的午後，他們終於交換了一件禮物，各自心無遺憾地上路了，他們交換了彼此的名字。

真正友情的動人之處不在於它的中間摻雜了多少利益，而在於它所顯現的真摯和誠懇會安撫人們煩躁的心靈，淨化人們的靈魂。正所謂君子之交淡如水，沐浴在君子友誼當中的人，能夠突破虛偽與沉淪，變得更加理智和深沉。

音樂大師舒伯特年輕時十分窮困，但貧窮並沒有使他對音樂的熱忱減少一絲一毫。為了去聽貝多芬的交響樂，他竟然不惜賣掉自己僅有的大衣，這份狂熱令所有的朋友為之動容。

一天，油畫家馬勒去看他，見他正為買不起作曲的樂譜而憂心忡忡，便不聲不響地坐下，從包裡拿出剛買的畫紙，為他畫了一天的樂譜線。

當馬勒成為著名畫家的時候，弟子問他：「您一生中對自己的哪幅畫最滿意？」馬勒不假思索地答道：「為舒伯特畫的樂譜線。」

真正的友情並不依靠事業、禍福和身分，不依靠經歷、地位和處境，它在本性上拒絕功利、拒絕歸屬、拒絕契約，它是獨立人格之間的互相呼應和確認。所謂朋友，就是互相使對方活得更加溫暖、更加自信、更加舒適的人。沒有朋友，你只能與寂寞、孤獨和失敗為伍。

自省：從不標榜，從不吹捧

過分的自我感覺良好，等於承認自己的愚蠢。自以為是的人最容易衝動，他們經常充滿幻想，只相信自己的智慧和能力，堅信只有自己才是正確的；他們從來不接受別人的意見和勸告，認為採納了他人的意見等於是對自己的否定和貶低。事實上，此類人通常外強中乾，他們的固執恰恰證明了他們並不是真正的強者，因為心虛，所以不願服輸。

謹慎的人最懼怕居功，從不自我標榜，一來防止變成「大樹」，以免遭受「風必摧之」的困境；二來他們常懼怕因為一時的盲目或高興而導致未來錯誤頻出，對名譽有損，所以他們時刻保持謙虛，反而為自己贏得更多的尊重。

一個人若是太自負，很容易陷入一種莫名其妙的自我陶醉之中，變得自高自大起來，他會無視所有人對他的不滿和提醒，終日沉浸在自我滿足之中，利祿都要捷足先登，對一些事物都會自以為是，這樣的人很難得到人們對他的理解和尊重。真正偉大的人以謙卑待人、以謙虛求知，他們深知這樣做，會贏得更多的讚賞。

在美國紐約一個嘈雜的候車室裡，靠門的座位上坐著一個滿臉疲憊的老人，背上的塵土及鞋子上的污泥表明他走了很長的路。列車進站開始檢票，老人從容地站起來，準備往檢票口走。忽然，從候車室外走進一個胖太太，她提著一個很大的箱子，顯然也要趕這班列車，可是箱子太重，累

得她氣喘吁吁。胖太太看到了那個老人，對他大喊：「喂，老頭！你替我提一下箱子，我給你小費。」那個老人想都沒想，拎起箱子就和胖太太朝檢票口走去。

他們剛剛檢票上車，火車就開動了。胖太太抹了一把汗，慶幸地說：「還真多虧你，不然我非誤車不可。」說著，她掏出1美元遞給那個老人，老人微笑著接過。這時，列車長走了過來，說道：「洛克菲勒先生，請問我能為您做點什麼嗎？」

「謝謝，不用了，我只是剛剛做了一個為期三天的徒步旅行，現在我要回紐約總部。」老人客氣地回答。

「什麼？洛克菲勒？」胖太太驚叫了起來：「上帝，我竟讓著名的石油大王洛克菲勒先生替我提箱子！居然還給了他1美元小費，我這是在做什麼啊？」她忙向洛克菲勒道歉，並誠惶誠恐地請洛克菲勒把那1美元小費退給她。

「太太，你不必道歉，你根本沒有做錯什麼。」洛克菲勒微笑著說道：「這1美元是我賺的，所以我收下了。」說著，洛克菲勒把那1美元鄭重地放進了口袋裡。

出色的人不必標榜自己的出色，也不用彰顯自己，因為出色無須他人的認可。一個人的人格高尚，通常不是由別人的吹捧和讚美製造而出，而是由自身的行為塑造出來的。謙卑並不是否定自己的偉大，相反地，自我標榜才顯示出人的鄙陋和空虛。

眼光：培養見微知著的能力

　　見微知著絕對不是一件簡單的事情，它需要人們有充分的閱歷和超強的判斷能力。有的人生來謹慎，具備良好的判斷力，這是一種天賦智慧，而準確的判斷力是他的翅膀，幫他省卻力氣去走磕磕絆絆的路途。隨著人的年齡和經驗的增長，他們的理智達到完全的成熟，此時判斷力，變得更加準確，並且幫助人成就更多的事情。不僅如此，擁有見微知著的判斷力，還可以幫人們避重就輕或者為自己預見即將發生的事情，以便做出各種各樣的應對策略。

　　1970年6月，IBM公司的研究人員艾德格‧佛蘭克‧考特發表了一篇名為《大型共用資料庫資料的關係模型》的論文，後來被公認為是資料庫發展史上的一個重要轉折。在這之前，資料庫結構通常採用等級式結構，人們必須按資料庫的層次才能查到想要的資訊。這種層次資料庫操作起來十分複雜，費時又不方便。考特的關聯式資料庫理論提出：輸入一道命令就可以得到所有的資訊和資訊之間的關係，這將使資訊查詢變得非常簡便和快捷。

　　按照考特的關聯式資料庫理論，人們可以從各條資料中找到內在關聯。如果這項技術得到應用，將會為很多公司提供便利的工作條件。例如在超市，工作人員可以很方便地查出哪些產品暢銷、哪種產品銷售的數量最好、產品銷售排名情況如何等。考特的這篇論文鼓勵人們開發設計功能

最全的關聯式資料庫，並引發了一系列後續的資料庫理論研究成果。其中，1976年IBM的R系統設計最引人注目。

1976年，IBM研究人員考特又發表了一篇關於關聯式資料庫的研究成果《R系統：資料庫關係理論》，介紹了關聯式資料庫理論和查詢語言SQL。一個偶然的機會，甲骨文公司CEO埃里森（當時還是一個公司的技術人員）看到了這篇研究文章，他仔細閱讀後，認為這是第一次有人提出這麼全面細緻的方案管理資料模式。雖然關聯式資料庫理論在當時被人們認為不具備商業價值，因為它看起來速度太慢，無法滿足處理大規模資料或者大量使用者存取資料的需求，但是它具有極大的潛在價值。

IBM在1973年就啟動了R系統的專案，來研究關係型數據庫的實際可行性，卻遲遲未推出這樣的產品，主要的原因是當時IBM的IMS（著名的層次型資料庫）市場非常好，很多人都在應用這個軟體。如果這時推出關係型數據庫，將會影響IMS的銷售。所以，IBM將研製關聯式資料庫這件事暫時擱淺。

埃里森看完考特的研究成果後，堅定地告訴他的同伴：「我們可以做這個，我們會因為它發大財！」他非常敏銳地意識到，在考特研究的基礎上可以開發商用軟體系統並有著廣闊的市場前景。IBM的研究人員大多是學者出身，所以他們最感興趣的是理論而不是市場。從學術上來看，研究成果應該公開，發表論文和演講能使他們成名。但埃里森恰恰相反，他雖然認為這種技術非常先進，但是沒有必要再接著研究這種理論了，他需要走在所有關聯式資料庫的研究人員的前面，率先把這項研究成果變成產品，進而推向市場。

從20世紀60年代開始，美國的航空、劇院、銀行、商場、超市等行業的許多工作已開始由電腦來完成。資料庫技術的廣泛應用使得許多行業變

成了今天我們看到的模樣，只需要掃描條碼，就可以完成資料的記錄。IBM
覺得層次資料庫已經足夠滿足這些需求了，只是在查詢事物的資料上有些
煩瑣而已，所以IBM並沒有花力氣來開發關聯式資料庫的產品。

　　但埃里森預見性地看到關聯式資料庫的強大市場前景，並且敢於向
IBM挑戰。他曾多次在公開場合發表他的預見性觀點：「商用關聯式資料
庫有著強大的功用和寬廣的發展前景，它早晚會取代層次資料庫而成為市
場主流產品。隨著科技的日新月異，電腦速度的問題總會得到解決，而我
相信，誰先占領關聯式資料庫的市場，誰就能成為電腦行業未來的領跑
者。」由於埃里森只是個小小的技術人員，沒有人對他的預測過多關注，
在別人看來，他的觀點簡直就是「怪論」，同樣也沒有人願意投資。但
是，埃里森堅信，關聯式資料庫有著廣闊的發展前景。

　　就這樣，藍色巨人IBM放棄了這個後來價值上百億的產品，讓埃里森撿
了個大便宜。埃里森曾經無比自豪地說：「IBM發表了R系統論文，但沒有
很快推出關聯式資料庫產品，他們的這一錯誤成就了我。」到1985年，IBM
才推出了關聯式資料庫的產品DB2，而那時，埃里森早已依靠關聯式資料庫
成為千萬富翁，笑傲商場。

　　一篇小小的論文造就了億萬富翁。埃里森憑藉的是其有預見性的優
勢，早一步發現關聯式資料庫理治的優點，搶先開發。如果沒有這種預見
性和見微知著的能力，相信現在我們也無法看到如此輝煌的他。他從一點
看到的是全面的未來，他的預見成就了他的輝煌，這正是見微知著最佳的
解釋。

　　見微知著並不是人人都具有的，它需要長時間的培養。擁有豐富的社
會經驗或者天生聰穎的人才能具備這種判斷和推理能力。它可以讓你先一
步預料事情的發展趨向，幫你做出更好的應對之策。

追求：完美只在理想中

在日常生活中，我們常見到這樣一種情況，有些人會因為某種瑕疵，而覺得痛苦異常：有人因為個子矮而自卑，有人因為眼睛小而心煩，有人因為肥胖而發愁……這些人往往只看到缺陷，而沒有發現瑕疵是完美的一部分。追求完美有時是一種好現象，促使我們朝最好的方面發展，但是絕對完美的事物根本就不存在，因此，如果你還在刻意地追求完美的話，請放棄這種想法吧。

人生是沒有完美可言的，完美只是在理想中存在。生活中處處都有遺憾，這才是真實的人生。因為追求完美而苦惱，會留給我們遺憾和痛苦。

在印度佛教的《百喻經》中，有這樣一則可笑而發人深省的故事：

有一位先生娶了一個體態婀娜、面貌娟秀的太太，兩人恩恩愛愛，是人人稱羨的神仙美眷。這個太太眉清目秀、性情溫和，美中不足的是長了個酒糟鼻。柳眉、鳳眼、櫻嘴、瓜子臉蛋上，卻長了個酒糟鼻子，好像失職的藝術家，對於一件原本足以稱著於世間的藝術精品，少雕刻了幾刀，顯得非常突兀、怪異。

這位丈夫對於太太的鼻子終日耿耿於懷。一日出外去經商，行經販賣奴隸的市場，寬闊的廣場上，四周人聲沸騰，爭相吆喝出價，搶購奴隸。廣場中央站了一個身材單薄、瘦小清秀的女孩子，正以一雙汪汪的淚眼，怯生生地環顧著這群如狼似虎，決定她一生命運的男人。這位丈夫仔細端

詳女孩子的容貌，突然間，他被深深地吸引住了。好極了！這個女孩子的臉上長著一個端端正正的鼻子。

這位丈夫以高價買下了長著端正鼻子的女孩子，興高采烈，帶著女孩子日夜兼程趕回家門，想給心愛的妻子一個驚喜。到了家中，把女孩子安頓好之後，他以刀子割下女孩子漂亮的鼻子，拿著血淋淋而溫熱的鼻子，大聲疾呼：

「太太！快出來喲！看我為你買回來最寶貴的禮物！」

「什麼樣貴重的禮物，讓你如此大呼小叫的？」太太狐疑不解地應聲走出來。

「喏！你看！我為你買了個端正美麗的鼻子，你戴上看看。」

丈夫說完，突然抽出懷中鋒銳的利刀，一刀朝太太的酒糟鼻子砍去。霎時，太太血流如注，酒糟鼻子掉落在地上，丈夫趕忙用雙手把端正的鼻子嵌貼在傷口處。但是無論丈夫如何努力，那個漂亮的鼻子始終無法黏在妻子的鼻樑上。

可憐的妻子，既得不到丈夫苦心買回來的端正而美麗的鼻子，又失掉了自己那雖然醜陋但是貨真價實的酒糟鼻子，並且還受到無端的刀刃創痛。那位糊塗丈夫的愚昧無知，更是叫人可憐！

有些事可以透過努力改變，而有些事無論如何努力都難以改變。對於我們不能改變的，不管喜歡與否，我們只能接受它們，不要抗拒。世界就是這樣，事情本來如此，天生萬物，一些東西永遠不可能改變。有些人為了讓自己更加完美，不惜去做手術改變面容，然後當臉部發生不適的時候，又要去花大筆的錢將臉重新還原，否則就有生命危險。為了完美而苛求自己，無疑是對自我的一種虐待。

每個人都有不足之處，不要把這些缺陷看得過重，因而影響了自己的

情緒，患上自卑的病症。人們應學會欣賞自己的不完美，人生才會多一份快樂。

一位挑水夫有兩個水桶，其中一個桶有裂縫，另一個則完好無缺。在每趟長途挑運之後，完好無缺的桶總是能將滿滿一桶水從溪邊送到主人家中，但是有裂縫的桶到達主人家時卻只剩下半桶水。

兩年來，挑水夫就這樣每天挑一桶半的水到主人家。當然，好桶對自己能夠送滿整桶水感到很自豪。破桶呢？對於自己的缺陷則非常羞愧，它為只能負起責任的一半感到很難過。

飽嘗了兩年失敗的苦楚，破桶終於忍不住，在小溪旁對挑水夫說：「我很慚愧，必須向你道歉。」「為什麼呢？」挑水夫問道：「你為什麼覺得慚愧？」「過去兩年，因為水從我這邊一路漏，我只能送半桶水到你主人家，我的缺陷使你做了全部的工作卻只收到一半的成果。」破桶說。挑水夫替破桶感到難過，他充滿愛心地說：「在我們回主人家的路上，你要留意路旁盛開的花朵。」

果真，他們走在山坡上，破桶眼前一亮，看到繽紛的花朵開滿路的一旁，沐浴在溫暖的陽光之下，這景象使它開心了很多。但是，走到小路的盡頭，它又難受了，因為一半的水又在路上漏掉了。破桶再次向挑水夫道歉。挑水夫溫和地說：「你有沒有注意到小路兩旁，只有你的那一邊有花，好桶的那一邊卻沒有開花呢？我明白你有缺陷，因此我善加利用，在你那邊的路旁撒了花種，每次我從溪邊回來，你就替我一路澆了花。兩年來，這些美麗的花朵裝飾了主人的餐桌。如果不是你，主人的桌上也沒有這麼好看的花朵了。」

完美主義經常悄悄地、深深地影響人們，但是世上哪有圓滿？對於自己的缺陷不要耿耿於懷，要敢於正視不完善的自我，這才是真正的勇者。

專注：當雜家不如當專家

　　世界上沒有兩片完全相同的樹葉，每個人的天賦也是不同的。你也許在某個方面表現突出，而其他方面可能有所欠缺，所以，你最好集中自己的潛能優勢，尋找一個與之相符合的發展方向，這樣成功的機會可能更大。至少，你是踏實的實幹者，而不是一個自作聰明的傻子。

　　每個人的時間有限、精力有限，不可能把所有的事情做到最好，但是我們可以把其中的一件事做到最好。心無旁騖地做一件事，更容易成功。

　　一個名為費斯勒的小山村裡有一個叫霍爾的木匠，他的手藝遠近聞名。老霍爾的手藝是祖傳的。誰家裡有兒女到談婚論嫁年齡的，就早早買好木料排在他的院裡，怕到時候輪不上做傢俱給新人。村裡聰明伶俐的男孩，都設法接近他，希望能跟著他學到一技之長，其實這是枉然。老霍爾有四個兒子，他早就想從他的4個兒子中選一個接班人，使他的祖傳手藝繼續傳下去。

　　老霍爾的4個兒子中，四兒子最聰明，因為四兒子的文化程度較高。但是，這個兒子就是不願做木匠，他說一聽到鋸子與木頭的摩擦聲，渾身就起雞皮疙瘩，要他做木匠，還不如殺掉他。有一年夏天，四兒子和老霍爾大吵一架之後，背著行李去大城市謀生，把老霍爾氣得渾身發抖。

　　四兒子一走就是3年，三年裡只寫過3封家信。第一封信是第一年春節寫的，他說大城市到處都是機會，只要運氣好，做一年比得上當木匠十

年。老霍爾未發一詞。第二封信是第二年春節寫來的，兒子說那邊機會雖多，但沒有一個是留給外人的，他依然替人打工，比做木匠辛苦多了。老霍爾還是不置一詞。第三封信是耶誕節寫來的，老霍爾看完信後只說了一句話：「叫他回來吧。」10天後，四兒子回來了，瘸著一條腿回來的。

四兒子回來後，老霍爾既不問他外面的事，也不讓他工作，四兒子就天天吃了睡，睡了吃。可是，再懶的人也閒不住，一段日子之後，他就主動幫父親做零工。

老霍爾對他說：「你在這裡礙手礙腳，倒不如去把院子裡那堆廢料賣掉。」四兒子高高興興地裝了一車，拉到集市上賣了100元。幾天之後，老霍爾又讓他去把做好的幾件櫃子賣掉，這次四兒子賣了1000元。又過了幾天，老霍爾讓他去賣一組屏風，這次四兒子賣了10000元。四兒子給老霍爾錢時，有一種抑制不住的興奮。老霍爾說：「同樣是一堆木頭，當劈柴，它值100元；做成櫃子，它值1000元；做成屏風，它就值10000元。最值錢的是什麼？是手藝。」

做好一件事，意味著集中精力發展，而不是多元化發展。很多人涉足很多領域，學習很多知識，其實內部卻很虛弱，每一項都沒有很強的競爭力。目標定了很多，什麼都想做，但什麼都沒有做到最好，這樣的人真正缺乏的是核心競爭力，也就是沒有自己的強項。

集中力量發揮強項，就不可以分散自己的力量。篤定於一才是最科學的發揮自我能力的方法。人的生命和精力有限，人生發展卻是無限的，千萬不要做消耗式的人生規劃。趨於完美靠質不靠量。與其成為一個雜家，不如成為一個專家，在自己的強項上超人一等。

可以說，一技之長是一個人成功的重要資本。

昇華：大智若愚，智者不銳

　　深藏不露並非膽小怕事，也不是隱忍退縮，它是審慎的一個方面，並不阻礙人們果敢前行。「藏」其實不過叫人們多些心機，存些城府，不要讓自己完全暴露於世人面前，以防心懷不軌的人有機可乘。君子雖然坦蕩蕩，但並不等於君子無所留。才不可盡露，這是連聖人都熟諳的道理。

　　歷史上的許多得道高人，永遠都保持著似醒非醒、不近不離的人生態度，他們似乎對什麼事都不感興趣，與世無爭的樣子，安安然然地生活。他們或者「采菊東籬下，悠然見南山」，或者身居鬧市，仍心明如鏡。雖然遠離是非，每每橫空出世，都會有驚人之舉，然後繼續逍遙。春秋戰國時期的著名隱士，大多是此類高人。當君王有所求時，他們不吝賜教，但不貪功，繼續過著自己逍遙自在的生活。這正是「無為有大為」、「無用有大用」，絕頂聰明絕頂痴的智者風範。

　　大智若愚，智者不銳。聰敏者少一分偏執，多一分豁達；少一分倔強，多一分柔和；少一分特立獨行，多一分自我隱藏。你很難在他們身上看到什麼銳利之處，因為他們從來不會慷慨激昂地表現自己，也從來不刻意顯示自己有多麼強大的力量，他們懂得如何藏有餘地，厚積薄發。

　　深藏不露，是智者之選，也是欲有成就者應信守的人生準則。所謂「三年不鳴，一鳴驚人；三年不飛，一飛沖天」，如此深謀遠慮之人，一旦出手，必能穩妥地駕馭事業的航向。

「卡西歐」和「精工」是日本電子資訊產業的兩家死對頭。精工以生產瑞士風格的手錶著稱，它曾在很短的時間內，經營業績超越了卡西歐。

當年，卡西歐已是風靡全日本的名牌。在手錶行業，排名的前與後將會造成產品等級和行銷量很大的差別。在精工超越卡西歐的時候，後者豈有坐以待斃之理？

於是，卡西歐痛定思痛，決定封鎖消息，韜晦圖強。

表面上，卡西歐公司裝出很低調，一副甘拜下風的樣子，並在適當的時候放出消息，說由於競爭的激烈，公司準備改行。實際上，它把眼光盯住了以石英晶體為振盪器的顯示技術新領域，並告誡全體員工，不得對外透露。經過多次祕密試驗，卡西歐終於開發了精確度更高，而造價卻比原來同等級價低的石英電子錶。卡西歐又趁熱打鐵地開發了一系列電子新產品，除了電子錶，還有收錄音機、電子鐘、文字處理機、計時器等。

在產品投入市場的時候，卡西歐突然進行大肆宣傳，讓精工措手不及，想迎頭追上，已是望塵莫及。後來，卡西歐又用同樣的方法研製生產出以液晶電視機為主的系列新產品，成了本行業的排頭兵。

卡西歐公司已經領悟到，如果讓精工公司事先知道自己要研製這些產品，對方將會有所準備，要嘛會儘快研製同類產品，要嘛會研製敵對產品，那樣將造成兩敗俱傷的局面，至少會讓自己減少一半的市場占有率。

現代世界競爭模式當中，必須有深謀遠慮的策略，有時要虛張聲勢、大張旗鼓，有時卻要偃旗息鼓，臥薪嚐膽，等待時機，一鼓作氣。所謂韜光養晦、養精蓄銳、出奇制勝，就是這個道理。

欲有所成，就必須有所隱忍。藏雖苦痛，比不藏卻要強得多。一位哲人曾說：「**要比別人聰明，但不要告訴人家你比他更聰明。**」有的人聰明僅是小聰明，常被聰明誤，而有些人的聰明是大智，深藏不露。

吸引：牢牢地抓住時運

　　把握住了時運，大膽施行，美好的人生將與你近在咫尺。如果謹慎看待事情之後，面對機遇始終保持停滯不前的狀態，你依然無法作為智者安穩地活下去。

　　美國商人海默是個既有判斷力，又能果斷行事的人。十月革命之後的蘇聯糧食極為短缺，而西方列強對其虎視眈眈，採取封鎖政策。這時的海默卻反其道而行，來到蘇聯尋找賺錢的機會。

　　海默之所以選擇去蘇聯做生意，是因為列寧為了振興經濟，正大力推行著嶄新的經濟政策，同意在社會主義的蘇聯讓外國資本家承租廠礦經營，發展經濟。但那時的西方國家視紅色蘇聯為「洪水猛獸」，誰也不敢來投資。海默想的卻是：既然沒有誰敢來投資，我來做生意的話，豈不是獨門經營，哪有不賺錢的道理呢？於是，海默果斷地從西方運來了100萬蒲式耳（1蒲式耳=36～37升）的小麥，在蘇聯開始銷售。

　　海默運來的糧食無疑是雪中送炭，一下子讓他名震蘇聯，列寧還親自接見了海默。列寧向海默對蘇聯的幫助表示感謝，並希望海默能長期與蘇聯合作，並一路為海默提供便利。

　　一個有眼光的人，懂得哪裡是危機，哪裡是轉機，而且他會在轉機的時刻果斷施行。真正審慎的人不是步步退縮，而是步步為營，以其高超的判斷力和堅強的決心作為自己成事的條件，在他們的行事背後，早已經有備無患。

在日本戰國時代，織田信長在桶狹間打敗了今川氏後，便立刻占領了兩處領土，隨即由尾張擴展到美濃；由於當時美濃四周還有許多更強的勢力，割地稱雄，相互爭勝，所以他把部隊布置在各個要塞，並叫兒子信忠以「一劍平天下」的豪語做成旗幟，插在首都的城牆上。在那段時間，織田信長以快刀斬亂麻的方式治理天下，使百姓很快獲得安寧。

織田信長的處世方式與魄力的確令人欽佩。信長為了圍剿一批亂賊，計畫放火焚燒比叡山，因為比叡山是日本桓武天皇指定為傳播佛教義理的聖地，山中有許多寺庵靈地，所以他的家臣如明智光秀等人都群起反對。可是織田信長說：「我是奉了桓武天皇的敕令（同時也得到傳教大師的允許），為了平定天下而奮戰；假使放火燒山的事有什麼不對的話，等我死了自然會去和閻王爭論的。」由於他表現得那麼有氣魄，部屬也只好照著命令焚山，果然平定了亂黨。

火燒比叡山只是織田信長眾多激烈措施中的一項而已，後代人對他的處世強硬有許多批評，甚至還有些政治家、思想家不斷攻擊他。信長的作風可能有過分之處，但他凡事必求成功，不打折扣，果敢面對任何困難和挑戰的魄力，的確為日本往後300年的太平盛世，奠定了穩固的基礎。

運氣很喜歡惡作劇，但人的智力、謹慎、勇氣和學識都不會跟你開玩笑。當你具備了這些優勢的時候，等待你的必然是考驗。如果此時此刻你仍然躲在自己的封閉空間內，你連失敗的滋味都嘗不到，更談不上成功。

低處：在上司面前學會低頭

不讓自己的光芒遮蓋上司，這表明對上司有足夠的尊重。只有謙虛守禮、盡心盡力，才能得到上司的看重、關心和愛護，上下級關係才能做到良性互動、融洽和諧。

古代車師國有一位能幹的官吏，安民有方，平息了大災害後的暴動。他鼓勵人民墾田種桑、重建家園。經過幾年治理，當地社會穩定，百姓安居樂業，這位官吏得到了人民的擁戴。

有一天，皇帝突然召他覲見，臨行前，官吏的一位謀士前來求見，問他：「皇帝如果問您如何治理地方，您打算怎麼回答？」這位官吏坦然地回答：「我會說任用賢才，使人各盡其能，嚴格執法，賞罰分明。」謀士連連搖頭道：「不行，這樣自誇的話，會使您招來皇帝的嫉妒，您一定要把功勞說成是皇帝治國有方。」這位官吏恍然大悟。

於是，在皇帝召見時，官吏一再推辭獎賞，說都是皇帝的威武感化所致，人民才安居樂業。皇帝果然很高興，賞賜了他很多珠寶，並委以重任。

做下屬最忌居功自傲。古今中外許多事實證明，功高震主時，往往也是失寵之日。不在乎被比下去、重視人才的上司畢竟是鳳毛麟角，在大多數人的心中，都或多或少藏著嫉妒的「鬼火」，一旦你的光芒太過耀眼，你的功勞太過卓著，上司在你身邊，便會覺得自己黯然失色，更會有地位被你動搖的聯想，他們會很自然地將你視為競爭對手、心腹大患，而你在

不知不覺中，就已面臨著一場災難。

成功學家卡內基說：「人與人交往時，只有尊敬對方，交際活動才能順利進行。如果總是壓制對方、強迫對方對自己屈服，對方不久就會對你產生敵對情緒，從而失去對你的信賴。」因此，在人際交往中讓對方做主角就顯得尤為重要。特別是在與比自己身分高很多的人面前，滿足對方的主導感，比自己做主導要來得高明。

自以為優越的人總是討人嫌的，特別容易招惹上司嫉恨。沒有一個上司喜歡自己總被下屬超越，他總是認為自己有豐富的工作經驗和人生經歷，有較強的組織、管理能力，有統管全域的實力。在上司的面前，如果你總是處處表現得高他一等，他一定會對你反感，而你也易招同僚的厭惡。

不僅如此，許多上司最看不上那些自吹自擂的人，有了一點點成績，就心高氣傲，不思進取，這樣的人是不會得到提拔和重用的。儘管有時上司在某一方面確實遠不如你，作為下屬的你還是要十分注意。與上司說話的時候，不要咄咄逼人，不要冷嘲熱諷；背地裡也不要評頭論足；更不要讓上司當眾出醜，使其如芒在背。要知道這些都是蔑視上司的行為，你很容易被上司認為是一個恃才傲物和喜歡頂撞的人，從而得不到上司的信任。還有一點你絕不應忘記，某人之所以成為上司，必有其過人之處，如果你總是賣弄，很可能會在其面前出醜。學會尊重上司，懂得謙卑自省，能更顯你的謙虛和謹慎。

你的「平步青雲」是建立在上司的快樂和滿足之上，後者的嫉妒和陷害絕對不是你成功的基石。

付出：予人恩惠，本利雙收

　　當別人遇到困難時，我們施與援手的目的並不為求對方回報，如若專門為求回報而施恩，此人必是厚黑狡詐之徒。見人之難，施與援手，本是一種善業，可以讓人們的心靈得到撫慰，會使人產生一種自我滿足感和舒適感。而施恩所得的附加品，才是對方的回報。

　　人類是相互協助、共同生存的社會性群體，所以互相幫忙在所難免，如何幫助別人、怎樣幫助他人，則是一種高明的技巧。施恩也有其法，不必太多，否則也會給對方增加負擔；而施恩過分也會令對方產生戒心，以致與你為敵。切記施恩的微妙所在：只有迫切想得到好而不貴的禮物才是接受者喜歡的。

　　所以，施恩能不自傲，行善自然無痕，同時又能得人感激，這樣的施恩才高明。有時候一些人在施恩的時候一定要讓他人知道，那麼他的施恩就帶有太強的目的性，反而令人生厭。

　　予人恩惠是有很多技巧的，第一，不要使對方覺得接受你的幫助是一種負擔；第二，要做得自然；第三，幫忙時要高高興興，不可以心不甘、情不願。超出了這三點的施恩，就不叫施恩，對你是一種心理負擔，也未必能得到他人的感激和尊重。

　　人際來往都是相互的，切不可像做生意一樣赤裸裸地：「有事嗎」、「你幫了我的忙，下次我一定幫你」。忽視了感情的交流，會使人與人之間的相處變得興味索然，你與人相交時也不會長久。不僅如此，一定不要

把施恩看做自己對他人的施捨，此等看法大傷他人的情感，絕不是智者所為。

在一個大雪天，一個貧窮的村民去向村裡的首富借錢。恰好那天首富興致很高，便爽快地答應借給他兩塊大洋，末了還大方地說：「拿去花吧，不用還了！」窮人接過錢，小心翼翼地包好，就匆匆往家裡趕。首富對他的背影又喊了一遍：「不用還了！」

第二天大清早，首富打開院門，發現自家院內的積雪已被人掃過，連屋瓦也掃得乾乾淨淨。他在村裡打聽後，得知這事是那個村民做的。這位首富明白了：給別人一份施捨，只能將別人變成乞丐。於是他鄭重地要那個村民寫了一份借契，村民因而流露出了感激的神情。

村民用掃雪的行動來維護自己的尊嚴，而首富與他立字據成全了他對自己尊嚴的維護。在首富眼裡，世上無乞丐；在村民心中，自己更不曾是乞丐。「施恩」與「施捨」，僅僅一字之差，其意義是大不相同的。

予人以恩惠，如同開辦定期的儲蓄，可以本利雙收。當然，這其中要排除忘恩負義、以怨報德之徒。所謂的本利雙收，並不一定是物質上的，得到名譽和慰藉靈魂，一樣對我們大有裨益。

結果：收場好才算好

好運氣對於任何人來說，都是可遇而不可求的，它來時欣然地接受它，但不要奢求它永遠眷顧你，當人們不知饜足的時候，厄運往往隨之而來。這就好比投資股票，想要放長線釣大魚，除非一個人精於此道，否則很有可能賠了夫人又折兵。

一個沿街流浪的乞丐每天總在想，假如我手頭有1000元就好了。一天，這個乞丐無意中發現了一隻很可愛的流浪小狗，乞丐發現四周沒人，便把狗抱回他的住處拴了起來。

這隻狗的主人是本市有名的大富翁。這位富翁丟狗後十分著急，因為這是一隻純正的名犬。他以各種形式發出尋狗啟事：拾到者請速還，即付酬金2萬元。

第二天，乞丐沿街行乞時，看到這則啟事，便迫不及待地抱著小狗準備去領那2萬元酬金。可是當他匆匆忙忙地抱著狗路過貼啟事處時，發現啟事上的酬金已變成了3萬元。原來，大富翁見遲遲尋不著狗，把酬金提高到了3萬元。

乞丐幾乎不相信自己的眼睛，腳步停了下來，想了想，又轉身將狗抱回去重新拴了起來。第三天，酬金果然又漲了。第四天，第五天，直到第七天，酬金漲到了讓市民都感到驚訝的數字時，乞丐才想起跑回去抱狗，小狗卻死了。最終，乞丐還是乞丐。

如果乞丐不是因為貪心的話，他可能早就獲得一大筆錢，不必再像以往那樣風餐露宿，但他偏偏還想要更多的錢，結果狗死掉了，只能落得「竹籃打水一場空」的下場。

貪婪是一個不可忽視的惡毒之果，人們眷戀財富，對好運不肯放手，常會做更大的賠本買賣。懂得見好就收，才能有個好收場。

俗語說：收場好才算好。在造訪命運之宮時，如果你從快樂之門進，必從悲哀之門出；從悲哀之門進，則必從快樂之門出。所以你在處理事物的收場時一定要小心，與其開場時風光熱鬧，不如收場時成功幸福，走運的人往往開頭很好，收場卻很悲慘。

知道適時而止，從而有個好收場，這才是一種大智慧。見好就收、功成身退，它是一招因時而變、出奇制勝的妙法，也是深合事理、退中求進的處世哲學。對於只知冒進、急功近利者，「止」的運用就尤顯珍貴。綜觀無數失敗者的癥結，他們所缺的並不是智慧，而是克制智慧、潛藏智慧，進而慎使智計。別讓幸運女神一直背著你，以免不知道什麼時候被她拋棄，也別讓幸運女神忽視你，適時地靠近她。不近不離，才是明智之舉。

The Scroll

羊皮卷

《愛的能力》

　　《愛的能力》是成功學大師奧格·曼迪諾向廣大讀者推薦的11本書中的一本，它曾使奧格·曼迪諾受益匪淺，從失敗走向了成功。

　　艾倫·佛洛姆博士在本書中，運用了多重視角對愛——這種自人類降生之初即已形成並深為世人關注的微妙情感進行了深入的探討。本書的核心內容是研究日常生活中我們所體驗到的或失去的愛。它的主旨是教我們如何才能增進相互間的瞭解和建立和諧的人際關係。

　　艾倫·佛洛姆博士告訴我們，他之所以研究「愛」，理由是：人們往往把愛看作是遙不可及、虛無縹緲的情感，因此在日常生活中，即使自己表達愛意也往往是渾然不知。這樣，便會使我們無法克服和改進表達愛意方式之中的缺憾。由此，會逐漸使我們失去朋友和親人，並陷於深深的孤獨當中。

傳播：要有愛的能力

艾倫‧佛洛姆說：「*愛是一種能力，是一種能去愛並能喚起愛的能力。*」

馬克思也曾說過：「如果你的愛沒有引起對方的愛，也就是說，如果你的愛作為愛沒有造就出愛，如果你作為愛者，透過自己的生命表現未能使自己成為被愛者，那麼你的愛就是無力的，你的愛就是不幸的。」是的，如果不是心中充滿陽光，如何能予人溫暖？如果不是心中充滿仁慈，如何能予人感動？如果不是心中充滿真愛，又如何能予人幸福？只有擁有一顆既能被他人感動，同時又能感動他人的心靈，才是真正可貴和可愛的。必須先在內心深處感受到愛，然後才能愛其他的人。愛的定義有千萬種，它是無條件的接受，也是無條件的付出。

愛是對善的追求，愛使人擺脫恐懼。有愛就能心生和諧，愛是自然無價的，它不是理論，也沒有要求。既無分別，也無需衡量。愛是單純的感情、無價的溫馨。有位科學家曾說過：「人類在探索太空、征服自然之後，終將會發現自己還有一種更大的能力，那就是愛的力量，當這天來臨時，人類的文明將邁向一個新紀元。」愛，是人們的情感表現，也是人們普遍存在的心理需要。我們需要愛。

日本一家事務所想購買一塊地皮，但被地皮的主人——一位性格倔強的孀居老太太，一口拒絕。一個天寒地凍的下午，老太太恰好經過這家事務所的門前，她想順便勸那個總經理「死了這條心」。她推開門，發現裡

面收拾得十分整齊乾淨。她覺得自己穿著髒木屐走進去很不合適，正猶豫不決時，一位年輕的女孩笑容滿面地迎上來。女孩毫不猶豫地脫下自己的拖鞋給老太太穿，然後像親孫女一樣攙扶著老太太慢慢上樓。穿著帶有體溫的拖鞋，老太太瞬間改變了堅決不賣地皮的初衷。

這位女孩並不認識老太太，而且她也看出來老太太既不是來洽談業務的客戶，也不是來視察的政府官員。給予每一位來訪者體貼和關懷，也許僅僅是出於一種職業的需要，但裡面包含了她善待任何一個人的愛心。

「愛」在漢字中是有心的，這有著很深的含義，愛從心發出，然後流到別人的心裡，在人與人之間搭建起一條長長的愛心之橋。愛，往往會達到意想不到的力量。

如果我們每個人都能愛護自己，愛護自己善良、樸實的天性，愛護自己懂得愛並珍視愛的心靈，讓自己的內心始終保持一塊純淨生動、仁愛無私的淨土，永不放棄對真誠的情感、對善良的人性、對美好的人生毫不猶豫的、執著堅定的追求，即使我們不能使所有人的世界變得更美好，至少也可以使自己的世界更美好。

相信這個世界上還有愛，加入那個傳播愛的隊伍，你慢慢就會發現，愛擁有傳染的魔力，她可以波及到任何人的心靈，即使是那些所謂的壞人，在他們靈魂的深處也還保留著一塊溫軟的園地，可以感受愛，可以感動。就像歌裡唱的那樣：「如果我們每個人都獻出一點愛，這個世界將變成美好的人間。」誰不願意生活在美好的世界裡呢？所以在我們的生活中，你經常能夠看到各種的「獻愛心送溫暖」活動，因為在大家的心中還有愛，愛心讓這個世界充滿了溫暖。

自愛：愛人，先愛己

　　心理學家伯納德博士說：「不愛自己的人崇拜別人，但因為崇拜，會使別人看起來更加偉大而自己則益加渺小。他們羨慕別人，這種羨慕出自內心的不安全感——一種需要被填滿的感覺。可是，這種人不會愛別人，因為愛別人就要肯定別人的存在與成長，他們自己都沒有的東西，當然也不可能給予別人。」

　　不愛自己、自我評價差的人，就會選擇讓自己過著很不快樂的自虐生活。比如說，一個人對自己過於挑剔，就容易仇視、嫉妒比自己好的人。

　　凱倫有一位十分能幹、上進的丈夫，但她自己卻每天都要在家裡帶孩子。她覺得丈夫正在為自己的前途而奮鬥，而她則過著呆板、無趣的生活，因此就遷怒於丈夫，每天從早到晚都在批評這個她當初發誓要去愛、去珍惜的男人，左右都不如意。

　　凱倫對丈夫變得愈加吹毛求疵，其實這根本不關丈夫的事，而在於她的自我觀念。正是由於不喜歡自己，就總覺得自己不如人，所以才一直挑丈夫的毛病。這種做法，幾乎將她的婚姻送入了墳墓。

　　幾年後，孩子終於不再需要凱倫每天都貼身照料了，於是她找了一份工作。但是，她畢竟不是一個十分能幹的女強人，而且在家很長一段時間，所以在工作中她的業績平平。

　　凱倫感到自己是個失敗者，對於自己無法跟別人一樣成功而耿耿於

懷；她嫌自己身體太胖、鼻子太大，還擔心丈夫會看不起她。因為不喜歡自己，凱倫經常神經過敏，自慚形穢。她擔心丈夫會移情別戀，因而變得易怒，每天仍然對丈夫喋喋不休地挑剔、抱怨，也無法丟開自己的問題而去真正關心丈夫。

久而久之，凱倫的態度令丈夫感到再也無法忍受下去了。他認為凱倫並不愛他，終於提出分手。一個原本不錯的家庭，就這樣分崩離析了。

埋葬凱倫幸福婚姻的真正「殺手」，其實不是別人，正是她自己。如果一個人不喜歡自己，就不會相信自己還能討人喜歡；如果一個人不能欣賞自己，就會走進總是跟別人攀比的陷阱；如果一個人總是盯著自己的短處，就等於期望別人也只看他的短處，因此在下意識裡總是等著被別人拒絕或是與人為敵。凱倫正是被這些情緒所包圍、左右了。

其實，每個人都有缺點和短處，要想與人建立良好的人際關係，就必須首先接受並不完美的自己。誰都不可能十全十美，所以我們必須正視自己、接受自己、肯定自己、欣賞自己，對自己要有恰到好處的自尊自重。

哲人說：「學會愛自己是人世間最偉大的一種愛。」只有當你停止對自己不利的批評，才能解放自我而去欣賞或讚美別人，也才能戒掉心底刻薄的批評，去除「你多我少，你好我壞」這類傷人傷己的念頭。

不愛自己的人，就等於自討苦吃，也無異於拒絕社會和他人。一個人如果不愛自己，當別人對他表示友善時，他會認為對方必定是有求於自己，或是對方一定也不怎麼樣才會想要和自己為伍。這種人會不斷地批評自己，從而使別人感到他有問題而儘量避開他；這種人害怕別人越瞭解自己就會越不喜歡自己，所以在別人還沒有拒絕之前，其潛意識裡就會先破壞別人的好感。總之，不愛自己會導致各種問題的發生。當一個人覺得自己很差勁時，周圍的人也會跟著遭殃。

因此，在開始愛別人之前，必須先愛自己；想要擁有和諧、美好的人際關係，就必須先做自己最好的朋友。世界就像一面鏡子，人與人之間的問題大多是我們與自己之間問題的折射。因此，我們不需要去努力改變別人，只要適度改變自己的思想和想法，人際關係就會自動轉好。

　　從某種意義上說，個人的快樂與否完全繫於對自己的感覺，人際關係的和諧與否也決定於個人能否接受自我。自我評價高的人，絕不會甘願受苦，也不會主動與人為敵。但可惜的是，還是有人選擇自我貶低自己。要想改變這種心態，以下幾條建議是非常可取的：

　　（1）避免與他人作比較，為自己做主；

　　（2）從實際出發，為自己設定有意義，可行的人生目標；

　　（3）對自己更友善，可以經常自我反省，但不要總是批評自己；

　　（4）記下每一件自己所做的好事，不要低估自己的貢獻。

　　當然，真正的愛自己就是自我接受，包括同時接納自己的優點與缺點、長處與短處，並對自己給予適度的自尊自重。也就是說，愛自己並不等於向全世界誇耀自己，也不表示要目中無人。其實，愛自己只是一種收斂的自信、自我欣賞，加上適度的幽默感，而內心則保持沉穩和平靜。

精神：愛自己，無論如何

愛自己，需要理由嗎

「愛自己」雖然是老生常談的一個話題，但真正、完全、理性地愛自己的人其實並不多，雖然我們知道這嚴重影響了我們原本應當更加燦爛的人生。

要懂得人間有愛、世界有愛，首先得從愛自己開始，愛自己是一切愛的基礎。

是不是足夠愛自己，你可以試著自問以下幾個小問題：

（1）你喜歡自己的父母以及他們為你取的名字嗎？

（2）你喜歡自己的才能或學歷嗎？

（3）你喜歡自己的氣質、談吐、微笑和習慣性的小動作及打噴嚏的聲音嗎？

在現實生活中，有許多給出這樣的答案：「不！」「還好吧！」「已經這樣了，能怎麼辦呢？」

等等，這些答案不免使人產生悲哀：為什麼我們總是只會「發現」並且難以原諒自己的錯誤？

或許各人有各人「愛自己」的理由，但我們必須清楚愛自己不等於自戀。它既是一種孩童般的天真無瑕，又帶有一種哲人般的知性豁達；既有小女人「噴香水的女人才有前途」的智慧，又有著「自己並沒有那麼重

要」的襟懷和勇氣。總之，就是熱愛自己一切與生俱來或親手打造的東西，並努力發揚光大其中的長處。

「愛自己」也並不是一件容易的事，簡單點，在一件細小的事情中可以展現；複雜點，要用一生的過程去打造。因為在這個世界上沒有人是完美的，身為凡人，如果認真劃分，我們的缺陷更是成籮成筐。所以如今，只要我們尚擁有一顆熱愛美好的心，並為此孜孜努力著，我們就應該以為自己是個可愛的人。

愛自己才能愛別人，愛自己才能愛這個世界。

愛，首先從自己開始，只有學會愛自己，才能學會愛他人、愛世界。

愛自己不是一種自私行為，我們這裡所說的愛並不是虛榮、貪婪、傲慢、自命不凡，而是一種善待自己，對自己無條件接受的做法。如果你能夠認識到自己是一個有自尊心的綜合體，如果你能夠注意養生，保持自己的身心健康，那你就已經學會愛自己了。如果你擁有了這種愛，那你也就可以把它奉獻給別人了。

愛，非常像花散出的香氣，無論有沒有人去聞它，香氣都是存在的。那些天性有愛的人們，無論走到哪裡，都會輻射出愛。而且，他們把愛撒播給別人並不是透過壓制自己的欲望、犧牲自己的需要來實現的。而是由於他們十分充實地享受生活，所以非常希望別人也能分享這種快樂。他們在友善地對待他人的過程中，發現自己能夠獲得一個愉悅的心情，這種愉悅正是他們的愛產生的源泉。因此，為了更愛自己，不妨做如下嘗試：

在你比較輕鬆、事情比較少的日子裡，專門空出一天時間。在這一天中，做你自己最要好的朋友，滿懷感情地對待自己，為自己祝福，將自己泡在充滿泡沫的浴缸中，放聲歌唱。為自己做一頓最愛吃的飯菜，慢慢地享用。用一整天的時間來愛自己。

透過友善地對待自己，你會逐漸地覺得自己的狀態開始好轉，覺得生活是美好的，而且你還會對自己的身體和思想產生感激之情。如果你能夠不時地用愛來滋養自己，你很自然地就會更加愛別人。

因為不敢愛自己，不會愛自己，沒有愛過自己，因此沒有養成愛自己的習慣，結果在「愛他」的過程中自卑產生了，自信消失了，隨之消失的還有志氣、理想、信念、追求、憧憬、主見和創造的精神。

你即使是一個非常平凡的人，沒有橫溢的才華，沒有非凡的本領，沒有驚人的力量，沒有超眾的智慧，沒有顯赫的地位，沒有巨額的財富，沒有傳奇的經歷，沒有豐富的經驗……哪怕你一無所有，你仍然有理由珍愛自己。我們始終都在走一條路，一條屬於自己的路；我們始終都在營造一處風景，一道塗抹著個性色彩的風景。路在延伸，風景依然亮麗，我們把朝霞走成了夕陽，把暖春走成了寒冬……我們為什麼不能愛自己呢？

我們應該懂得，我們有足夠的理由愛自己，一是只有自己才是屬於自己的；二是只有熱愛自己，才能熱愛他人；三是只有熱愛自己，才能出現和鞏固這個不斷延長愛的世界。我們沒有藍天的深邃，但可以有白雲的飄逸；我們沒有大海的遼闊，但可以有小溪的清澈；我們沒有太陽的光耀，但可以有星星的閃爍；我們沒有蒼鷹的高翔，但可以有小鳥的低飛。

每個人都有自己的位置，每個人都能找到自己的位置，發出自己的聲音，踏出自己的通途，做出自己的貢獻，我們應該相信：正因為有了千千萬萬個「我」，世界才變得豐富多彩，生活才變得美好無比。

認認真真愛自己一回吧——這一回是一百年。

開啟「愛自己」之旅

每當我們想到愛的時候，心裡便會湧現出那些傳統文化、宗教教義的

教導，它們都是叫我們愛別人，要捨己為人，不求自己的益處。

著名心理學家指出：「人要先愛自己才懂得去愛別人。因為只有視自己為有價值、有清晰的自我形象的人，才可以有安全感、有膽量去開放自己，去愛別人。」

其實，要去愛別人的時候，我們都會不自覺地只展露自己的長處，而接觸越久，溝通越多，真正的自我便會無所遁形。一個缺乏自信的人，往往會害怕坦誠，以為讓對方透徹瞭解自己之後，必定會拒絕自己、離開自己。而一個憎恨自己的人，甚至可能會埋藏自己，拒絕與人交往，更遑論與人深交和相愛了。

愛自己，或稱自愛，是與自私、自我為中心不同的一種狀態。自私、自我為中心是一切以私利為重，不但不替人家著想，更可能無視他人利益，為求達到目的不擇手段。愛自己，就要會照顧和保護自己、喜歡自己、欣賞自己的長處，同時也要接受自己的短處，從而努力改善自己，以臻至善。

在這種心態之下，我們會學會不少自處之道，更可活學活用於人際關係之中。在接受自己之後，便開始會有容人的雅量；在懂得欣賞自己之後，便會明白如何欣賞別人；在掌握保護自己的方法之後，亦會晤出「防人之心不可無，害人之心不可有」的道理，也許這就是推己及人的真諦。

一個不愛自己的人，是不會明白愛別人以及接納別人的。因此，一切均得由愛自己開始。

永恆：大愛莫過於父母

永恆的寬厚父愛

很久很久以前，一戶農家有個頑劣的子弟，讀書不成，反把老師的鬍子一根根拔下來；種田也不成，一時興起，又把家裡的麥田砍得七零八落。每天都跟著狐朋狗友打架惹事，偷雞摸狗。

他的父親是一位忠厚的農夫，忍不住呵斥了他幾句。兒子不服，反而破口大罵。父親不得已，拿起菜刀嚇唬他。沒想到兒子衝過來搶過菜刀，一刀揮去。老漢的右手被砍斷鮮血淋漓，痛苦地倒在地上呻吟著。而釀成大禍的兒子，竟連看都不看一眼，揚長而去。從此生死不知。時值亂世，不知怎的，兒子再回來的時候，竟成了將軍。起豪宅，娶美妾，多少算有身分的人，要講點面子，遂也把父親安置在後院，卻一直冷漠，開口閉口「老狗奴」；自己夜夜笙歌，父親連想要一口水喝，也得自己用殘缺的手掌拎著水桶去井邊。

鄰人都道：「這種逆子，雷怎麼不劈了他？」

也許是真有天報應吧。一夜，兒子的仇家尋仇而來，直殺入內室。大宅裡，那麼多的幕僚、護衛都逃得光光的，眼看兒子就要死在刀下。突然，父親從後院衝了進來，他選擇了用唯一的、完好的左手死死地握住了刀刃。他的蒼蒼白髮，以及他不顧性命的悍猛連刺客都驚了一下，他便趁這一刻的間隙大喊：「兒啊，快跑，快跑！」自此，老漢雙手俱廢。

三天後，逃亡的兒子回來了。他徑直走到三天三夜不眠不休、翹首企盼的父親面前，深深地叩下頭，含淚叫了一聲：「爹——」

不知道盼回兒子後，他要說什麼，但我們知道不會改變的必是他那無法按捺的寬厚父愛。

永遠敞開的母愛之門

在蘇格蘭的格拉斯哥，一個小女孩像今天的許多年輕人一樣，厭倦了枯燥的家庭生活、父母的管制。於是，便離開了家，決心要做世界名人。可是不久，在經歷多次挫折後，她日漸沉淪，最後，只能走上街頭，開始出賣肉體。許多年過去了，她的父親死了，母親也老了，可是她仍在泥沼中醉生夢死。

這期間，母女從沒有什麼聯絡。可是當母親聽說女兒的下落後，就不辭辛苦地找遍全城的每個街區，每條街道。她每到一個收容所，都哀求道：「請讓我把這幅畫貼在這裡，好嗎？」畫上是一位面帶微笑、滿頭白髮的母親，下面有一行手寫的字：「我仍然愛著你……快回家！」

幾個月後，沒有什麼變化。桀驁的女孩懶洋洋地晃進一家收容所，那裡，正等著她的是一份免費午餐。她排著隊，心不在焉，雙眼漫無目的地從告示欄裡掃過。就在那一瞬，她看到一張熟悉的面孔：「那會是我的母親嗎？」

她擠出人群，上前觀看。不錯！那就是她的母親，底下有行字：「我仍然愛著你……快回家！」她站在畫前，泣不成聲：這會是真的嗎？

這時，天已黑了下來，但她不顧一切地向家奔去。當她趕到家的時候，已經是凌晨了。站在門口，任性的女兒遲疑了一下，該不該進去？終於她敲響了門，奇怪！門自己開了，怎麼沒鎖？！不好！一定有賊闖了進

去。記掛著母親的安危,她三步併作兩步衝進臥室,卻發現母親正安然地睡覺。她把母親搖醒,喊道:「是我!是我!女兒回來了!」

母親不敢相信自己的眼睛。她擦乾眼淚,果真是女兒。娘兒倆緊緊抱在一起,女兒問:「門怎麼沒有鎖?我還以為有賊闖了進來。」

母親柔柔地說:「自從你離家後,這扇門就再也沒有上過鎖。」

母親對子女的愛是最偉大的,它沒有任何附加條件。無論你是優秀還是普通,甚至是殘疾,母親是那個永遠珍愛你如寶貝的人,母親是那個為你的一點點進步無比自豪的人,母親是那個能大度地原諒你的無知的人,母親是那個永遠不會拋棄你的人。母愛之門永不會關閉!

有母愛陪伴的人是幸福的,好好珍惜吧,不要等失去了才知道它的珍貴。趁著父母依然健在,常回家看看,陪父母說說話,幫父母捶捶背,盡一盡孝心,享受人間最珍貴的天倫之樂。

「慈母手中線,遊子身上衣。臨行密密縫,意恐遲遲歸。」這首古詩寫盡了母親對子女的愛扣牽掛,任何時候讀來都讓人感動不已。

父母之愛是世界上最偉大的愛,我們應如何理解這種偉大的愛呢?

作為父親母親,愛孩子不同於愛妻子,不同於愛丈夫,也不同於愛雙親,愛兄弟姐妹。這種愛的滋味是從那些愛中嘗不到的。它是一種混合體,其中有同情和憐愛,有幸福和美好,有快樂和悲傷,有放心和掛慮,有自私和袒護,有恐懼和期盼。所有這些混合起來而形成了一種特殊的味道,但主味仍是同情和憐愛。

有一位阿拉伯詩人說過:「我們的孩子只是行走在天地間的我們的心肝。」也許你熟悉這句話,但即使你讀過一千次,也未必能讀出父母所讀出的感受。是的,孩子是父母的心肝,一旦他們不在,父母就會立即感到空寂失落,胸中彷彿失去最寶貴的東西。

你如果聽說世界上最偉大的人物出現在他們孩子的遊樂場上，而且毫無應有的莊重和威嚴，甚至比那些少年還要頑皮和淘氣，這時你應明白，他們絕非僅為孩子高興而強作歡顏，他們大多是從孩子身上發現了自我，感到自己年輕了，像年輕人一樣嬉戲打鬧，於是他們得到了最大的享受，感到了無比的快活。你如果聽說世界上最偉大的人物為自己孩子當坐騎，讓他們騎在背上而不覺得有傷大雅、有失身分，這時他們已無力將自己的心肝裝回胸腔，至於是放在胸脯上還是後背上則是完全一樣的。

你可能見過父母寧肯將糖果之類餵孩子而自己不吃，你千萬不要以為這僅是餵孩子甜食，不，他們認為這樣比自己親口吃更甘甜，所謂吃在孩子嘴裡甜在父母心上。

你見過烈日下一個口乾舌燥的人撲向清泉的情景吧，他恨不能將泉水汲乾以消解喉嚨的焦灼。然而無法與父母親吻孩子時的感覺相提並論，父母吻孩子比他更急切、更心甜，而且他有飲足之時，父母無吻夠之日。如果說飲水可以滋潤身體，那麼，吻則可慰藉心靈，而兩者在情感的天平上又是無法相比的。

父母見幼子在牙牙學語，在說，在笑，頓時一股暖流傳遍全身，再甜美的歌喉再高明的琴師都不能令父母如此陶醉，彷彿花樹久旱逢甘霖。

世界上最提心吊膽驚慌失措的人莫過於見其子遇險或走近險境者，他將猛撲過去，為救孩子而不顧一切，無論同歸於盡或犧牲自己。一旦孩子處於病患或危難之中時，做父母的就會在憐憫與痛苦、慈愛與恐懼、同情與憂慮間掙扎。他們祈求上蒼，把災難降臨在他們頭上，如命中註定，他們願義無反顧地代孩子去死。

是否每個孩子都得到父母同等的愛，是否在父母心目中他們處於同一地位，他們會不會因為大、小，男、女而有所區別。

應當明瞭：愛下面的情猶如生物學家所謂的屬下面的種一樣，你從蘋果、梨子、葡萄、無花果等各色水果中都能得到甘甜，但每種水果的甜又有其不同的細微差別。

事實上，如果人有更靈敏的感覺，更細膩的情感，能深入到心底去瞭解這種差別的真諦，他會看到愛的質相同、核一致，只是每個孩子的年齡、條件、性別賦予愛以不同的形式和色彩。

我們說過，愛是多種情愫的混合體，其中最突出的是同情與憐愛。躺在搖籃裡的嬰兒，對他幾乎只能是同情與憐愛。稍長，當他嘴裡能蹦出幾個字時，除這兩種感情外，父母還會去親近他、逗他。再長，他能跑能跳，學說話時，父母會更願意親近他、逗他，父母還將感到他成了自己消愁解悶的重要對象，甚至離不開他，缺不了他。等他長到上學受教育的年齡，除了上述感情外，父母將偏重於培養他成為一個聽話、自重、有禮貌的人，並將有步驟地向他灌輸如何成為一個事業有成的人。他的年齡越大，這種期盼的感情越深，以至淹沒了其他感情。如果他出門在外或生病臥床或遭遇不測，同情與憐愛又突顯出來，因為這時他最需要的就是這兩種感情。

當有人問某某：你最愛你哪個孩子？某某答道：我最愛他們之中年齡最小的，直到他長大；最愛他們之中出門在外的，直到他回家；最愛他們之中生病臥床的，直到他痊癒。

父母對孩子的愛是否會因其美與醜、伶俐與愚笨、禮貌與粗魯、勤快與懶惰、成功與失意而有所不同呢？

對孩子也一樣。父母看到的全是他們身上的優點，或者說，至少父母幾乎看不到他們的缺點，不論是性格上的還是心理上的。父母看他們時只是一望而過，不會經意去研究。因此，在父母眼裡他們自己的孩子就是最

好的孩子。

　　同樣，你會發現，做父母的對待自己孩子不會像對待別人孩子那樣去評頭論足，他們評價別人孩子用的是審慎理智的目光，而對自己的孩子則感情用事，不帶絲毫思考與冷靜。

　　誠然，某孩子可能有明顯的品德缺陷，某孩子可能有殘疾而嚴重影響生計，某孩子可能道德敗壞，可能誤入歧途甚至做了天理不容之事，等等。但這在父母心理上的影響和評價上的分量要比事實和他人輕得多，弱得多。當然，這些肯定使父母憂心忡忡，寢食不安，怒火中燒，大發脾氣。但這些非但不會損傷父母對孩子的愛憐與偏護，恰恰相反，倒證明父母的愛憐與偏護。父母憂心如焚恰恰是出自對孩子的憐憫與同情，可憐他們沒有而且不會成為最幸福的人。

　　當然，有些父母也許有過這樣的想法：他們很愛孩子但又希望他們不曾生下來。父母希望孩子不曾來到這個人世，是因為怕他們經不起塵世七災八難的折磨，這種希望恰恰是他們對孩子至深的愛。這就是父母之愛，世界上最偉大的愛，對於這種愛的理解，誰可以最清楚最準確地描述出來？只有孩子長大為人父或為人母後才能真正體會做父母的滋味。

真誠：超越生命的朋友之愛

給友愛下一個定義

友愛是你這一生最值得珍藏的一筆財富。因為友愛是那種在你快樂的時候可以與你共用快樂，在你痛苦的時候可以分擔你痛苦的人的幫襯和給予。當你取得了巨大的成績，他像你一樣沉浸在幸福之中；當你遭遇困境厄運，他與你一樣悲痛憂傷。不論你遇到什麼事情，你時刻都會感覺到在這個社會上你不是一個人在孤立無助地生活，你時刻都在另一雙眼睛的視野裡，你時刻都在另一顆心靈的關懷中。

有人總是有很多朋友，我們常常看到這樣的人，不論遇到什麼事情，他的周圍總會站著很多朋友。但也有這樣的人，我們在任何時候都會發現，他就像一個套中人，在他的身上總是有一層厚厚的隔膜，人們總是在避而遠之，這種人不要說肝膽相照的知己朋友，就連普通的朋友也沒有。人們都羨慕前者，都為後者的孤獨而感到可憐。為什麼有人能夠生活在朋友的關懷和溫暖之中，而有的人卻不同？

原因很簡單，你自己以真誠詩人，必定換來真誠，你自己對人毫無私心，別人對你也不會斤斤計較。你自己寬以待人，虛懷若谷，能夠容人容物，同樣你也會因此贏得朋友的寬容和諒解。

相反地，一個人沒有友愛的最重要原因就是，因為他自己對朋友缺乏真誠。當朋友取得了成就的時候，他不是發自內心的祝賀，而是心生嫉

妒；當朋友遇到困難的時候，他不是兩肋插刀，而是袖手旁觀；當朋友向他傾吐心聲的時候，他不是敞開心扉，而是遮遮掩掩。假如是這樣，他永遠都不會有真正的朋友。

在交朋友當中，還有一點也很重要，就是要能夠接納朋友的弱點。中國有句古話：水至清則無魚，人至察則無朋。這對於交友來說尤為重要。任何一個人都有優點，也都有缺點，如果你只看優點，把朋友想像成完美無缺的人，那你就大錯特錯了。當朋友做了錯事的時候，你必定無法容忍，認為自己看錯了人，或者是上當受騙，那你也就不會擁有朋友了。

在生活當中，重要的是要常做「贈人玫瑰，手留餘香」的事情，這包括朋友有難時的慷慨解囊，朋友困惑時的心靈幫助，朋友快樂時的共同分享。你把你的心靈交給了朋友，朋友回贈你的，同樣是玫瑰的芬芳。

能超越生命的，是友愛

真正的友情是最寶貴的財富，為了友情，我們甚至可以放棄生命。

在越南有這樣一個故事：

幾發炮彈突然落在一個小村莊的一所由傳教士創辦的孤兒院裡。傳教士和兩名兒童當場被炸死，還有幾名兒童受傷，其中有一個小女孩，大約8歲。

村裡人立刻向附近的小鎮要求緊急醫護救援，這個小鎮和美軍有通訊聯絡。終於，美國海軍的一名醫生和護士帶著救護用品趕到了。經過查看，這個小女孩的傷最嚴重，如果不立刻搶救，她就會因為休克和流血過多而死去。

輸血迫在眉睫，但得有一個與她血型相同的獻血者。經過迅速驗血後，兩名美國人的血型都不符合，但幾名未受傷的孤兒卻可以向她輸血。

醫生用摻和著英語的越南語，護士講著僅相當於高中程度的法語，加上臨時編出來的大量手勢，竭力想讓他們幼小而驚恐的聽眾知道，如果他們不能補足這個小女孩失去的血，她一定會死去。

　　他們詢問是否有人願意獻血。一陣沉默做了回答。每個人都睜大了眼睛迷惑地望著他們。過了一會兒，一隻小手緩慢而顫抖地舉了起來，但忽然又放下了，然後又一次舉起來。

　　「噢，謝謝你。」護士用法語說：「你叫什麼名字？」

　　「雄。」小男孩很快躺在草墊上。他的胳膊被酒精擦拭以後，一根針扎進他的血管。輸血過程中，雄一動不動，一句話也不說。

　　過了一會兒，他忽然抽泣了一下，全身顫抖，並迅速用一隻手捂住了臉。「疼嗎，雄？」醫生問道。雄搖搖頭，但一會兒，他又開始嗚咽，並再一次試圖用手掩蓋他的痛苦。醫生問他是否針刺痛了他，他又搖了搖頭。

　　醫療隊覺得有點不對。就在此刻，一名越南護士趕來援助。她看見小男孩痛苦的樣子，用越語向他詢問，聽完他的回答，護士用輕柔的聲音安慰他。頃刻之後，他停止了哭泣，用疑惑的目光看著那位越南護士。護士向他點點頭，一種消除了顧慮與痛苦的釋然表情立刻浮現在他的臉上。

　　越南護士輕聲對兩位美國人說：「他誤會了你們的意思，以為自己就要死了。他認為你們讓他把所有的鮮血都給那個小女孩，以便讓她活下來。」

　　「但是他為什麼願意這樣做呢？」護士問。

　　這個越南護士轉身問這個小男孩：「你為什麼願意這樣做呢？」

　　小男孩只回答：「因為她是我的朋友。」

　　這個越南小男孩為了救他的朋友，甘願獻出他自己的生命。

慢慢愛：同樣的愛，不同的浪漫

浪漫的愛，不分貧富貴賤

愛是不分貧富貴賤的，富人能有浪漫的愛，窮人同樣也可以擁有。

傍晚，小虹散步到天橋邊，看見一個年輕人正吃力地背著一個女孩上天橋，額上滲著細密的汗珠。小虹趕忙過去幫著攙扶，問年輕人：「她生病了吧？我幫你叫救護車送她去醫院吧？」

來到天橋上，女孩忽然大笑起來，年輕人忙向小虹道歉：「對不起，謝謝您，我們在玩遊戲。」

「什麼？」小虹尷尬中有些惱怒。

女孩好半天才停住笑，告訴小虹說今天是他們結婚三周年紀念日，他們特意請假出來逛街。「他沒有錢，我不要他買什麼禮物，但他有力氣，所以要他背我上天橋，才背三趟來回，就累了，將來結婚30周年，我讓他背30趟來回，累死他那把老骨頭……」女孩趴在小夥肩上又笑了起來。

很多人很多時候以為，浪漫必定和鮮花、燭光、音樂相連，卻不知道世上還有這樣一種別致的窮人浪漫。

「浪漫的愛」的不同理解

對於「浪漫的愛」，不同人有不同的理解。

甲說，燭光晚餐、月下散步等都只不過是世俗化、商品化了的浪漫，

浪漫不應在乎這些實質環境的元素，而在於一種個人主觀的感受。

在這些環境下，你不一定會覺得浪漫，尤其是在你心情煩躁、脾氣暴躁的時候，你可能會無動於衷，沒有什麼感覺。但若你感到浪漫時，這些環境便自然地帶給你一種浪漫的感覺。

乙卻認為浪漫的重點是兩個人相處在一起而又有愛情的感覺，那就是浪漫。於是，一個人如果和他不愛的人在環境裡未必感到浪漫，但若和他愛的人一起在這種環境下，便會有浪漫的感覺。

丙則認為浪漫是可以獨自一個人感受的，重點在於能否回憶或聯想起一個自己心儀的對象，然後利用幻想來感受那種甜蜜蜜的浪漫情懷。所以，就算你的身旁沒有一個他（她），你也可以在一個人的時候感受到浪漫，欣賞到片刻的溫馨。

丁的看法更有趣，他認為一個人甚至可以和自己浪漫。這包括了享受與自己的影子同遊黃昏海灘，與自己吃燭光晚餐。在這情形下，最重要的心態是擺脫傳統的看法，不要感懷身世，細想一下：人若能愛自己，與自己結伴同行人生路，獨立地面對孤獨，細細品味自己的感受，豈不是更能體驗到浪漫是主觀經驗的大原則嗎？

簡約：最簡單的愛，最浪漫

表面上看，愛是世界上最複雜的事情。這從古今中外有無數的人都圍繞愛去做文章就可以清楚地看出來。如果愛不複雜，至於有那麼多的人去寫得死去活來麼？

其實，如果我們將那些讓無數的人為之流淚、為之悲傷的愛的外表撥去，你就會發現，愛原本是一件非常簡單的事情，硬是讓愛的主角們搞複雜了，結果是越來越複雜，直至成為一齣悲劇。

比如說，我們要愛某一個人，愛某一件東西，常常要找出愛的理由來。一旦找不出理由，就覺得我們不應該去愛，但感情卻不是說不愛就不愛的，於是我們就痛苦、悲傷、流淚、怨天尤人。

其實，難道愛不是理由嗎？換句話說，愛，難道還需要理由嗎？愛，不是最大的理由嗎？就像一首歌裡所唱到的：愛不需要任何理由。

本來的確應該如此，可是我們都不是這樣，都要將原本不需要理由的東西弄到一定要有一個理由。而如果找不到那個所謂的理由，我們就要放棄那讓我們刻骨銘心的愛。

這能不痛苦嗎？當然，如此評說這個讓千千萬萬的人魂牽夢縈的「愛」，的確讓人一下子無法接受。

難道愛就如此的簡單？難道不是嗎！天下本無事，庸人自擾之。唯有簡單的愛才可能是最浪漫的，因此我們要努力創造簡單的愛。

如果我們不再一定要找出愛的理由來，而將愛本身就作為一種最恰當

不過的理由，我們就不會再為自己找不到那些不應該尋找的愛的理由而生出無窮的煩惱了，也不會再讓我們與我們一生也難以遇到的人天各一方，以至於抱恨終生了。

是的，世上沒有無緣無故的恨，也沒有無緣無故的愛。但我們一起生活在這個美麗的星球上，這個理由還不充分嗎？

所以，愛我們這個世界吧，因為人生如此短暫。

愛我們的父母吧，因為是他們給了我們生命。

愛我們的鄰居、同事、朋友吧，因為我們是鄰居，是同事，是朋友。

愛我們身邊的小鳥、小鹿、小草、小樹，還有美麗的花朵吧，因為它們和我們一起點綴著這個世界。

所以，請你熱情地相信「這的確是一個美好的世界」，那麼它就真的會變成一個極其美好的世界。

無論怎麼說，愛畢竟是我們這個世界裡最值得去撒播的種子。大部分人臨終的時候都希望有這樣的感覺：我們生活得很好，並且在我們將要離開這個世界的時候，能夠感到這世界曾經因為我們的到來而變得更加美麗，更加美好。

所以，每一個人都應該向自己的四周散播自己的愛心。這就像玩彈力球一樣，你將它們拋出去，它們又會再彈回來。對我們來說，這只是小事一樁，但是我們的世界卻因此收到了一份珍貴的禮物，我們的生命也就因此而變得非同尋常。

放空：不要讓愛成為枷鎖

人人都渴望美滿的愛情，但是現實總是那麼殘酷，不斷地打碎人們的美夢。自以為找到了愛情，實際上卻是陷入了愛的陷阱。很多人無力自拔，一生也就在痛苦中度過。其實，只要你勇敢一點，認識到不能這樣生活，改變自己，就可能走出這個陷阱。

人生原本如月季花一般燦爛，如流星一般閃爍；該追求時就追求，該參與時就參與，該苦惱時就苦惱，該放棄時就放棄……即便是沒有開出絢麗的花朵、結出甜美的果實；即便在瞬間化成塵埃，今生今世，也絕無遺憾。累又從何而來呢？

愛情是一個更加複雜的問題，即使是從一份已經名存實亡的愛情中逃離出來也不是一件容易的事。布莉絲太太已經三次發現丈夫有外遇，而且最近又開始酗酒，還常常對她又打又罵，但她想的依然是如何忍受這種生活，從來沒有想過與她的丈夫離婚，逃出這種可怕的折磨。

布莉絲太太只有32歲，但是看起來已經像是40多歲的樣子。她的好朋友關心她、心疼她，問她有什麼打算時，她竟認為除了維持現狀，別無他路。原來，布莉絲太太結婚10年以來，她早已經習慣了依靠丈夫的生活；丈夫就是她的「安全島」，即使是婚姻出現了問題，她也不會離開，因為她已經習慣了「安全島」的生活，一旦讓她離開，她會無所適從。

布莉絲太太這樣告訴她朋友自己的感受：「雖然在理智上我也明白，婚姻的結束是我恢復健康和自尊的唯一途徑，但我卻不能改變自己的絕

望。我對人生失去了興趣,而且簡直不能工作。聽到收音機裡播放一首浪漫的歌我就會淚流滿面。我覺得自己已經跌至谷底,永遠沒有再感受歡欣的希望了。」

「谷底」是一個可以暫時棲息的地方,不要拒絕承認你的感覺,只有好好地去整理它們才有可能治癒你的創傷。

「安全島」可能是一個人、一種狀態、一個地方,或者是一件事情和一項工作,它會成為人們的非理性的需要。如果需要安全、被照顧,我們就不能離開這個安全島,否則將會無所適從。

一切重建的工作都可能包含著痛苦。但是事實上,拋開這些疲乏了的關係,對於雙方來說都是一種解脫。關鍵的問題在於:哪一種事情更痛苦,是結束一個疲乏了的關係?還是欺騙自己,讓自己相信這個關係還有意義;並且相信忠誠、習慣或恐懼比拿出誠實和勇氣說再見更值得?大部分人都知道結束一個疲乏了的關係很難,但他們卻不知道:如果不拋棄它,付出的代價將會更高。

我們需要家庭和朋友,這樣能夠減少我們的孤獨感,讓我們感覺到安全,但在許多的時候,人們之間已經沒有愛了,卻為了逃避寂寞而緊緊地糾纏在一起,最終對自己徒增許多的煩惱。當朋友帶給你的痛苦多於歡樂時,你應該勇敢地結束友情。一個人退出另一個人的生活,是很平常的事,只有果斷地放棄,才能有時間和精力去尋求自己的幸福。

在清理了我們心靈的部分空間之後,我們開始探索各自的道路。這是一條實現自我的道路,在自我的軌跡上,我們必須挖掘和發展生命的真實、熱情和美好。

樂趣：給愛一個自由的空間

　　莉莎和男朋友分手了，處在情緒低落中，從他告訴她應該停止見面的一刻起，莉莎就覺得自己整個被毀了。她吃不下睡不著，工作時注意力集中不起來。人一下消瘦了許多，有些人甚至認不出莉莎來。一個月過後，莉莎還是不能接受和男朋友分手這一事實。

　　一天，她坐在教堂前院子的椅子上，漫無邊際地胡思亂想著。不知什麼時候，身邊來了一位老先生。他從衣袋裡拿出一個小紙袋開始餵鴿子。成群的鴿子圍著他，啄食著他撒出來的麵包屑，很快就飛來了上百隻鴿子。他轉身向莉莎打招呼，並問她喜不喜歡鴿子。

　　莉莎聳聳肩說：「不是特別喜歡。」他微笑著告訴莉莎：「當我是個小男孩的時候，我們村裡有一個飼養鴿子的男人。那個男人為自己擁有鴿子感到驕傲。但我實在不懂，如果他真愛鴿子，為什麼把它們關進籠子，使牠們不能展翅飛翔，所以我問了他。他說：『如果不把鴿子關進籠子，牠們可能會飛走，離開我。』但是我還是想不通，你怎麼可能一邊愛鴿子，一邊卻把它們關在籠子裡，阻止它們要飛的願望呢？」

　　莉莎有一種強烈的感覺，老先生在試圖透過講故事，向她講一個道理。雖然他並不知道莉莎當時的狀態，但他講的故事和莉莎的情況太接近了。莉莎曾經強迫男朋友回到自己身邊。她總認為只要他回到自己身邊，就一切都會好起來的。但那也許不是愛，只是害怕寂寞罷了。

　　老先生轉過身去繼續餵鴿子。

莉莎默默地想了一會兒，然後傷心地對他說：「有時候要放棄自己心愛的人是很難的。」他點了點頭，但是，他說：「如果你不能給你所愛的人自由，那麼你就並不是真正的愛他。」

長相廝守的意義不是用柔軟的愛捆住對方，而是讓他帶著愛自由飛翔。要知道，愛需要自由的空間。

生活中一些事情常常是物極必反的：你越是想得到他的愛，越要他時時刻刻不與你分離，他越會遠離你，背棄愛情。你多大幅度地想拉人向左，他則多大幅度地向右盪去。

所以我們應該讓愛人有自己的天地去做他的工作，譬如集郵，或是其他任何愛好。在你看起來，他的嗜好也許傻裡傻氣，但是你千萬不可嫉妒它，也不要因為你不能領會這些事情的迷人之處就厭惡它。你應該適時地遷就他。

愛人有了特殊的嗜好以後，我們還必須給他另外一個好處：有些時候要讓他獨自去做他喜愛的事，使他覺得擁有真正屬於自己的東西。毫無疑問，愛人時常需要從捆在他脖子上的愛的鎖鏈裡掙脫出來。如果我們能夠幫助並支持他們，去培養一些有趣的嗜好——並且給他們合理的機會享受完全的自由——那麼我們就是在做一些使他們快樂的事了。

我們應當有自信：真正的愛是可以超越時間、空間的。因此，作為婚姻的雙方，在魅力的法則上，請留給彼此一個距離，這距離不僅包含空間的尺度，同樣包含心靈的尺度：留下你自己獨特的性格，不要與他如影隨形；留下你自己內心的隱私，不要讓他感到你是曝光後蒼白的底片；留下你一份意味深長與朦朧的神祕……不要試圖挽留他離去的腳步，不要幻想他的目光永遠專注於你，一切都應是自然形成，在你們之間留下一段距離，讓彼此能夠自由呼吸。

海鴿 文化出版圖書有限公司
Seadove Publishing Company Ltd.

成功講座 369

羊皮卷
The Scroll

編譯	雅瑟、朱顏
美術構成	騾賴耙工作室
封面設計	斐類設計工作室
發行人	羅清維
企畫執行	林義傑、張緯倫
責任行政	陳淑貞

出版	海鴿文化出版圖書有限公司
出版登記	行政院新聞局局版北市業字第780號
發行部	台北市信義區林口街54-4號1樓
電話	02-27273008
傳真	02-27270603
e - mail	seadove.book@msa.hinet.net

總經銷	創智文化有限公司
住址	新北市土城區忠承路89號6樓
電話	02-22683489
傳真	02-22696560
網址	www.booknews.com.tw

香港總經銷	和平圖書有限公司
住址	香港柴灣嘉業街12號百樂門大廈17樓
電話	（852）2804-6687
傳真	（852）2804-6409

CVS總代理	美璟文化有限公司
電話	02-27239968 e - mail：net@uth.com.tw

出版日期	2021年05月01日　一版一刷
	2022年10月01日　一版十刷

定價	420元
郵政劃撥	18989626 戶名：海鴿文化出版圖書有限公司

國家圖書館出版品預行編目資料

羊皮卷／雅瑟, 朱顏編著--
一版，--臺北市 ： 海鴿文化，2021.05
面 ； 公分. － － （成功講座；369）
ISBN 978-986-392-374-9（平裝）

1. 成功法　2. 自我實現

177.2　　　　　　　　　　　　　110004996